SAGGI

STORIA D'ITALIA

Indro Montanelli
Mario Cervi

L'ITALIA
DELL'ULIVO
(1995 - 1997)

Biblioteca Universale Rizzoli

ISBN 88-17-12675-6

prima edizione Superbur saggi: settembre 2001

CAPITOLO PRIMO

LA METAMORFOSI DEI TECNICI

Nell'autunno del 1995 – ossia al punto in cui ci siamo congedati dai lettori ne *L'Italia di Berlusconi* – il governo di Lamberto Dini era impegnato a completare i quattro punti programmatici dallo stesso Dini indicati nel discorso d'investitura di meno d'un anno prima. Con il compimento di questa missione sarebbe finita – almeno stando a ripetute e solenni dichiarazioni – la ragion d'essere dell'esecutivo «tecnico» e la politica avrebbe ripreso il sopravvento. I punti programmatici erano: 1) l'approvazione della legge elettorale regionale; 2) una *par condicio* aggiornata, ossia una serie di norme che alle formazioni politiche garantisse appunto parità di condizioni nelle prove elettorali; 3) il varo della manovra finanziaria; 4) la riforma pensionistica. Il modo in cui Dini riusciva ad onorare le sue promesse era tutt'altro che entusiasmante, benché in complesso i mercati finanziari se ne mostrassero soddisfatti: ma era anche, con tutta probabilità, il meglio che si potesse fare in una situazione così anomala. La riforma pensionistica era stata assai più blanda di quanto gli esperti italiani e stranieri ritenessero necessario (e questo in flagrante contraddizione con le tesi sostenute da Dini come ministro del Tesoro di Berlusconi); la finanziaria procedeva tra manovre e manovrine, rattoppi e ripensamenti. Ma non esisteva altra via che il governo potesse percorrere. Non esisteva per vezzi e vizi parlamentari consolidati: e non esisteva per l'esigenza che Dini aveva – se voleva raggiungere il traguardo – di tenersi buone le forze di sinistra che lo sostenevano, e dunque di tenersi buoni i sindacati; e per di più di tenersi buona la Lega. La maggioranza non aveva i numeri per essere tale senza l'apporto di Bossi: che appariva sì molto ammansito in confronto alla litigiosità di quand'era socio del Cavaliere, ma rimaneva pur sempre, per chiunque lo imbarcasse, un ammutinato tendenziale.

Il governo «tecnico» aveva bisogno d'una maggioranza, e questo ne faceva, al di là delle apparenze, delle assicurazioni, e magari delle intenzioni e delle azioni di alcuni suoi ministri, un governo già nella sostanza politico. «Tecnici» erano gli uomini – quelli che lo erano davvero – politica era la maggioranza. Per convalidare la neutralità rigorosa sua e del governo, Dini aveva rifiutato il paragone con Andreotti, di cui era stato gratificato da qualche commentatore. Nel raffronto non c'era nulla di volutamente negativo, anche se l'atmosfera da cui Andreotti era circondato e le disavventure giudiziarie in cui era incappato potevano far sospettare il contrario. Dini era considerato un discepolo del divo Giulio per le sue doti d'equilibrista e per la disinvoltura con cui metteva la sordina a questioni incandescenti e aggirava con agilità ostacoli in apparenza insormontabili. Facendo professione d'umiltà Dini s'era però sottratto a un parallelismo per più d'un motivo imbarazzante. «Non sono – aveva dichiarato – il nuovo Andreotti. Come si può paragonare un tecnico, un traghettatore, una persona con un orizzonte limitato d'attività di governo a un grande uomo di Stato che ha servito l'Italia per quarant'anni? Non lavoro alla costruzione d'un ipotetico grande centro politico. Non ho programmi, non ho ambizioni, non ho trame.»

Le affermazioni che abbiamo citato, e che risalgono ai primi d'ottobre del 1995, erano categoriche ma non convincenti. Il politologo (ormai usa dire così) Angelo Panebianco riassunse i dubbi di tanti, in un articolo sul *Corriere della Sera*, scrivendo che il governo Dini aveva una maschera di governo dei tecnici *super partes* e un volto di governo politico di centrosinistra, sostenuto e garantito dal Quirinale. L'accusa, mossa dalle pagine del più diffuso e più autorevole quotidiano italiano, era così diretta e precisa da non poter restare senza risposta. È vero che alcuni giornalisti erano, per Dini, «cacadubbi». Ma i dubbi di Panebianco non potevano essere liquidati con troppa sbrigatività. Replicò infatti, con una lettera al direttore del *Corriere* Paolo Mieli, il sottosegretario alla Presidenza del Consiglio Guglielmo Negri. Docente universitario e *grand commis* dello Stato, Negri avvolse la polemica in un linguaggio morbido, mantenendo tuttavia ferma la divergenza di fondo. «Il governo Dini – sostenne – è nato non soltanto per impulso del Presidente della Repubblica, ma per un tacito accordo destra-sinistra, per creare e gestire una tregua tra le forze politiche dopo la ridislocazione dei gruppi parlamentari della Lega nord.» Quel «ridislocazione», in luogo del comune e ruvido «ribaltone», è un capolavoro di raffinato «burocratese». E tuttavia Negri non aveva torto quando rammentava che il nome di Dini per Palazzo Chigi era stato fatto proprio da Berlusconi. Insistendo nella sua difesa dell'equidistanza governativa il professor Negri aggiungeva: «Vi sono due schieramenti attraversati da forti tensioni perché ancora disomogenei al loro interno. Nonostante la loro autoqualificazione a destra e a sinistra, vi sono nelle tematiche di governo continue convergenze al centro, ove finora ha operato un esecutivo preoccupato esclusivamente di tutelare gli interessi generali e ottenere risultati di convergenza parlamentare su cose concrete e non su fumisterie ideologiche o fughe in avanti».

Non c'è motivo di dubitare della buona fede di Guglielmo Negri che forse, seguendo troppo da vicino la quotidianità della macchina governativa e lasciandosi fuorviare dalle disomogeneità e dalle autoqualificazioni, non vedeva in prospettiva ciò che a molti appariva di lampante evidenza: vale a dire che Lamberto Dini, e sopra a lui Oscar Luigi Scalfaro, e attorno a lui qualche suo ministro, avevano un definito disegno politico, premessa a scelte squisitamente politiche. Nulla di disdicevole in questo, e nulla di strano nel fatto che smentisse alcune enunciazioni ufficiali. La vita pubblica include, e sarebbe ipocrita scandalizzarsene, reticenze e bugie strumentali. Ma solo tenendone conto risultano chiari alcuni successivi sviluppi degli avvenimenti. Risulta soprattutto chiaro che con le dimissioni del suo governo – avvenute, nel più ineccepibile rispetto degli impegni, alla fine del 1995 – Dini non intendeva affatto suggellare la sua zigzagante avventura politica. È ormai un luogo comune la battuta di Andreotti – non per niente Dini ne è ammiratore – secondo cui il potere logora chi non ce l'ha. Possiamo completarla, la battuta, aggiungendo che il potere stanca e annoia solo chi non l'ha mai sperimentato e ne parla per sentito dire. Il banchiere prestato alla politica aveva assaggiato il frutto offertogli proprio da Berlusconi, e l'aveva trovato di suo gusto.

La politicità sostanziale del governo emerse anche nel caso di Filippo Mancuso, autorevole ex-magistrato un tempo amico di Scalfaro che Dini aveva incluso nel suo governo come guardasigilli, e che nel governo era diventato, per i suoi atteggiamenti puntigliosi, una mina vagante. Mancuso era un tignoso formalista, cui non potevano andare a genio le esuberanze del *pool* di «mani pulite» e d'altre Procure: per di più era un conservatore tutto d'un pezzo, e l'abbozzata deriva a sinistra di Dini l'irritava. Mancuso fiondò a Milano gli ispettori ministeriali, perché riferissero se nel *pool* avvenissero irregolarità: era una mossa maldestra e inutile. Ogni eventuale rilievo a carico di Borrelli e dei suoi sostituti sarebbe approdato al Consiglio superiore della magistratura, dove l'avrebbero infallibilmente bocciato: e la Procura di Milano ne sarebbe uscita non solo assolta, ma aureolata di martirio. Della «sfiducia individuale» – ossia un voto negativo del Parlamento riguardante un singolo ministro, nell'occasione non difeso dai suoi colleghi – che estromise Mancuso dal governo ci siamo già occupati ne *L'Italia di Berlusconi*. Qui vogliamo solo tornare su un aspetto della vicenda.

Tra le tante accuse e invettive che in scomposti discorsi pubblici e interviste Mancuso scagliò contro Dini «errabondo e penoso» ve ne fu una che apparteneva al rancoroso folklore siciliano del ministro – o ex-ministro – ma meritava una qualche riflessione. Mancuso sosteneva in sostanza d'avere sollevato, durante un consiglio dei ministri, il problema – giudiziario oltre che politico – di Bossi e dei suoi appelli alla secessione. Il *senatur* s'è infatti prodotto, dopo la nascita del governo Prodi, in proclami distruttivi per l'unità nazionale: ma non è che in precedenza se ne fosse guardato. Mancuso diceva dunque d'aver sollecitato Dini e i ministri ad occuparsi della questione Bossi, e d'essersi sentito rispondere che era meglio non dibatterla e che comunque il tema doveva essere «secretato»: nel senso che non dovesse essercene traccia nei comunicati e nei documenti consegnati al Parlamento o ai mezzi d'informazione. Perché tanta cautela? La risposta era, sia per Mancuso sia per il centrodestra, d'una chiarezza lampante. La maggioranza parlamentare che aveva consentito al governo Dini di reggersi includeva la Lega: che avrebbe potuto disertare se proprio il governo cui andavano i suoi voti l'avesse indicata come eversiva, esponendola a travagli penali. Ossia, in conclusione, Lamberto Dini sacrificava l'interesse del Paese e il rispetto della legge alla ragion politica.

Poiché Mancuso martellava senza requie su questo argomento, il governo diramò, il 14 dicembre 1995, un comunicato che intendeva troncare le illazioni «su presunti misteri contenuti nei verbali governativi». «Nel corso della riunione del Consiglio dei ministri del 4 agosto 1995 – era scritto nel comunicato – il ministro guardasigilli fece riferimento al discorso tenuto dall'onorevole Umberto Bossi a Mantova il 24 luglio precedente nel quale erano esplicitati programmi e proponimenti di azione, a detta del ministro, scissionistica... In relazione a tale discorso il ministro espresse l'avviso che il governo non potesse, né politicamente né giuridicamente, disinteressarsene... e propose al Consiglio di denunciare collegialmente l'onorevole Bossi per il reato di attentato contro l'integrità e l'indipendenza dello Stato (art. 241 del codice penale)... Il Presidente del Consiglio ritenne necessario un approfondimento e propose, con il consenso di tutti i presenti, che venissero acquisiti ulteriori elementi per poterne discutere nella successiva riunione del Consiglio dei ministri. Per evidenti ragioni di opportunità, il Presidente chiese ai ministri di attenersi alla massima riservatezza e dispose, con il consenso del Consiglio, che il verbale venisse custodito quale atto riservato.»

Abbiamo riportato solo i passaggi essenziali del lungo documento che avendo l'aria di smentire le asserzioni di Mancuso, finiva invece in buona sostanza per avallarle. Il punto sta nell'interpretazione da dare alle «evidenti ragioni di opportunità» che avrebbero suggerito la «secretazione». Se anziché «ragioni di opportunità» fosse stato scritto «ragioni politiche» tutto sarebbe diventato più chiaro. In un Paese dove le indiscrezioni e le intercettazioni mettono in piazza anche faccende di letto strettamente private, cosa avevano di tanto delicato e scottante le informazioni sull'intervento di Mancuso – successivo a un discorso di Bossi che più pubblico non avrebbe potuto essere – da dover rimanere nello stretto ambito dei ministri? In fin dei conti lo stesso Scalfaro aveva stigmatizzato le intemperanze del *senatur*, a causa delle quali s'era mossa qualche Procura. In realtà l'argomento era delicato – e comportava il rischio di deflagrazioni nella maggioranza – perché poneva in piena luce la faccia inquietante della Lega: che però di faccia ne aveva anche un'altra, quella dell'alleata indispensabile alla durata del governo. Finché lo sdegno era espresso da Scalfaro, Bossi poteva fingere di non sentire o ribattere alla sua maniera brutale. Ma una deplorazione ufficiale del governo avrebbe costretto il *leader* leghista a dissociarsi dal governo stesso, e sarebbe stato uno sconquasso. I tecnici erano bravi anche nelle tecniche di sopravvivenza: tranne il *kamikaze* Mancuso.

Gli ultimi mesi del 1995 furono dal governo dedicati soprattutto alla messa a punto e all'approvazione della legge finanziaria: e dal Palazzo dedicati soprattutto a una serie d'interrogativi cui venivano date risposte contrastanti. La finanziaria non si discostò, nelle sue linee generali, dalle finanziarie che l'avevano immediatamente preceduta e da quella che le sarebbe seguita. Erano stati promessi vigorosi tagli alla spesa e impercettibili aumenti della pressione fiscale: ma la ribellione delle corporazioni che i tagli avrebbero danneggiato e l'esigenza di avere, per i conti dello Stato, l'assenso della sinistra e dunque dei sindacati, ebbero l'effetto consueto. I tagli furono blandi e l'aggravio delle tasse notevole. Con rassegnata franchezza il presidente della Confindustria, Luigi Abete, osservò: «I provvedimenti, nella loro prevedibile ritualità, confermano come la struttura dei conti pubblici sia ormai ingessata e quindi immodificabile». Il fatiscente fortilizio dell'amministrazione statale dava prova di sorprendente robustezza quando si tentava di porre rimedio alle sue storture. Su cinquantamila titolari di pensioni d'invalidità che si sospettava fossero invalidi finti solo uno era stato denunciato. Molti mesi più tardi il Pm Piercamillo Davigo del *pool* di Milano sottolineerà con indignazione che di ottantaquattro funzionari statali condannati per corruzione – con sentenza passata in giudicato – solo uno era stato rimosso dai suoi incarichi. Gli altri erano rimasti sulle loro poltrone. Dini non aveva dunque grandi colpe per le timidezze della sua finanziaria. Quando Berlusconi (e Dini come ministro del Tesoro) avevano ventilato una riforma radicale del sistema pensionistico – che è il più generoso del mondo occidentale, e non può più reggere – gli si erano messi contro milioni di dimostranti in piazza. Dini Presidente del Consiglio ha evitato questo tipo di scontro, ma è stato costretto allo sconto: ossia a moderare il suo slancio per il risanamento dei conti pubblici. Per fortuna c'è l'Unione Europea, ci sono i traguardi di Maastricht – a Dini riconfermati, dai *partners* della Comunità, in un vertice a Valencia – e quindi una evoluzione «virtuosa» della strategia governativa era e rimane obbligatoria. La virtuosità italiana è a rimorchio di quella europea – il rilievo vale per Berlusconi come per Dini come per Prodi – le nostre spensieratezze sono invece strettamente nazionali.

La finanziaria giungeva così in porto, e intanto gli interrogativi politici cui abbiamo fatto cenno s'affollavano. Era scontato che Dini rassegnasse le dimissioni, a fine anno. Ma sarebbero state dimissioni sul serio, o dimissioni presto corrette da un reincarico a scadenza più o meno lunga? E ancora: quale data sarebbe stata scelta per le elezioni politiche: febbraio, come chiedeva imperioso Gianfranco Fini – sulla cui scia a volte si metteva e a volte no lo svogliato Berlusconi – o a maggio, come più d'uno proponeva nell'Ulivo, o dopo il semestre di presidenza europea dell'Italia (1° gennaio – 30 giugno), il che significava in pratica l'autunno, o più avanti, magari al termine fisiologico della legislatura (primavera del 1999)? Guai se uno s'incaponisce a seguire, per capirci qualcosa, ciò che nelle sale della politica, o negli scantinati ove avvengono alcuni conciliaboli, veniva detto. Le direttrici indicate da personaggi di primo piano somigliavano alla strada che porta al passo dello Stelvio, tutta curve e tornanti. A voler semplificare – ferme restando le diversità dei due grandi schieramenti contrapposti – si può dire che i fautori delle elezioni al più presto erano nel Polo Gianfranco Fini e nell'Ulivo Romano Prodi (con Veltroni al suo fianco). Disponibili al rinvio, invece, Silvio Berlusconi e Massimo D'Alema (oltre che Lamberto Dini, interessato in prima persona, e capace di commuoversi fino alle lagrime, di fronte a Enzo Biagi, in un *amarcord* della sua esperienza a Palazzo Chigi).

Silvio Berlusconi era, tra i protagonisti, il più travagliato. I fulgori della vittoria elettorale d'appena un anno e mezzo prima erano stati abbuiati dalla pesante diffidenza di Scalfaro, dal «ribaltone» di Bossi, dagli allarmi di piccole ma inequivocabili consultazioni amministrative, da un mitragliamento implacabile d'«avvisi di garanzia». I mezzi d'informazione – in particolare la grande stampa – lo avversavano, e comunque bastavano le informazioni o le indiscrezioni trapelanti dai «palazzacci» per garantirgli uno stillicidio quotidiano di titoloni negativi. Forza Italia, che era un movimento «personale», e come partito rimaneva allo stato gassoso, non aveva né strutture né radici capaci di resistere, nelle condizioni in cui erano, a un lungo calvario d'opposizione. Il Cavaliere stesso era, per temperamento, un attaccante, non un difensore. Di fronte alla nuova situazione aveva infatti accennato alla possibilità di fare «un passo indietro», rinunciando a candidarsi per la Presidenza del Consiglio. Avrebbe visto con favore a Palazzo Chigi l'eterno candidato a tutto, ossia l'ex-Capo dello Stato Francesco Cossiga. Fini, convinto che nel Polo di centrodestra gli equilibri si modificassero in favore di Alleanza nazionale, alitava sul collo di Berlusconi invocando senza tregua il giudizio di Dio o del popolo, ossia il ritorno alle urne. Aggiungete a questo i patemi del Cavaliere per le sorti dell'azienda che rimaneva la *sua* azienda – quali che fossero i mutamenti societari – e avrete il ritratto d'un uomo in ambasce, afflitto – e per lui era un inedito – da mille incertezze. Chi è in quello stato d'animo accetta l'idea d'un rinvio – che è anche un compromesso – come un dono del cielo. I motivi per preferire l'indugio alle elezioni a tambur battente esistevano, ed erano validi. L'Italia aveva bisogno di riforme istituzionali, la legge elettorale semimaggioritaria – il cosiddetto *mattarellum* – aveva dato cattiva prova, i due maggiori schieramenti potevano accettare una tregua durante la quale fossero elaborate nuove e migliori regole per la vita pubblica.

Massimo D'Alema non aveva gli assilli di Berlusconi. Era in grado di giuocare tranquillamente le sue carte su due tavoli diversi. Ma preferiva un tempo d'attesa. La prospettiva del semestre di presidenza europea sconsigliava, secondo molti, elezioni italiane in quel periodo. In effetti un Paese che ospita i conclavi comunitari, ma che a capotavola pone cammin facendo due facce diverse, può creare qualche disorientamento nei convocati. Una situazione siffatta s'era tuttavia già verificata in altri Paesi, senza particolari inconvenienti. Non era questa la vera preoccupazione di D'Alema: era piuttosto l'eterogeneità dell'Ulivo (con i «Popolari» che risfoderavano De Mita, non proprio un debuttante ingenuo sulla scena politica); era la fragile autorità d'un generale senza truppa come Romano Prodi; era la lontananza dell'Ulivo dal progetto di grande partito laburista (tutta la sinistra in un unico contenitore) che D'Alema perseguiva: era la critica assillante di Rifondazione comunista; era infine la consapevolezza che un governo dell'Ulivo, se l'Ulivo avesse vinto, avrebbe dovuto chiedere agli italiani lagrime e sangue, inducendoli forse a rimpiangere i governi precedenti. D'Alema era perciò disposto a sostenere un governo delle regole, con maggioranza molto ampia.

L'idea che piaceva a Berlusconi e a D'Alema era per altri uno spauracchio. Lo era per Fini, che temeva d'essere

14

degradato dal ruolo di alleato indispensabile di Forza Italia al ruolo di comprimario, appendice minore d'un patto a due Berlusconi-D'Alema. Ogni intreccio tra i due poli declassava Alleanza nazionale. L'incubo, per *findus* Fini, era il cosiddetto *inciucio*, ossia un accordo pasticciato tra Polo e Ulivo. Qualcuno accredita ad Alessandra Mussolini il merito – discutibile – d'avere introdotto nel linguaggio politico il termine dialettale *inciucio*. Ma il suo lancio, e il suo impetuoso dilagare in cronache, articoli e dibattiti fu opera di Massimo D'Alema. Questi parlava continuamente d'*inciucio* per deplorarlo, per negare cioè che i suoi propositi d'intesa con il Cavaliere avessero un carattere deteriore, e alludessero a «giravolte tattiche, complotti, trame segrete». Ma quanto più D'Alema e Berlusconi smentivano, tanto più Fini temeva. Il *leader* di An agiva inoltre in forza d'una convinzione che divenne la sua debolezza: la convinzione cioè che il suo partito, erede del solido Msi da decenni fortemente radicato nel territorio, potesse in una prova elettorale avere una impetuosa crescita e magari attuare il sorpasso in danno di Forza Italia. Il comportamento di Fini fu condizionato da questo errore di calcolo e si rivelò perdente.

All'estremo opposto le tesi di Bertinotti collimavano, almeno per quanto concerneva le elezioni, con le tesi di Fini. Il comunista non pentito faceva affidamento – e a lui i fatti diedero ragione – sui progressi di Rifondazione, e temeva che una legge elettorale più spiccatamente maggioritaria potesse pregiudicarne l'ascesa.

Ma tra i nemici del rinvio l'arcinemico era Romano Prodi. Nell'ottica del Professore ciò che Berlusconi e D'Alema prefiguravano era la sua eliminazione dalla scena politica. «Larghe intese per due anni, accordo tra i partiti sulla nuova Costituzione, rigorosa manovra finanziaria, giustizia, politica europea»: così il Cavaliere aveva sintetizzato i compiti del governissimo. Alla cui guida potevano aspirare in tanti, ma non Prodi che sarebbe rimasto in panchina, nello stato d'animo di quei giocatori che il *mister* non manda mai in campo. Per crearsi un'immagine e acquisire popolarità Prodi aveva compiuto uno sforzo immane, si era assoggettato a stremanti gite in bicicletta, aveva percorso la penisola con un pullman attrezzato per le esigenze propagandistiche. Non si può negare che, sia pure nel suo stile alla Balanzone, avesse ottenuto buoni risultati. Ma alle sue spalle non c'era un partito di straordinaria tenuta e capacità di recupero come il Pds e nemmeno un movimento piuttosto informe ma collaudato vittoriosamente come Forza Italia. L'Ulivo era un contenitore, più che un vero schieramento, i «Popolari» in cui Prodi ideologicamente si riconosceva erano un partito minore cui la discendenza diretta dalla Dc di sinistra non dava un gran titolo di nobiltà. Nell'èra d'un governissimo il personaggio Prodi avrebbe portato sulla scena politica, come certi simpatici caratteristi, un tocco di bonomia emiliana, ma poco d'altro. Per di più, come moderato disponibile per un'esperienza interlocutoria, Dini era più sperimentato di Prodi, tecnico quanto Prodi, meno boiardo di Prodi. Inoltre il suo accento era *yankee*, non bolognese. L'Ulivo di Prodi era in grado di affrontare la prova delle urne, e di superarla vittoriosamente, se alle urne si andava presto: un'armata composita si decompone, se resta troppo a lungo nei bivacchi.

Alle vicende politiche s'accompagnavano in un intreccio spesso indistinguibile le vicende giudiziarie, che ci perseguiteranno durante tutto il tragitto temporale di questo libro: vicende nelle quali spiccavano i nomi di Silvio Berlusconi (leggi anche Paolo Berlusconi e Fininvest poi Mediaset) e di Antonio Di Pietro (leggi anche *pool* di «mani pulite»). Di Pietro era contemporaneamente indagato e parte lesa nell'inchiesta condotta a Brescia dai Pm Salamone e Bonfigli: che il 20 dicembre 1995 chiesero il parallelo rinvio a giudizio dell'ex-star di «mani pulite» per «concussione e abuso d'ufficio» (si trattava in particolare delle note frequentazioni di Di Pietro con il bancarottiere Gorrini e con il capo dei vigili urbani milanesi Eleuterio Rea); e di Paolo Berlusconi, Cesare Previti, Ugo Dinacci (magistrato e ispettore ministeriale inviato in missione a Milano) per avere ordito un complotto contro Di Pietro, costringendolo ad abbandonare la Magistratura. Anticipiamo le conclusioni di questa inchiesta parallela. Le accuse a Di Pietro si areneranno per il no dei Gip bresciani: i quali riconosceranno che all'ex-Pm non era addebitabile alcun reato. Tutt'al più avrebbe potuto rispondere, come magistrato e in sede disciplinare, di alcune sue accertate sventatezze. Ma poiché magistrato non era più, come cittadino ogni questione penale era chiusa (ogni questione penale, va precisato, che lo vedesse imputato: perché Di Pietro ha riversato su politici e giornalisti una caterva di querele per diffamazione). Seguiranno invece per qualche tempo il loro corso le accuse ai suoi presunti persecutori. Fabio Salamone sarà estromesso da questo processo, con deliberazione della Procura generale di Brescia, per la sua «palese inimicizia» nei riguardi di Di Pietro: la cui attività investigativa era stata esercitata anche contro un fratello di Fabio, l'affarista Filippo. Ma l'*affaire* (tanta apparenza e poca sostanza) finirà per sgonfiarsi del tutto. I giudici bresciani stabiliranno infatti che non c'era stata alcuna congiura per far dimettere Di Pietro, essendo il suo proposito di lasciare la Magistratura assai precedente ad ogni possibile manovra del clan berlusconiano. Molta fatica sprecata e molto denaro pubblico speso invano. Vedremo più avanti come l'inutile inchiesta su Di Pietro l'abbia comunque indotto ad abbandonare una poltrona di ministro, e come un'inchiesta chiusa non lo sia mai definitivamente, in Italia.

Intanto proseguivano le ricerche della Magistratura sugli illeciti attribuiti alla Fininvest, e sui fondi neri che tramite conti bancari svizzeri sarebbero stati passati dalla *holding* berlusconiana al Psi craxiano. Di suo Paolo Berlusconi subiva in tribunale una condanna a un anno e quattro mesi in primo grado per tangenti – riguardanti concessioni edilizie – ad amministratori locali del Psi, del Pci e della Dc: sentenza poi annullata dalla Corte d'Appello che ha poi derubricato e dichiarato prescritto il reato. Cominciava ad affiorare, senza che gli si attribuisse grande rilievo, il nome di Pierfrancesco Pacini Battaglia, e Stefania Ariosto aveva già snocciolato al Pm di «mani pulite» alcune rivelazioni – quelle che porteranno tra l'altro all'arresto del capo dei Gip romani Renato Squillante – ma rimaneva nell'ombra, o in una luce per il momento solo mondana, con il suo inesauribile archivio fotografico, e a braccetto di Vittorio Dotti: uno dei due avvocati – l'altro era Cesare Previti – che erano sempre rimasti nella scia del Cavaliere, e che da lui avevano avuto compensi miliardari e ruoli politici di primo piano quando Forza Italia aveva vinto le elezioni.

Su questo ed altri ammorbanti viluppi politico-giudiziari dovremo tornare a più riprese, per seguirne le contorte e convulse fasi. Diciamo intanto che insieme a Lamberto Dini – ma più di Lamberto Dini che s'era capito ormai dove volesse accasarsi – Di Pietro era sul finire del 1995 la grande incognita della politica italiana. Si sapeva che avrebbe portato in dote, a chi fosse riuscito ad arruolarlo, milioni di voti, e che il Paese aveva, nonostante tutti gli attacchi e tutte le leggerezze venute in luce, granitica fiducia in lui; si sapeva che per ideologia pendeva piuttosto a destra (infatti i «colonnelli» di An lo sostenevano a spada tratta); si sapeva egualmente che, come crociato anticorruzione, vedeva in Berlusconi un avversario piuttosto che un alleato. Sui motivi che l'avevano indotto a lasciare la toga

Di Pietro manteneva un imperforabile riserbo, avvolto da messaggi sibillini. Da Seul – era continuamente in viaggio, tutti lo cercavano tutti lo volevano – aveva detto: «Mi sono dimesso da magistrato perché avevo scoperto che politici e uomini d'affari tentavano di fare cattivo uso dell'operazione contro Tangentopoli per il proprio interesse personale». Sentenza oracolare, tanto solenne quanto vaga. Sempre durante lo stesso *tour* aveva dettato dal Giappone dodici punti programmatici per rimettere in sesto l'Italia: che includevano il maggioritario a doppio turno, il semipresidenzialismo, robuste norme antitrust e un divieto d'entrare in politica a chi avesse notevoli interessi editoriali o comunque riguardanti il mondo della comunicazione. Ogni riferimento a Berlusconi non appariva casuale.

Gianni Agnelli, che come senatore a vita partecipava probabilmente senza entusiasmo ma con qualche assiduità ai lavori parlamentari, lesinava le prese di posizione sugli avvenimenti politici: e le poche che concedeva erano – secondo il suo stile – scettiche, distanti e prudenti. Eppure il riservato signor Fiat si accaparrò i titoli di testa dei telegiornali e dei quotidiani, a metà dicembre del 1995, con l'annuncio della sua prossima abdicazione. Re non protocollare – ma investito, nella coscienza popolare e nel rispetto deferente che i potenti «ufficiali» e i mezzi d'informazione gli dimostravano, di tutte le prerogative d'un sovrano – Agnelli fece sapere che nel marzo successivo, al compimento dei settantacinque anni, avrebbe ceduto la presidenza effettiva della Fiat a Cesare Romiti (a lui sarebbe rimasta la presidenza onoraria). Dopo trent'anni in cui aveva tenuto il timone del maggior complesso industriale italiano Agnelli «lasciava». All'esercizio effettivo del suo potere dinastico Gianni era arrivato piuttosto tardi. Fino alla quarantina s'era goduta la vita, alternando i piaceri di un miliardario cosmopolita ad un tenace attaccamento per la sua Torino: che voleva dire Mirafiori e voleva anche dire la Juventus. Amministratore delegato della Fiat nel 1963, ne divenne presidente nel 1966 per la rinuncia del leggendario Valletta, ultraottantenne. S'era capito presto che al volante della Fiat c'era stato un cambio di mano. I tempi non erano più gli stessi, e la concezione di Valletta secondo cui la Fiat doveva essere per i dipendenti la mamma, la famiglia e la Patria non reggeva al fuoco delle contestazioni. Ci si avvicinava al '68 e ai tempestosi rinnovi contrattuali – in un clima quasi rivoluzionario – del 1970. Nella circostanza Agnelli dimostrò veramente d'essere – nel bene e nel male – il signor Fiat. La sua propensione al compromesso e il patto con Luciano Lama sulla scala mobile furono visti da molte imprese meno forti della Fiat e da molti osservatori economici come rese a discrezione al nemico. Le critiche avevano fondamento. La filosofia di Agnelli discendeva dal vecchio slogan vallettiano secondo cui ciò che è bene per la Fiat è bene per l'Italia. Ma forse anche grazie a queste cedevolezze la Fiat è riuscita a superare molte bufere.

Non però quella giudiziaria che da tempo infuriava attorno alla Fiat non meno che attorno alla Fininvest, e che aveva minor risonanza solo perché Gianni Agnelli si teneva fuori dalla politica militante. Quella bufera – anche qui anticipiamo la cronologia per uno sforzo di sintesi – ha scaricato i suoi fulmini su corso Marconi il 9 aprile 1997: quando Cesare Romiti è stato condannato a un anno e sei mesi di reclusione e Francesco Paolo Mattioli, direttore centrale finanziario della *holding*, a un anno e quattro mesi: entrambi riconosciuti colpevoli, almeno in primo grado, dei reati classici di Tangentopoli: falso in bilancio, finanziamento pubblico dei partiti, frode fiscale. Cesare Romiti era entrato in Fiat nel 1974 ed aveva affermato con crescente vigore la sua autorità: tanto da esigere e ottenere che Carlo De Benedetti, penetrato come socio nell'impero, ne fosse presto estromesso. S'era supposto che Romiti, pur avendo poteri quasi illimitati, non sarebbe mai diventato presidente, e che questa carica sarebbe toccata a Giovanni Alberto Agnelli, figlio di Umberto e presidente della Piaggio per eredità materna. Ma poi era venuto, appunto, l'annuncio a sorpresa: Romiti sarebbe stato il futuro presidente (il secondo non della famiglia nella storia della Fiat) e avrebbe mantenuto la poltrona fino al compimento dei settantacinque anni, nel giugno del 1998. L'incombere dell'inchiesta che la Procura di Torino aveva svolto con grande puntiglio non dissuase Gianni Agnelli dal ribadire l'investitura. Dopo la condanna – che non aveva effetti pratici, per la sospensione condizionale e per il meccanismo degli appelli, anche se inibiva ai condannati le cariche sociali – egli confermò la sua fiducia nella correttezza di Romiti e di Mattioli. Quarantacinque personaggi di primissimo piano della finanza e dell'imprenditoria italiana sottoscrissero, nella circostanza, una lettera di solidarietà a Romiti. Un nome, tra i quarantacinque, fece sensazione: quello di Enrico Cuccia, l'anziano, discreto, segreto grande vecchio di Mediobanca, che era conosciuto per la riluttanza ad esprimersi pubblicamente, foss'anche per dire che ora è, e che invece scendeva spavaldamente in campo.

Il «caso» Fiat ha riproposto gli interrogativi di Tangentopoli, pur senza l'infuriare delle polemiche scatenate dalla impetuosa scalata politica di Berlusconi. Un dato è certo: vigeva nell'Italia che conta un sistema marcio: tutte le aziende d'una qualche importanza erano sottoposte a una tassazione impropria in favore dei partiti – le tangenti – e per poter elargire i fondi in nero che i partiti pretendevano dovevano falsificare i bilanci. Tutto questo era contro la legge. Così come contro la legge, e agevolato da falsi in bilancio, è il pagamento del pizzo agli estorsori mafiosi (anche quelle somme non figurano di certo nei registri dei ricattati). Gli imprenditori potevano sottrarsi alle pretese dei partiti o alle richieste di una dirigenza politica e di un'amministrazione bacata, erano insomma corrotti (e corruttori) o concussi? E poi: si pagava solo per ottenere favori illeciti, o si pagava anche per avere ciò che spettava di diritto? Le risposte dipendono dall'opinione personale e magari dalla collocazione ideologica. Ma v'era, nel sistema, un elemento di perversa doppiezza sul quale non si riflette abbastanza: i partiti erano anche il governo, e il governo manovra la macchina amministrativa. Un'azienda che rifiutasse gli oboli miliardari ai partiti poteva essere assoggettata, per ordine dei ministri che in quei partiti militavano, a devastanti ispezioni della Finanza. Gli industriali, che non sono angeli, incorrono spesso e volentieri in marachelle. Ma la congerie e confusione legislativa è tale che gli accertamenti, solo che lo si voglia, portano dovunque alla scoperta d'irregolarità. Nella stravagante Italia gli organizzatori del *racket* tangentizio – nutrito di fondi neri – erano anche i firmatari delle circolari moralistiche sulla correttezza fiscale delle aziende. I magistrati, suppongo, non possono tener conto di questo sottofondo paradossale: che però è di un'evidenza inquietante, e genera dubbi in chi guardi il fenomeno Tangentopoli con distacco scettico, o se preferite cinico.

«E che dovevamo fare, un colpo di Stato?» è sbottato un giorno Romiti, durante un'intervista. Volendo con questo affermare che nemmeno la potente Fiat era in grado di sottrarsi, nelle sue innumerevoli ramificazioni, agli automatismi implacabili del sistema, o che comunque i costi della resistenza le parevano maggiori dei rischi d'una capitolazione. Sono, in buona sostanza, le tesi di Berlusconi (ma senza la pretesa del Cavaliere d'essere l'alfiere d'una rinascita morale del Paese). Si può da queste tesi dissentire, e magari i magistrati *devono* dissentire: ma non si può sottovalutarle.

CAPITOLO SECONDO

IL CICLONE OMEGA

Il 30 dicembre 1995 un Lamberto Dini puntualissimo nell'onorare la tabella di marcia che s'era imposta rassegnò le dimissioni nelle mani di Scalfaro: che tuttavia le respinse rinviando il governo dei tecnici alle Camere, perché le Camere stesse ne decidessero la sorte. Il comportamento di Scalfaro, pur costituzionalmente ineccepibile, attestava la sua propensione ad una proroga dell'esperienza Dini. Il rituale messaggio di fine d'anno del Capo dello Stato fu, al riguardo, abbastanza esplicito. Egli esortò i partiti a trovare un accordo per realizzare quel governo di larghe intese, impegnato nell'elaborazione di nuove e migliori regole, cui già pensavano tra esitazioni e cautele Berlusconi e D'Alema. L'intervento di Scalfaro ebbe consensi e critiche. Storace, un duro di An il cui linguaggio non eccelle per finezza ma si distingue per rude chiarezza, lo liquidò così: «Per dire le cose che ha detto non c'era bisogno del Capo dello Stato, bastava Funari».

Se il Polo faceva la faccia feroce perché Dini se ne andasse subito – ma al suo interno, lo si è accennato, le perplessità erano palpabili – anche nell'Ulivo c'era chi deprecava «il pasticcio di ambiguità del governissimo». La Lega era disposta – e sotto sotto favorevole – ad una proroga, a patto che fosse accompagnata dalla garanzia d'una Costituente in senso radicalmente federalista: garanzia che non si capiva in che modo potesse essere offerta, e da chi. I colloqui che Dini avviò per sondare gli umori dei partiti, e verificarne la disponibilità per una ulteriore durata del governo tecnico, ebbero tutto sommato esito negativo.

Anche tra gli ostili a elezioni ravvicinate pochi si sarebbero battuti per salvare un esecutivo che insisteva nel proclamarsi neutrale, ma che si colorava sempre più di politica benché i suoi esponenti fossero privi d'un mandato popolare. Se la politica doveva riprendere il suo posto, tanto valeva – secondo i più – che lo facesse senza infingimenti. Giovedì 11 gennaio 1996, il Presidente del Consiglio, che aveva raccolto espressioni di fiducia e di stima non traducibili in voti parlamentari, reiterò le dimissioni con un discorso tacitiano, quattro minuti. Non vale la pena d'indugiare sulle consultazioni che, in ossequio al copione protocollare, Scalfaro avviò. La vera partita si giuocava fuori da questa liturgia risaputa, e consisteva nella possibilità – o non possibilità – di varare un governo delle regole. Ossia un governo con larga base parlamentare – e lontanissimo per questo dalla logica del bipolarismo – che realizzasse poche e precise cose. Tra esse soprattutto la ristrutturazione dei poteri e l'aggiornamento delle norme che li alimentano e li limitano.

Il compito d'esplorare la fattibilità di quest'opera d'alta ingegneria costituzionale fu affidato in somma segretezza – ma era una segretezza all'italiana, tutta spifferi – a un gruppo di autorevoli esperti: che erano Domenico Fisichella di An, Giuliano Urbani di Forza Italia, Franco Bassanini (aiutato da Cesare Salvi) del Pds. Costoro erano – anche i rappresentanti della sinistra – dei moderati: nel senso che non si lasciavano del tutto condizionare dalle logiche di schieramento, e che avvertivano l'urgenza di mettere in sesto uno Stato sgangherato al cui interno erano frequenti le scorrerie di predatori spregiudicati.

Fu elaborata, con sorprendente convergenza, una bozza di accordo che prevedeva in sintesi questi punti: 1) il 90 per cento dei deputati sarebbe stato eletto con il meccanismo vigente per i senatori, il restante 10 per cento sarebbe stato attribuito alla maggioranza per renderla più robusta e porla al riparo da colpi di mano (il congegno elettorale era, nella sua stesura completa, assai più sofisticato e intricato di come l'abbiamo riassunto, ma non vogliamo frastornare i lettori); 2) niente elezione diretta del Capo dello Stato (come avrebbe voluto il Polo), anzi la sua figura sarebbe diventata ancor più incolore e notarile di quanto sia, almeno sulla carta, oggi. Compiti di garanzia, di vigilanza, di autenticazione, ma non più di questo. All'inquilino del Quirinale sarebbe stato sottratto anche il più significativo tra gli attuali poteri, ossia la nomina del Presidente del Consiglio; 3) nemmeno elezione diretta, in senso stretto, del Primo Ministro, ma ogni lista sarebbe stata aperta dal nome del candidato a Palazzo Chigi di quel partito o di quella coalizione, e il suo insediamento sarebbe divenuto, in caso di vittoria, automatico; 4) un voto di sfiducia al Presidente del Consiglio avrebbe comportato la caduta del governo; 5) veniva accettato, con riserve del Polo, il sistema elettorale a doppio turno.

Sulla bozza – che l'opinione pubblica considerò, con buone ragioni, un progetto pressoché definitivo – si avventarono i dubbiosi e i dissenzienti. Non vi mancavano i punti deboli: ad esempio era previsto che con le dimissioni del *premier* il governo non cadesse, ma che la maggioranza potesse sostituirlo senza nuove elezioni: veniva così offerta un'arma – e il Palazzo non avrebbe mancato d'impugnarla – per agguati, ricatti, patteggiamenti, ribellioni, ribaltoni. Ma la vera vulnerabilità del documento non stava in questo: stava nell'ostilità di quanti – a cominciare da Fini, da Prodi e da cespugli vari – ringhiavano all'idea d'un governo interlocutorio che sarebbe stato, in buona sostanza, un governo a due. Infatti Fini sconfessò nel più plateale dei modi il povero Fisichella, che avendo materialmente provveduto alla stesura della bozza si sentì umiliato, annunciò il ritiro da An e s'appartò imbronciato. Salvo ripensarci dopo le pressanti sollecitazioni di Fini, accompagnate da chiarimenti che non chiarivano nulla. Gli abbracci d'obbligo tra Fini e Fisichella seppellirono l'incidente e insieme ad esso la bozza. Con la quale defunse prima di nascere – secondo la diagnosi di parecchi osservatori – l'ipotizzato governo delle regole. In effetti lo schiaffo di Fini al professor Fisichella era stato anche uno schiaffo – e più cocente, se possibile – all'alleato Berlusconi.

Ma le agonie politiche italiane somigliano a quelle del *caudillo* Franco e del maresciallo Tito: sono lunghe, penose e, per chi ne aspetta con ansia la conclusione, estenuanti. La trama interrotta fu riannodata proprio da Scalfaro che affidò un nuovo tentativo per la formazione del governo ad Antonio Maccanico. L'uomo era particolarmente adatto alla missione. Già segretario generale della Camera, già segretario generale del Quirinale con il vulcanico Pertini, già presidente di Mediobanca – e amico del potente Cuccia – Maccanico aveva la vocazione del mediatore. Anche l'appartenenza politica – era stato repubblicano dopo un giovanile periodo comunista – lo collocava *naturaliter* al centro. Non faceva pesare né i suoi tenui riferimenti ideologici né i suoi legami con l'universo dell'alta finanza. L'arte in cui eccelleva era quella d'una soave ricerca dei punti d'incontro tra posizioni diverse, e magari opposte. L'arrampicata cui s'accinse era un sesto grado. Gli si chiedeva di formare un esecutivo non più tecnico in senso stretto, ma che di preferenza non includesse parlamentari per scongiurare risse di Palazzo; gli si chiedeva inoltre di essere sganciato dai partiti, ma tenendo nel dovuto conto le pretese dei partiti stessi; gli si chiedeva infine di avere un comportamento che per Prodi non fosse un affronto, anche se quell'incarico era per Prodi una mezza tragedia. Che sarebbe diventata tragedia intera qualora Maccanico fosse riuscito a conquistare Palazzo Chigi, sloggiandone il Professore.

Con pazienza e abilità consumate Maccanico si adoperò per dare al governo *in fieri* una base accettabile non solo da D'Alema e da Berlusconi – entrambi ben disposti – ma dai loro scalpitanti e vociferanti soci. Già correvano insistenti, a Roma, i nomi dei futuri probabili ministri. Maccanico aveva trovato un posto anche per il boiardo Lorenzo Necci, che qualche mese dopo ne avrebbe invece avuto uno meno invidiabile in carcere. In una decina di giorni il presidente incaricato mise a punto una dichiarazione d'intenti che nei suoi passaggi essenziali prevedeva il semipresidenzialismo e il maggioritario a doppio turno. Ma la zattera con cui Maccanico voleva salvare le larghe intese andò ad infrangersi contro due scogli: il Polo esigeva che nella dichiarazione ufficiale di Maccanico fosse citato il «semipresidenzialismo alla francese», fosse cioè esplicito il riferimento, che oltretutto Scalfaro non gradiva, ad un modello estero; l'Ulivo premeva perché l'impegno semipresidenzialistico fosse attenuato dalla frase «nel rispetto della tradizione parlamentare italiana». Il che avrebbe consentito di mettere parecchia acqua nel vino gollista fino a farlo diventare una bevanda assai diversa, e per alcuni indigesta o inutile. È tuttavia opportuno sottolineare che gli scogli accennati non sarebbero bastati a mandare a picco la zattera di Maccanico senza il contributo di numerosi e agguerriti sabotatori delle «larghe intese», Fini e Prodi in prima linea, i Popolari e altri cespugli a dare man forte. Tra l'altro Prodi aveva snobbato l'offerta di una vicepresidenza del Consiglio (ormai assuefatto all'idea d'essere *premier*, l'essere *vicepremier* non lo soddisfaceva più) e andava ripetendo che un accordo tra i Poli significava mancanza d'alternanze e dunque compromesso torbido e corruzione.

D'Alema s'era prodigato perché Maccanico riuscisse, ed aveva perfino scritto una lettera in cui riconosceva che il semipresidenzialismo in discussione doveva essere proprio quello «alla francese». Berlusconi fu tutto pro-intesa, invano. Nel recente volume *De prima re publica* Andreotti ha avanzato, con prosa non proprio limpida, un'ipotesi aggiuntiva per spiegare l'insuccesso di Maccanico. «Altri riferivano – questo il passaggio che c'interessa – di una telefonata nella quale si era risolta negativamente la convinzione che del pacchetto della non belligeranza facesse parte anche il proposito – enunciato per primo dal dottor Di Pietro – di una soluzione della intricata matassa di Tangentopoli.» In chiaro questo sembra significare che nel contenzioso politico era stata introdotta la questione del «colpo di spugna» sui reati di corruzione, e che non se n'era venuto a capo.

Il 14 febbraio 1996 uno stremato e stizzito Maccanico si arrese, e arrendendosi attribuì le maggiori responsabilità del fallimento al Polo (sottintendendo che nel Polo il vero *vilain* era stato Gianfranco Fini). Il giorno successivo Scalfaro sciolse «con vivissimo rammarico» le Camere, e fissò le elezioni per il 21 aprile. A quel traguardo l'Italia sarebbe arrivata con il governo di Lamberto Dini, sia pure confinato nell'ambito dell'ordinaria amministrazione: al che il centrodestra s'era opposto sempre con foga, ma la foga divenne furore dopo che Dini ebbe annunciato, a fine febbraio, la decisione d'entrare in politica e d'entrarvi con un suo partito, Rinnovamento italiano, d'impronta liberaldemocratica e riformista. Nelle settimane che mancavano all'appuntamento con le urne l'Italia sarebbe stata affidata – strillava il Polo – non ad un arbitro neutrale e imparziale ma ad un partecipante alla gara. All'ira del Polo le sinistre opposero un argomento forte, nella sua linearità. In quasi tutti i Paesi democratici, esse osservarono, si va alle elezioni con il governo in carica. Ci si era andati di norma anche in Italia. Il Polo insisteva peraltro su una non trascurabile differenza. Il governo Dini era nato come «tecnico», e in quanto tale era stato accettato: salvo

28

cambiar volto d'improvviso – nel Presidente del Consiglio e in alcuni ministri – nell'imminenza delle elezioni. Alcuni provvedimenti che Dini adottò nell'ultima fase del soggiorno a Palazzo Chigi – e che furono da lui definiti «atti dovuti» – vennero letti dall'opposizione in chiave maliziosa: furono cioè letti come regalie e favori a questa o quella categoria e corporazione, per catturare consensi. Le lamentele del Polo, quale che fosse il loro fondamento, avevano una connotazione profetica. Dopo una sfingea esitazione, e dopo un appassionato corteggiamento dei due schieramenti, Dini – con il suo Rinnovamento – decise di entrare nella *Grande Armée* dell'Ulivo: e il suo apporto fu senza dubbio decisivo per l'esito della contesa.

Assai più opinabile è l'influenza del «caso Squillante» – che potrebbe anche essere definito «caso Ariosto» – sul responso elettorale degli italiani. Ma da anni a questa parte – abbiamo avuto occasione molte volte di rilevarlo – politica e giustizia sono tutt'uno, o danno l'impressione d'esserlo. La giustizia irrompe nelle vicende del Palazzo – malfamato per aver dato ospitalità a troppi scostumati profittatori – e avanza a carico di questo o di quello sospetti che sono marchi d'infamia. Il potere politico dei magistrati è, da questo punto di vista, immenso e preoccupante: un contrappasso eccessivo ma comprensibile alla stagione in cui immensa e devastante era stata la sfrontatezza di politici e «boiardi». Il 12 marzo 1996, quando mancava poco più d'un mese alle elezioni, il *pool* di «mani pulite» ordinò l'arresto a Roma di Renato Squillante, settantenne capo dei Gip (i giudici per le indagini preliminari) romani, magistrato legato da una fitta rete di conoscenze – alcune delle quali si traducevano, secondo gli inquirenti, in favori – a gente della cosiddetta «Roma bene» (che spesso e volentieri è «Roma male»). La cattura e la «traduzione» dell'anziano giudice da Roma a Milano avvennero con l'apparato scenografico che in queste operazioni, sempreché si svolgano sotto gli occhi delle telecamere, non manca mai. Gli italiani videro in televisione un carosello di auto rombanti e un nugolo di uomini in divisa, mentre sarebbe bastato un agente, e un viaggio (seppur non privo d'incognite alla luce d'un successivo disastro ferroviario) con il Pendolino. Ma al di là dell'enfasi spettacolare, l'arresto era sensazionale. Un alto magistrato finiva in galera con l'accusa d'aver ricevuto mazzette e d'essersi adoperato per sviare e adulterare il corso della giustizia a vantaggio di chi lo foraggiava. Con lui finì dentro l'avvocato Attilio Pacifico, complice, secondo Borrelli e i suoi sostituti, nella grande abbuffata. Ben presto si seppe che la «gola profonda» delle rivelazioni che avevano portato a Squillante era una teste – designata in codice come Omega – che per l'anagrafe si chiamava Stefania Ariosto, bionda signora quarantaseienne, assai nota nella «Milano bene» (qui vale la stessa osservazione fatta a proposito della «Roma bene») per il suo fascino elegante, per le sue frequentazioni importanti, per le sue irrequietezze, per i suoi molti debiti e per l'affettuosa amicizia – tutti sappiamo cosa s'intende con questo – che la legava all'avvocato Vittorio Dotti.

Stefania Ariosto, intelligente e intraprendente, è figlia d'un collaudatore d'armi e apparecchi di precisione per il Ministero della Difesa. S'era sposata diciassettenne, e dal primo marito, Enrico Pierri, aveva avuto due figli morti poco dopo la nascita per fibrosi cistica. Il secondo marito fu un architetto, Mario Margheritis, ma anche questo matrimonio, rattristato dalla morte d'una bambina che visse solo quattro mesi, non durò. L'ingresso di Stefania Ariosto nel «generone» politico-affaristico del l'Italia craxiana fu opera di Giorgio Casoli, un massone che era stato magistrato e presidente di Corte d'Assise a Milano (aveva giudicato tra gli altri i terroristi Curcio e Franceschini) e che successivamente s'era buttato nell'arena elettorale: sindaco di Perugia nel 1980, senatore socialista nel 1987. Sorretta e spinta dal premuroso Casoli la Ariosto entrò, a Roma, nel giro di Cesare Previti, quindi si legò a Vittorio Dotti e ne fu la «compagna» per otto anni.

Gli innumerevoli biografi della Ariosto – e lei stessa in un libro molto reclamizzato – hanno arricchito questa scheda di episodi romanzeschi, drammatici, galanti, salottieri e bancarottieri a non finire. Tutto è stato descritto: le attività di Stefania come addetta alle pubbliche relazioni in Guinea, le sue iniziative imprenditoriali in genere non coronate da successo, il negozio d'antiquariato in via Montenapoleone a Milano (gestito assieme al fratello Carlo), la passione divorante per il giuoco che la portò infinite volte nei casinò dove dilapidava grosse somme di denaro, la persecuzione degli strozzini, la ridda di vertenze in cui era impelagata: e in parallelo con questa esistenza convulsa e travagliata i fasti della mondanità più esclusiva, la partecipazione ai pranzi con caviale e champagne nei salotti o sulle terrazze romane e milanesi, le vacanze nelle «barche» dei miliardari o di coloro che fingevano d'esserlo, i viaggi. D'ogni avvenimento Stefania Ariosto, maniaca dell'istantanea, conservava una documentazione fotografica che ha fatto la felicità della Procura di Milano e dei settimanali: e inoltre agende gremite di nomi.

Una donna senza dubbio notevole: che secondo i punti di vista – derivanti da interessi precisi – può essere presentata come una creatura maltrattata dalla sorte o come una cortigiana furba, o come una convitata dell'abbuffata tangentizia redenta per un soprassalto di moralità, o come una «pentita» ansiosa d'avere la protezione della giustizia per risolvere al meglio le sue grane legali.

Incontestabile è il ruolo che la Ariosto ha avuto nel fare puntare i riflettori delle inchieste anche sulla Magistratura: non la incontaminata torre d'avorio che i suoi mitizzatori descrivevano, ma una branca pubblica inquinata quanto le altre. I sostenitori del *pool* milanese di «mani pulite» prendono di mira, non senza ottime ragioni, il Palazzo di Giustizia romano: un «porto delle nebbie», sostengono, dove tutte le inchieste delicate che coinvolgessero i potenti si arenavano su secche infide, come la *Vittorio Veneto* davanti a Valona. Stefania Ariosto è stata battezzata il «cigno biondo», con evidente richiamo alla testimone-chiave del «caso Montesi», Annamaria Moneta Caglio, che fu, nei primi anni Cinquanta, il «cigno nero». Nessuno è autorizzato a stabilire fin d'ora se il «cigno biondo» abbia detto la verità, tutta la verità, nient'altro che la verità. Di sicuro – ci sono carte e confessioni a dimostrarlo – non ha detto solo bugie.

Alla teste Omega il *pool* di Milano era arrivato nel più banale dei modi: ossia spulciando i nomi delle persone cui erano finiti i quattrini che Silvio Berlusconi elargiva con generosità a familiari e collaboratori, e che passavano di mano con libretti al portatore. Uno dei libretti – 600 milioni – era toccato a Vittorio Dotti che come avvocato di Berlusconi – per il quale aveva condotto e concluso trattative molto delicate – presentava le sue parcelle a fine anno: ma che trovandosi nell'urgente necessità d'avere a disposizione una forte somma, s'era rivolto al protettore, e il protettore non s'era tirato indietro. Parte di quel denaro era poi finito sul conto dell'Ariosto. Seguendo quel sostanzioso rivolo di denaro i Pm milanesi si trovarono perciò, il 21 luglio 1995, faccia a faccia con Stefania Ariosto, e capirono presto d'avere fatto bingo. Riluttante dapprima, la signora fu convinta quattro giorni dopo a rilassarsi e a spifferare quanto sapeva. Lo fece dopo aver ottenuto l'esitante e tormentata autorizzazione di Dotti, cui peraltro sarebbe tanto piaciuto di chiamarsi fuori da questa faccenda. Non era ottimista al punto da ignorare che poteva esserne – come ne fu – stritolato.

Da quel luglio del '95 in poi la Procura di Milano lavorò

sulle rivelazioni della teste Omega: che venne munita d'una scorta, incaricata di proteggerla o da eventuali e improbabili sicari, o da se stessa. Nessuna cautela era eccessiva, agli occhi dei Pm di «mani pulite», per salvaguardare la fonte di così ghiotte informazioni. Il distratto Dotti incontrava, insieme alla compagna, anche le robuste guardie del corpo che non la mollavano mai, senza per questo mostrare sorpresa, e apprensione. Un uomo poco curioso.

Ridotte all'essenziale, le confidenze di Stefania Ariosto delineavano un sistema di corruzione e di favori reciproci che coinvolgeva magistrati romani in vista – foraggiati perché «accomodassero» processi – e gli avvocati Cesare Previti e Attilio Pacifico, pagatori per conto d'altri. Tra gli altri cui si dava la caccia era Silvio Berlusconi. Secondo Stefania, Vittorio Dotti era, per il Cavaliere, l'avvocato delle cause pulite, e Previti l'avvocato delle cause sporche (e vinte grazie alle mazzette). L'inchiesta aveva, come la più parte delle inchieste di Tangentopoli, uno sfondo politico. Basta pensare alla connotazione craxiana di certa mondanità arrogante ed esibizionista: e basta pensare che Dotti era il capogruppo di Forza Italia alla Camera, e Cesare Previti era stato ministro della Difesa nel Governo Berlusconi (il Cavaliere aveva tentato, per fortuna senza riuscirvi, d'assegnargli il Ministero della Giustizia).

Avuta l'imbeccata, i Pm di Milano ordinarono agli uomini della Polizia giudiziaria di scovare riscontri alle dichiarazioni di Stefania: e autorizzarono intercettazioni telefoniche in gran numero. L'operazione rischiò d'andare in fumo – consentite lo scherzo – per un posacenere. Una microspia era stata collocata appunto nel doppiofondo d'un posacenere su un tavolino del bar Tombini di Roma, frequentato da molti magistrati, e fu scoperta per caso. Quando la microspia venne trovata, sedevano al tavolino Renato Squillante, il Gip Augusta Iannini – moglie del noto conduttore televisivo Bruno Vespa – e Vittorio Virga: quest'ultimo avvocato di Cesare Previti e Paolo Berlusconi nel processo bresciano per il presunto complotto mirante a ottenere le dimissioni di Antonio Di Pietro dalla Magistratura (nel codice degli inquirenti la collocazione della microspia era stata battezzata, senza troppa fantasia, *no smoking*). Vi fu emozione, al Palazzo di Giustizia, per la «cimice» di paternità ancora ignota: e perciò attribuita da qualcuno ai soliti servizi segreti deviati. Era invece una «cimice» legittima e per la verità in alcuni momenti topici non funzionante: tanto che per rimediare al guasto un poliziotto seduto accanto ai sospettati annotava furtivo e febbrile, su foglietti di carta, il contenuto delle loro conversazioni.

Squillante sapeva, per molti sintomi, d'essere nel mirino dei Pm milanesi, e aveva confidato le sue angosce a due colleghi ed amici, il procuratore capo di Roma Michele Coiro e il Pm Francesco Misiani: entrambi affiliati a Magistratura democratica, la corrente di sinistra dell'Associazione magistrati, e lodati dalla sinistra come risanatori e redentori del «palazzaccio» romano. I due, sollecitati da Squillante, avevano cercato di sapere dalla Procura milanese, dove contavano molti amici, cosa stesse bollendo in pentola, ottenendo risposte evasive, e proprio per la loro evasività allarmanti. Di quest'interessamento Coiro e Misiani saranno poi chiamati a rispondere. Il ministro Flick, giurista di multiforme ingegno, nominerà Coiro direttore generale delle carceri per sottrarlo alla competenza del Csm ed evitargli una umiliante sanzione disciplinare. Misiani subirà invece dal Csm (dopo una discussione animata e una decisione non unanime) la punizione del trasferimento d'imperio ad altra sede.

Il romanzone balzachiano che Stefania Ariosto andava ricostruendo a beneficio degli inquirenti – e che sosteneva di conoscere a fondo proprio per essere stata partecipe di quella società smargiassa – aveva, lo si è accennato, una cornice dorata e una sostanza da codice penale. Ai pranzi con aragoste, alle parate di belle donne che sfoggiavano le *toilettes* di famosi e costosi stilisti – chiamarli sarti è ormai offensivo – alle prime della Scala, alle nottate di *roulette* e *baccarat* s'intrecciavano conciliaboli loschi, maneggi affaristici spregiudicati e soprattutto «dazioni», tante «dazioni»: termine, quest'ultimo, con cui il burocratese definisce quelle che in linguaggio più volgare abbiamo già chiamate mazzette. Quest'universo di lustrini e reati aveva per nume tutelare negli ultimi anni Ottanta, lo si è già accennato, Bettino Craxi. Infatti nel 1988 parecchi vip – un buon numero dei quali Stefania Ariosto coinvolgerà nelle sue accuse dopo averli immortalati con l'obbiettivo – erano volati a New York per assistere alla cerimonia con cui la Niaf, potente organizzazione degli italoamericani, voleva onorare Craxi (nel 1996 lo stesso riconoscimento sarà attribuito a Romano Prodi). Il pellegrinaggio cortigiano includeva un folto gruppo di magistrati – tra essi Squillante – le cui spese di viaggio si vuole siano state pagate da Cesare Previti.

In questo contesto carico di ombre per magistrati e boiardi di Stato – impegnati dalle loro funzioni all'imparzialità e alla difesa del pubblico interesse e dediti invece alla parzialità più smaccata e più privata – la teste Omega inserì due specifici episodi: nel circolo Canottieri Lazio aveva visto Previti consegnare a Squillante una busta gonfia di denaro con l'amichevole avvertimento «A Renà, ti sei dimenticato questa»; in casa Previti aveva visto lo stesso Previti, l'avvocato Pacifico e Squillante, che davanti a un tavolo disseminato di banconote avvolte da fascette (dunque una somma ingente) procedevano ad una spartizione. Per questi racconti Stefania Ariosto fu sottoposta a fine maggio del '96 a un pesante «incidente probatorio», ossia a una testimonianza resa in presenza di avvocati degli inquisiti, e sotto il fuoco di fila delle loro contestazioni. Stefania Ariosto ammise d'aver fatto confusione su date e circostanze, e martellata da domande incalzanti ebbe anche uno svenimento. Fu tuttavia ferma nel ribadire, al di là di errori marginali, l'esattezza del quadro che aveva delineato: Pacifico e Previti pagavano Squillante e Squillante smistava a colleghi complici le mazzette, ovviamente dopo aver trattenuto la sua.

Cesare Previti – che ha denunciato la Ariosto per calunnia – la smentisce su ogni punto. Non è vero che lui si sia assunte le spese della famigerata trasferta di gruppo a New York; non è vero che alla Canottieri Lazio potesse accadere ciò che la Ariosto pretende vi sia accaduto; è impossibile che siano state spartite mazzette nella casa indicata come sua – con profusione di particolari – dalla Ariosto perché al tempo in cui il fattaccio sarebbe avvenuto lui abitava altrove. Infine Previti sottolinea che la Ariosto, così attenta non solo alle conversazioni ma anche ai sussurri, è stata vaga su un punto fondamentale: quali erano i processi che dovevano essere addomesticati? Questo Stefania non lo sapeva: ma sapeva che Previti corrompeva per conto di Berlusconi. L'andava dicendo, il Previti, a chiunque volesse dargli retta, e aggiungeva di avere «fondi infiniti a disposizione». In proposito Bruno Vespa si è posto – e ne ha scritto nel suo libro *La svolta* – una domanda precisa: «Fondi per comprare quali processi, per corrompere quali magistrati? Alla fine degli anni Ottanta, ai quali si riferisce la testimonianza della Ariosto, Berlusconi non aveva problemi giudiziari in genere e in particolare a Roma». La risposta della teste Omega è molto semplice: «Il mio interesse non era così attento a capire di quali processi si trattasse».

I Pm di «mani pulite» – secondo i quali Stefania Ariosto e ormai poco rilevante come teste essendo sopravvenute conferme documentali delle sue accuse – hanno posto gli occhi su due megacause civili che da sole potevano spiegare le «dazioni». La prima – Berlusconi non c'entrava – riguardava il contenzioso per qualcosa come mille miliardi tra l'avventuroso magnate della chimica Nino Rovelli e l'Istituto mobiliare italiano (Imi). Il Rovelli, seducente e convincente Clark Gable della Brianza, aveva promosso, con l'entusiastico appoggio di politici nazionali e locali, un progetto di straordinaria espansione dell'industria chimica riguardante in particolare la Sardegna. Nell'immane fornace chimica era stata incenerita una montagna di denaro dei contribuenti: ma Rovelli – cui veniva mosso l'addebito d'essersi arricchito a spese degli italiani, illudendo e ingannando una classe dirigente leggera e scorretta che all'illusione e all'inganno era disposta – non si sentiva per niente in debito verso la collettività o verso altri: anzi, vantava addirittura un credito gigantesco verso l'Imi, ossia verso chi l'aveva con scarsa cautela finanziato. Dopo un lungo e tortuoso tragitto giudiziario che impegnò molti magistrati a vari livelli, la Cassazione stabilì definitivamente e incredibilmente – confermando una sentenza d'appello – che Rovelli aveva ragione e che gli spettava un migliaio di miliardi. Senza entrare nel merito, la Suprema Corte aveva rigettato il ricorso dell'Imi perché la procura speciale dell'istituto ai suoi rappresentanti legali era misteriosamente sparita dal fascicolo. Dedotte le tasse, un tesoro di 678 miliardi spettava così agli eredi del finanziere, nel frattempo defunto: e i miliardi furono versati con singolare docilità. Ebbene, un quindici per cento del malloppo era finito agli avvocati: 35 miliardi a Mario Are e Angelo Giorgianni, che avevano sostenuto nelle varie istanze le ragioni del Rovelli; e poi 33 miliardi a Pacifico, 21 a Previti, 13 a Giovanni Acampora per una non ben precisata opera d'assistenza e d'intermediazione. Previti non nega d'aver incassato la somma, in favore suo e in favore di terze persone. Ma sostiene che non un centesimo è andato a uno o più magistrati, o comunque a pubblici ufficiali.

La seconda megacausa era quella in cui Silvio Berlusconi e Carlo De Benedetti avevano duellato, durante un decennio, per assicurarsi il controllo del colosso editoriale Mondadori. Anche questa vertenza, come quella Rovelli-Imi, ebbe un andamento erratico. In base alle successive e discordanti pronunce della Magistratura il Cavaliere s'insediava a Segrate come *dominus* dell'azienda e poi, degradato ad intruso, doveva sloggiare. Nel gennaio del 1991 una delle tante decisioni dei giudici aveva dato la vittoria a Berlusconi, e un trionfante Previti aveva convocato nella sua casa, per festeggiare l'evento, lo stato maggiore del Cavaliere (Dotti era della partita). Ma la vittoria era stata effimera: e da ultimo Berlusconi e De Benedetti avevano ripiegato su un compromesso: al primo veniva assegnato il complesso editoriale di Segrate, con la corazzata *Panorama*, il secondo si teneva *la Repubblica* e *L'Espresso*. Itinerari giudiziari di tanta lunghezza e di tanta rilevanza economica fanno la felicità degli avvocati e coinvolgono – tra primo grado, appello, Cassazione e possibili deviazioni cammin facendo – decine e decine di magistrati. Quanti e quali tra loro ricevettero – se ricevettero – mance, e per quali specifici favori? Il punto rimane, per quanto ne sappiamo, abbastanza oscuro. Si ha l'impressione che il *pool* di Milano conosca – o ritenga di conoscere – i passaggi e i destinatari delle «dazioni» assai meglio di quanto conosca i momenti in cui certe cause furono «accomodate». Sul modo in cui Squillante smistava e collocava all'estero il malguadagnato i magistrati hanno una convinzione: il giudice fu aiutato da due dei suoi figli, entrambi giornalisti, o almeno si servì di loro. Mariano Squillante era corrispondente della Rai da Londra, Fabio corrispondente della *Stampa* da Bruxelles: sia l'uno che l'altro avevano il diritto di tenere in perfetta legalità conti esteri, sui quali appunto il padre avrebbe versato ingenti somme. La Procura milanese chiederà infatti l'arresto di Mariano e di Fabio Squillante, nonché della moglie russa di Fabio, Olga Savtchenko: per i Pm tutti coinvolti in questa sorta di riciclaggio.

Nell'occhio del ciclone Ariosto era Vittorio Dotti: un italo Amleto o un Tristano della Padania, o un Jean Buridan. Filosofo francese, quest'ultimo, il cui nome è stato italianizzato in Buridano, e il cui pensiero è stato riassunto nella favola dell'asino che, incapace di scegliere tra due mucchi di fieno uguali, moriva di fame. Dotti non voleva smentire Stefania né mettersi contro la Procura di Milano, ma nemmeno voleva rinunciare alle sue ambizioni politiche. Rivendicava in Forza Italia il ruolo di colomba centrista: rimanendo assegnato a Previti quello di «falco». La riluttanza di Berlusconi e dei suoi intimi a ricandidarlo per il Polo era una ennesima stilettata del perfido Cesare. Nel suo candore ingenuo Dotti riteneva che l'irritazione di Berlusconi per la loquacità della teste Omega – e per il modo in cui alla teste Omega si era arrivati – fosse eccessiva. Per quanto riguardava Dotti, Berlusconi era in una situazione sgradevole. Se ne avesse bocciato la candidatura si sarebbe attirate ulteriori accuse di dispotismo, e di asservimento della politica ad interessi personali e aziendali; se l'avesse approvata, avrebbe avuto come esponente autorevole di Forza Italia l'amico della sua nemica, poco discreto nel portarsi la compagna fotografa ad ogni festa, discretissimo invece nel non far parola di quanto andava spifferando. Dopo qualche esitazione il Cavaliere silurò Dotti: cui venne offerta a tambur battente una candidatura come indipendente nella lista di Rinnovamento italiano, la formazione di Lamberto Dini. Dopo una breve riflessione Dotti accettò: non accettarono invece, e furono saggi, Romano Prodi e Massimo D'Alema. L'avvocato del diavolo (se vogliamo definire diavolo Silvio Berlusconi) ri-

mase al palo: come onorevole e come legale della Fininvest. Anche Stefania Ariosto, discussa ma molto popolare,
era stata lì lì per candidarsi con l'Uds di Bordon e Ayala:
ma poi un ripensamento generale aveva fatto fallire la bal-
zana idea. Pur senza due attrazioni di rilievo, prendeva il
via lo spettacolo elettorale.

CAPITOLO TERZO
IL GIORNO DELL'ULIVO

La campagna elettorale fu accanita e monotona. L'Ulivo e
il Polo enunciavano programmi analoghi fingendo tuttavia di volere cose diversissime. Tutti erano, almeno a parole, per il rigore dei conti pubblici, tutti erano per il mercato, tutti erano con slancio implacabile contro la corruzione. E tutti guardavano con occhio affettuoso alle esigenze delle classi lavoratrici, alle aspettative dei ceti medi,
ai travagli dei giovani, alle pene dei pensionati. Il Polo ac-
cusava Prodi e i suoi – stretti da un patto elettorale a
Rifondazione comunista – d'avere una duplice nostalgia:
quella per i consociativismi, per gli immobilismi, per l'assistenzialismo e le dilapidazioni della prima Repubblica; e
quella per il marxismo e il collettivismo, sconfitti dalla storia ma riabilitati dal fascino sottile dell'utopia. L'Ulivo imputava al Polo il proposito di riproporre gli errori del governo Berlusconi, e di voler arricchire ancor più i ricchi
impoverendo ancor più i poveri. In questo schema rozzo
gli elettori del Polo diventavano capitalisti da caricatura di
Grosz, e gli elettori dell'Ulivo lodatori di Stalin o del pau-
perismo dei La Pira e dei Dossetti. Termini come comunismo e fascismo – o postcomunismo e postfascismo – erano
utilizzati come etichette polemiche. Sotto sotto nessuno
credeva sul serio a questi annunci d'Apocalisse: perché
nessuno era sprovveduto e ingenuo al punto da credere
che Lamberto Dini e Gerardo Bianco vagheggiassero per
l'Italia un futuro da repubblica popolare del disintegrato
Est, e che i ragazzi delle borgate romane ai quali piace
Gianfranco Fini fossero strenui sostenitori del capitalismo

prevaricatore. Chiunque avesse un minimo di buon senso capiva quanto di vacuo e di parolaio vi fosse negli opposti annunci di cambiamento profondo del Paese. In Italia le grandi riforme sono sempre alla porta ma fuori dalla porta rimangono perché l'esistente, ossia la rete degli interessi consolidati e la struttura pubblica con i suoi vizi, è un macigno pressoché inamovibile.

Lo scetticismo era con ogni probabilità il sentimento prevalente tra gli elettori (lo attesterà l'alta percentuale delle astensioni, il 17,3 con un netto aumento rispetto alle «politiche» precedenti). Tuttavia Prodi, aiutato con abile discrezione da Massimo D'Alema, riuscì ad accreditare in molti italiani moderati – quelli che in un sistema maggioritario o semimaggioritario fanno la differenza, e decidono l'esito delle elezioni – l'immagine di un Ulivo saggio e insieme compassionevole, attento al bilancio dello Stato ma solidale e progressista. Cattolico osservante, pellegrino al santuario di Compostela, democristiano da sempre, Prodi era una smentita vivente a Berlusconi e Fini quando denunciavano la minaccia della sinistra atea ai valori religiosi e alla scuola libera. L'ingombrante compagnia di Bertinotti e Cossutta era giustificata con una spiegazione contorta, che alla prova delle urne risultò persuasiva. Rifondazione era estranea all'Ulivo, non ne condivideva il programma, innalzava orgogliosa il vessillo lacero del comunismo. Ma all'Ulivo l'avvicinava la volontà di sconfiggere il pericoloso Cavaliere e i suoi alleati, e dunque era la benvenuta nell'ora della battaglia. Prodi prometteva insomma di vincere con Bertinotti – simpatico ai salotti per l'erre moscia alla Gianni Agnelli – senza lasciarsene poi condizionare. Per chi aveva buona memoria di politica europea la strategia di Prodi o meglio ancora di D'Alema rieccheggiava quella di Mitterrand quando aveva conquistato la sua prima presidenza: e s'era servito dei voti comunisti per poi scaricare Marchais e i suoi alla prima occasione. Il banchiere Dini e una folla di ex-democristiani che per decenni avevano fatto dell'anticomunismo la loro bandiera erano lì a garantire che la *liaison dangereuse* con Rifondazione non sarebbe mai diventata un matrimonio. Le candidature dell'Ulivo erano in generale rassicuranti e di buon livello: ad esse – anche quando non fossero di pieno gradimento per la sinistra – l'elettorato pidiessino assicurava fedeltà. I maggiori quotidiani italiani e l'intellighenzia contribuirono a dissipare le apprensioni. Pochi professori e pochi opinionisti – benché autorevoli – si erano schierati con Forza Italia. Una volta di più si vide quanta fosse la debolezza della destra nelle sedi – giornalistiche e culturali – che hanno influenza politica. Proprio nell'imminenza del voto Eugenio Scalfari, alfiere dell'antiberlusconismo e dell'appoggio all'Ulivo, aveva rinunciato alla direzione di *Repubblica*. Lasciava il timone del quotidiano a Ezio Mauro – ma senza lasciare la penna – nel momento in cui la sua missione era compiuta. Creatore d'un miracolo editoriale – in termini di diffusione e in termini di prestigio – Scalfari aveva centrato durante vent'anni tutte le scelte giornalistiche e fallito tutte le scelte politiche. La realtà s'incaricava puntualmente di contraddire le sue diagnosi. Ci voleva l'Ulivo per dargli finalmente ragione.

Il meccanismo astuto, e in prospettiva rischioso, grazie al quale l'Ulivo e Rifondazione si proponevano – e raggiunsero l'obbiettivo – di unire le loro forze senza sconfessare i loro diversi ideali si chiamava desistenza. Per la quota elettorale maggioritaria l'Ulivo si impegnava, in un certo numero di collegi, a non presentare suoi candidati e a votare quelli di Rifondazione, e in cambio Rifondazione prometteva di convogliare i voti dei suoi militanti sull'Ulivo, nel resto del collegi. Era lo stesso meccanismo di cui Berlusconi s'era servito per avere, nelle «politiche» del 1994, l'appoggio della Lega. La formazione più debole veniva di solito avvantaggiata, in questo *do ut des*: infatti a Bossi era toccato un numero di deputati eccedente di gran lunga il suo consenso nel Paese. Anche D'Alema s'era rassegnato a fare il donatore di sangue per Rifondazione: ma era persuaso che ne valesse la pena. Ancor più valeva la pena di fare il donatore di sangue – e lo fece – per i cespugli moderati. Ogni voto moderato – l'ha rilevato Andreotti con il suo acume di veterano del Palazzo – «valeva in effetti il doppio, essendo sottratto al Polo».

Berlusconi – pur sottoposto a un incessante tiro a segno giudiziario – rimaneva l'incontestato *leader* carismatico del centrodestra: ma aveva parecchio piombo nelle ali. Le sue oscillazioni fra intransigenza e arrendevolezza, il sostegno dato al fallito tentativo di Maccanico, le intese cordiali con D'Alema, i poco credibili soprassalti di decisionismo spaccatutto sapevano di vecchia politica: su quel terreno un D'Alema o un De Mita si muovevano mille volte meglio di lui. Poi, avviata la campagna, il Cavaliere brandì la lancia e annunciò la sua sfida al sistema partitocratico, ai residuati della prima Repubblica, allo statalismo paralizzatore, al fantasma del comunismo, agli sprechi, ad una tassazione oppressiva e iniqua. Questa tematica aveva un difetto grave: era una replica. Si trattava delle stesse denunce e delle stesse promesse che avevano dato a Forza Italia la vittoria del marzo di due anni prima. Berlusconi poteva sostenere che essendogli mancato – nei pochi mesi in cui aveva governato – il tempo di realizzare i suoi obbiettivi, ed essendo calata sul Paese la stagnazione dei tecnici diniani, la battaglia non poteva essere che una ripetizione della precedente. Ma le mancava il tocco della novità e dunque l'impulso della speranza. Questo *handicap* poteva essere di scarsa importanza per partiti stagionati e collaudati, che alle repliche erano abituati, e anzi ci si erano esercitati per decenni senza mai trovarsi a disagio. Dal Polo gli elettori pretendevano dell'altro, e Berlusconi – nonostante i suoi sforzi – sembrava incapace d'offrirlo. Si aggiunga che troppi candidati del Polo non erano di prima scelta.

I ragionamenti sugli errori di Berlusconi e sulla diminuita incisività del suo messaggio sarebbero stati d'importanza solo teorica se Bossi si fosse schierato: come aveva fatto in precedenza due volte, con l'elezione del 1994 e con il ribaltone. I sondaggi davano Bossi in caduta libera, nel favore degli italiani (e furono sonoramente smentiti). Ma anche se in calo, i voti di Bossi sarebbero bastati per fare la differenza. Tuttavia il *senatur* preferì questa volta l'isolamento – che se non splendido era sicuramente orgoglioso – alle alleanze del passato. Sapeva che, così decidendo, doveva rassegnarsi ad una riduzione drastica delle sue rappresentanze parlamentari, e proclamava di non esserne impensierito. Oramai Bossi voleva portare la Lega su posizioni radicali – la secessione o il caos – e affettava noncuranza per i riti elettorali «unitari».

I «faccia a faccia» televisivi tra Berlusconi e Prodi si chiusero, tutto sommato, in parità. Il professore bolognese era impacciato – ma con la pratica imparò a esserlo meno – e a volte poco efficace nel ribattere gli argomenti dell'avversario. Ma era anche, nella sua goffaggine, così uomo comune che forse ispirò in molti spettatori tenerezza, o la sensazione di trovarsi di fronte ad uno di loro. In definitiva proprio questa è stata la molla della popolarità di Mike Bongiorno. Di gran lunga più disinvolto e preparato all'esplorazione impietosa delle telecamere, Berlusconi dava per sua sfortuna la sensazione di esserlo troppo: ossia di recitare per obbligo contrattuale un copione stantio. Nel suo ultimo intervento prima della chiamata alle urne egli contrappose «l'Italia che lavora – quella appunto rappresentata da lui – all'Italia che ruba». La frase era impropria: avrebbe dovuto essere assai meglio articolata. Nel suo semplicismo la divisione degli italiani enun-

45

ciata dal Cavaliere faceva il paio con l'altra cara agli «ulivi-sti» secondo cui i simpatizzanti del Polo erano tutti miliar-dari, impellicciati, oziosi e disonesti. Gli italiani – ci riferiamo alla maggioranza – hanno poca fede nella fede altrui, quand'è troppo sbandierata, e molta voglia di centro (l'hanno sempre avuta). Lo scontro era tra due schieramenti, ma la vittoria sarebbe venuta dall'area grigia che sta in mezzo. Questo spiega i segni di sorprendente vitalità che venivano dalle membra sparse del corpaccione democristiano.

L'Ulivo vinse. Di poco o niente in termini di voti: anzi a conti fatti risultò che al Polo era andata una manciata di consensi in più. Ma un sistema maggioritario – o semi-maggioritario – ha meccanismi che premiano la qualità oltre che la quantità dei voti. Con i suoi 157 senatori su 315 – cui dovevano essere aggiunti i 2 della Südtiroler Volkspartei e parte dei 10 senatori a vita – l'Ulivo ebbe una maggioranza abbastanza comoda a Palazzo Madama. I 10 senatori di Rifondazione potevano essergli utili in qualche circostanza, ma non erano necessari. Altro discorso per la Camera. I deputati dell'Ulivo erano 284 sui 630 dell'assemblea. La maggioranza poteva essere raggiunta solo con l'apporto dei 35 di Rifondazione comunista. Bertinotti promise il suo appoggio a un governo Prodi, pur riservandosi libertà d'azione quando si fosse trattato d'approvare singoli provvedimenti. Il Polo gridò che l'Ulivo era prigioniero di Rifondazione e che Bertinotti avrebbe dettato la politica del governo. Era un segnale d'allarme enfatico – come si addice all'opposizione – ma non campato in aria. Proprio l'indispensabilità di Rifondazione faceva la differenza – una differenza profonda – tra la situazione del primo Mitterrand – che già abbiamo ricordata – e quella di Prodi. Mitterrand s'era potuto liberare con cinica soddisfazione del Pcf perché i deputati socialisti facevano, da soli, la maggioranza assoluta all'Assemblea Nazionale. Prodi era invece costretto a tenersi stretto Bertinotti, senza il quale gli era impossibile governare, ma con il quale governare sarebbe stato un tormento.

Perché il Polo era stato sconfitto? Alle già accennate spiegazioni della svolta elettorale dobbiamo aggiungerne alcune altre. Una sta di certo nell'imprevisto peso della Lega, i cui consensi quasi tutti collocabili, dal punto di vista sociale, nell'area di centrodestra – erano sottratti in primo luogo al Polo. Bossi s'era preso – su scala nazionale – il 10 per cento dei voti: e i suoi parlamentari – 59 deputati e 27 senatori – erano ben più che marginali a Palazzo Madama e a Montecitorio. Forza Italia aveva peraltro tenuto benissimo, sfiorando il 21 per cento: il Pds ne aveva preso il posto, come primo partito italiano, ma senza umiliarla. Semmai la delusione veniva da An che s'era dovuta accontentare del 15,7 per cento. Nell'amarezza dell'insuccesso Silvio Berlusconi avrà senz'altro tratto da questo un'acre soddisfazione. I sogni di sorpasso che Fini aveva cullato erano morti in una notte d'aprile. La frustata a Fini era duplice: aveva mancato la pronosticata travolgente avanzata ed era stato logorato dal 2 per cento raccolto, alla sua destra, dai neofascisti di Pino Rauti. Quella percentuale in apparenza trascurabile era stata non solo determinante in alcuni collegi, ma con ogni probabilità decisiva per i risultati nazionali e per la vittoria dell'Ulivo.

I due tronconi ex-democristiani del Polo (Ccd e Cdu) avevano raccolto all'incirca il 6 per cento, non più e non meno di quanto ci si aspettasse. Ma i candidati di area ex-democristiana avevano ottenuto buoni risultati, sia nel l'Ulivo sia nel Polo, in confronto al '94: Andreotti l'ha annotato con soddisfazione. «I sessanta deputati sono divenuti sessantasette, e i trentaquattro senatori sono ora quarantanove.» Tra gli eletti l'inaffondabile Ciriaco De Mita che Prodi, pur essendone stato un *poulain*, avrebbe volentieri relegato in un ruolo oscuro da Padre Giuseppe, ma che era ben risoluto a presentarsi, sia pure come isolato, ai suoi elettori: i quali gli avevano confermato la loro entusiastica fiducia. Il declino del Polo fu ribadito, un mese dopo le politiche, dalle «regionali» siciliane. Al centrodestra andò – in Sicilia si votava con la proporzionale – la maggioranza assoluta nell'Assemblea (49 seggi su 90) ma i segni di stanchezza emersero con evidenza. In particolare Forza Italia vedeva addirittura dimezzati i suoi voti (dal 32,2 al 17,1 per cento). A compensare questo tracollo avevano in parte provveduto il Ccd di Casini e Mastella e il Cdu di Buttiglione con quasi il 10 per cento ciascuno. Del resto anche il Pds era arretrato. La tentazione del pentitismo è grande anche in politica, e il canto nostalgico non delle sirene ma della «balena bianca» scudocrociata faceva presa.

Nel campo di Berlusconi la sconfitta delle politiche, sia pure decisa da un *fotofinish*, lasciò un profondo scoramento. Si ripeteva, nel centrodestra, ciò che era già avvenuto a sinistra due anni prima. Allora Occhetto era stato sommerso dalle critiche ingenerose di chi dimenticava quanto gli si dovesse per aver salvato il grosso delle truppe comuniste – divenute pidiessine – mentre infuriava un devastante terremoto politico e ideologico. Il peggio fu che alla fondatezza di quelle critiche Occhetto sembrava credere. Allo stesso modo non solo gli avversari ma anche gli «amici» se la presero con Berlusconi per il suo dilettantismo, il suo egocentrismo, le sue incertezze: senza tuttavia saper dire chi altro sarebbe riuscito nell'impresa di tenere a galla, alla seconda prova, un partito inesistente. Berlusconi stesso si sentì avvilito come un pugile che nella sua carriera ha vinto tutti gli incontri, e subisce il primo k.o. Motivi di frustrazione il Cavaliere ne aveva in abbondanza. Doveva rassegnarsi ad un ruolo per il quale non era tagliato, quello dell'oppositore (e questo faceva una grossa differenza tra lui e i dirigenti pidiessini nel 1994);

prevedeva difficoltà e ostilità crescenti per le sue aziende; sapeva che nei mesi successivi sarebbero venuti al pettine i suoi innumerevoli nodi giudiziari. Di solito la vittoria unisce (in realtà non era avvenuto per il Polo nel '94 e non avvenne per l'Ulivo nel '96), la sconfitta divide: e nel Polo non mancavano davvero gli irrequieti, i dubbiosi e i delusi. A un uomo così travagliato l'annuncio della nomina di Antonio Di Pietro – si era ormai ai primi di maggio – a ministro dei Lavori pubblici dovette sembrare funesto. Dalla presenza del Grande Accusatore nel governo non potevano venirgli che guai.

Con l'invito a Di Pietro perché occupasse, nel governo dell'Ulivo, la poltrona di ministro dei Lavori pubblici, Prodi aveva giuocato d'anticipo. Dell'attribuzione a Tonino d'un dicastero s'era saputo prima che Scalfaro designasse ufficialmente Prodi come Presidente del Consiglio. Il Quirinale tradì infatti disappunto e imbarazzo: disappunto perché la nomina era, dal punto di vista formale, alquanto spregiudicata; imbarazzo perché l'idea d'un così ingombrante *outsider* immesso nell'esecutivo – e l'eccezionalità della procedura attestava di per sé sola l'eccezionalità del personaggio – non era fatta per entusiasmare uno Scalfaro, tanto puntiglioso nell'attenersi ai formalismi costituzionali. Si può inoltre sospettare – benché ne manchino, come è logico, le prove – che Scalfaro non gradisse troppo la presenza nel governo d'un ministro meno uguale degli altri, e rivestito di tale popolarità da poter appannare l'autorità del Capo dello Stato, timoniere degli ultimi sviluppi politici. Nella lettera di accettazione Di Pietro aveva scritto a Prodi: «Mi riconosco nei punti fondamentali del tuo programma, che sono proprio quelli che abbiamo tracciato nell'autunno scorso e resi pubblici con reciproci interventi sulla stampa». Quello che aveva portato Di Pietro al fianco di Prodi sembrava, in un così sobrio riassunto, un percorso lineare: ed era stato in-

49

vece un percorso travagliato e zigzagante. La circostanza in cui l'ex-Pm aveva per la prima volta conosciuto Romano Prodi non era favorevole alla nascita d'una intesa. Durante le sue indagini a tutto campo sulla corruzione e sui finanziamenti illeciti ai partiti, Di Pietro aveva convocato anche Romano Prodi. Il sospetto era che il Professore avesse foraggiato, come presidente dell'Iri, la sua area politica di riferimento, quella democristiana, attingendo a fondi «riservati», ossia «neri». Di Pietro aveva aggredito il suo interlocutore con la tecnica inquisitoria che gli era abituale, e che gli aveva procacciato tanti successi. Prodi fu molto turbato dalla veemenza del Pm: sapeva che molti prima di lui, avendo opposto negazioni alle accuse, erano finiti in carcere. Fu per lui un sollievo l'uscire dall'ufficio di Di Pietro senza le manette. Ma era, come disse poi, «arrabbiato», e forse voleva dire spaventato.

Dopo d'allora era passata tuttavia molta acqua sotto i ponti. Di Pietro s'era dimesso con clamore dalla Magistratura. Molti avevano creduto – e fatto credere – che il suo fosse stato un gesto impulsivo, dettato dall'indignazione per la campagna d'insinuazioni e per i *dossiers* avvelenati con cui s'era voluto colpire e umiliare l'uomo simbolo di «mani pulite». Gli avvenimenti successivi suggeriranno un'interpretazione molto diversa delle mosse di Tonino. Sotto l'apparenza dell'ariete impetuoso il magistrato-contadino era un attento programmatore del suo avvenire. L'abbandono del *pool* e della Magistratura gli frullava nella testa già da mesi prima che l'Italia ne fosse informata, con sgomento. Antonio Di Pietro aveva un disegno politico: quello di assemblare, con il prestigio del suo nome, le forze moderate. Smessa la toga, attese che le inchieste avviate da Salamone e Bonfigli a Brescia finissero in nulla e che la tifoseria dipietrista gridasse al trionfo dell'innocente calunniato. Sappiamo che il trionfo non era stato, per verità, incondizionato. Il Gip Anna Di Martino, pur affermando che Di Pietro non doveva rispondere di nulla dal punto di vista penale, l'aveva bacchettato per le sue esuberanze, per una scelta non oculata delle amicizie, per qualche disinvoltura. Assolto dunque, ma senza lode.

Mentre si liberava dalle pastoie giudiziarie, Di Pietro intesseva una fitta rete di contatti con tutti i protagonisti della politica, a destra e a sinistra. Inclusi dunque Berlusconi e Fini. E incluso Prodi. Tutti gli offrivano candidature, tutti gli offrivano ministeri, e lui temporeggiava, senza prendere posizione. Alle elezioni non s'era presentato, e si può supporre che sia rimasto fuori dalla mischia non per ritrosia ma per non ritrovarsi con i perdenti. Chi pretendeva d'accaparrarselo veniva fustigato. Capitò anche a Prodi che – ammonì il Grande Enigma – «deve smettere di giocare con Di Pietro che sta con l'Ulivo. Di Pietro è Di Pietro». Uno scatto d'orgoglio, placato quando l'Ulivo ebbe vinto. Allora Di Pietro si persuase dell'opportunità di collaborare con Prodi. Avrebbe preferito avere una vicepresidenza del Consiglio e il Ministero dell'Interno, dovette accontentarsi dei Lavori pubblici: un carrozzone sgangherato – e assai meno operativo di quanto si supponga, perché solo una piccola parte degli appalti dipende dal ministro, il resto spetta agli Enti locali – dove una mano forte come la sua poteva comunque essere preziosa. Senza entusiasmo D'Alema commentò: «È una scelta che si basa sulla condivisione degli indirizzi programmatici di fondo del nuovo governo e ciò non potrà che rafforzarne l'azione, la politica e il prestigio». Lapidario Bertinotti: «Che cattiva notizia». Prima che fosse annunciata, il 17 maggio 1996, la lista dei ministri le due Camere procedettero all'elezione dei loro presidenti. Il Polo aveva proposto per il Senato il nome di Francesco Cossiga ma la designazione, pur non rifiutata pregiudizialmente dall'Ulivo, naufragò in un mare di dubbi e di veti. A Palazzo Madama andò Nicola Mancino, democristiano di lungo corso e «popolare» inaffondabile: a Montecitorio andò Luciano Violante del Pds; ex-magistrato delle covate di sinistra che aveva mantenuto legami assidui con le Procure, ma che nella sua nuova veste istituzionale compirà meritori sforzi d'imparzialità e d'apertura. Da lui è venuto il riconoscimento – quasi un inedito su quel versante – della buona fede di molti combattenti di Salò. Venne così ricostituito in quegli incarichi d'alto rilievo formale e di basso rilievo operativo, il tandem parlamentare democristiano-comunista della prima Repubblica. Era un significativo segno di continuità, se non di restaurazione.

Il Ministero Prodi parve in complesso, per la qualità e la capacità delle persone, d'ottimo livello. Includeva due ex-Presidenti del Consiglio, Lamberto Dini e Carlo Azeglio Ciampi. Al primo furono assegnati gli Esteri, poltrona prestigiosa e defilata. L'abilità negoziatrice, la conoscenza degli ambienti internazionali – oltre che delle lingue – la mondanità un po' superciliosa, la moglie miliardaria facevano di Dini un perfetto titolare della Farnesina. Per di più, messo agli Esteri, non aveva voce in capitolo – nonostante la lunga esperienza bancaria – per la guida dell'economia italiana: e questo avrebbe evitato conflitti con Ciampi (cui lo legava una stagionata inimicizia) che dell'economia era, come ministro del Tesoro e del Bilancio, il supervisore e il coordinatore. Un altro esperto d'economia, Beniamino Andreatta, fu dirottato verso la Difesa. La vicepresidenza e il Ministero dei Beni culturali e ambientali (con delega per lo sport e lo spettacolo) furono assegnati a Walter Veltroni, sostenitore incondizionato di Prodi in un Pds dove molti erano, a cominciare dallo stesso D'Alema, i dubbiosi. La Quercia insediò al Viminale – che dopo il Romita del referendum istituzionale e fino al leghista Maroni era stato per quasi mezzo secolo un feudo democristiano – il saggio Giorgio Napolitano. Da lui non si poteva pretendere il pugno di ferro, nemmeno nascosto da un guanto di velluto, ma allo stesso tempo non si poteva temere alcuna sopraffazione. Dai suoi «quadri» o dai suoi professori il Pds attinse personaggi di livello per le Finanze (il fiscalista Vincenzo Visco), per l'Istruzione (il «barone» universitario Luigi Berlinguer), per i Trasporti (Claudio Burlando che era stato sindaco di Genova, con qualche incidente giudiziario felicemente superato), per l'Industria (Pierluigi Bersani ex-presidente della regione Emilia-Romagna), per le Regioni e la Funzione pubblica (Franco Bassanini). Due ministri, affiliati infatti a Rinnovamento, Prodi li ebbe in eredità dal governo Dini: Augusto Fantozzi, angustiato dal cognome, al Commercio estero; e Tiziano Treu al Lavoro. I Popolari che insieme ad Andreatta ebbero un dicastero furono Rosy Bindi (Sanità) e Michele Pinto (Risorse agricole, il ministero resuscitato dalla bacchetta magica burocratica dopo che un referendum popolare ne aveva decretato la morte).

La Giustizia e le Poste erano, nella «squadra» di Prodi, posti chiave. Da anni ormai le decisioni della Magistratura influenzavano e condizionavano la politica, gli esponenti di partito non indagati o indagabili erano l'eccezione piuttosto che la regola. Gli infortuni toccati ai precedenti guardasigilli erano derivati proprio dall'intreccio tra politica e giustizia. Forse anche per questo Prodi scelse, per la guida d'un ministero preso nella morsa di magistrati inamovibili, di politici suscettibili e d'un Csm gelosissimo delle sue prerogative, un tecnico. Non che questo fosse garanzia di tranquillità, lo si era ben visto con Mancuso. Ma Giovanni Maria Flick, il designato, amico di Prodi e a lui ideologicamente vicino, non pareva proprio tipo da alzate d'ingegno temerarie. Già magistrato – come tale s'era iscritto all'Unione magistrati che al tempo riuniva l'ala più conservatrice dei giudici, gli «ermellini» della Cassazione in particolare – dalla Magistratura era uscito per essere docente universitario e per esercitare la libera professione d'avvocato: presto affermandosi come esponente di spicco del mondo forense. Flick – occhiali, barba e pipa – conosce tutti i meandri del diritto e tutti i meandri della politica. Doveva vedersela con il *pool* di «mani pulite» e con i nemici del *pool* che nel Palazzo sono tanti, anche a sinistra: e doveva trovare una qualche scorciatoia per uscire da Tangentopoli negando però con risolutezza che di scorciatoia si trattasse, ad evitare la sorte di Conso o di Biondi. Per la bisogna non c'era uomo più adatto, e più adattabile.

Antonio Maccanico era fatto su misura per le Poste. Intelligente, amico di tutti, simpatico a tutti; avrebbe avuto il compito di sbrogliare la matassa televisiva; che le sentenze della Corte costituzionale, i referendum, i veti incrociati degli opposti schieramenti, gli anatemi degli antiberlusconiani e i gemiti vittimistici del Cavaliere avevano aggrovigliato come se fosse passata per le mani d'una scimmia impazzita. Maccanico non aveva una qualifica di tecnico, era in forza alla centrista Unione democratica. Ma si poteva essere certi che avrebbe agito da tecnico: non delle poste, delle emittenze e delle frequenze, ma delle manutenzioni di Palazzo: tecnico cioè di quel lavorio paziente e per lo più sotterraneo d'aggiustamenti che in Italia conclude alla meglio – o alla peggio – ogni questione ed ogni controversia negoziabile. I «Verdi» ebbero, come da copione, l'Ambiente: il cui titolare Edo Ronchi, rustico e imprevedibile personaggio, fu presto in rotta di collisione con Di Pietro. A due signore del Pds, Anna Finocchiaro e Livia Turco, toccarono due di quei ministeri dei buoni propositi che i Presidenti del Consiglio si sentono in obbligo d'escogitare, a dimostrazione del loro interesse per gli umili, i diseredati, i deboli, gli emarginati. La Finocchiaro ebbe le Pari opportunità, che non si sa bene cosa significhi ma lo significa con enfasi, Livia Turco la Solidarietà sociale. Per soddisfare i molti appetiti Prodi fu costretto ad aumentare il numero dei sottosegretari: 49, nella peggior tradizione repubblicana, contro i 42 di Dini e i 39 di Berlusconi. Merita un cenno, a titolo di curiosità, la nomina a viceministro della Difesa di Gianni Rivera, ex-calciatore famoso che per la verità s'era distinto, sui campi di gioco, più come attaccante che come difensore. L'equipaggio di Prodi era così al completo, la nave dell'Ulivo poteva prendere il largo portandosi a rimorchio la scialuppa di Rifondazione, inalberante la bandiera rossa e carica d'esplosivo.

CAPITOLO QUARTO

NAVIGAZIONE A VISTA

Già all'indomani dell'insediamento Romano Prodi, che ostenta un ottimismo di chiara ispirazione democristiana – basta pensare, volendo spulciare due nomi a caso dal Gotha dello scudo crociato, ai detti di Rumor e di Forlani – diede assicurazioni sulla durata e sulla solidità del suo governo. Non parlava a vanvera, se si guardava alla composizione del Parlamento. La maggioranza era più che rassicurante, e i sostenitori dell'Ulivo – incluso il monello Bertinotti – gli giuravano fedeltà nel segno della vittoria su Berlusconi, e della lotta a una possibile rivincita del Polo. Finché si ragionava del contro, ossia della necessità di fermare la destra, l'accordo funzionava a meraviglia. Funzionava invece meno bene, o non funzionava affatto – lo si capì già dal debutto – quando si ragionava del cosa fare, ossia dei programmi.

Gli obbiettivi che il governo s'era proposti – o che piuttosto gli erano imposti dalla situazione del Paese e dagli impegni internazionali – apparivano d'una chiarezza abbagliante. L'Italia doveva intanto adeguarsi, entro il 1998, ai parametri di Maastricht: ossia alle regole in mancanza delle quali le sarebbe stato negato l'ingresso nel club dell'Euro, la moneta unica europea. Da questo punto di vista l'Italia stava, nel 1996, non solo peggio della Germania e della Francia ma anche peggio della Spagna. Guardiamo i dati. Maastricht vuole un'inflazione al 2,6 per cento e l'Italia era al 4,7, sia pure con un andamento in rapida discesa (la Germania all'1,3, la Francia al 2,1, la Spagna al 3,8). Maastricht vuole che il deficit statale rappresenti il 3 per cento del prodotto interno lordo, e l'Italia era al 6,6 (la Germania e la Francia al 4, la Spagna al 4,4). Infine – ed è per l'Italia il punto più dolente – Maastricht vuole che il debito pubblico sia al massimo il 60 per cento del prodotto interno lordo, e in Italia era il 123 per cento (in Germania il 60,8, in Francia il 56,4, in Spagna il 67,8). Lo Stato italiano porta un immane fardello di debito pubblico per effetto di trascorse spensieratezze, inefficienze e insensatezze: e deve rapidamente redimersi, con una condotta virtuosa. La parola d'ordine per Prodi (così come per Amato, per Ciampi Presidente del Consiglio, per Berlusconi) è risanare. Già, ma come riuscirci?

Rifondazione comunista, e alcuni sindacalisti, e gli esponenti dell'assistenzialismo cattolico, hanno una formula semplice. Basta far pagare le tasse a chi le evade, senza che si debba togliere nulla a nessuno. Le cifre che vengono al riguardo sfornate sono impressionanti: duecentomila o trecentomila miliardi di mancato gettito in un solo anno, quanto basterebbe per far fronte ad ogni esigenza, Maastricht compresa. Si può dubitare della possibilità di spremere ancor più, con il fisco, un Paese dove le aliquote sono tra le più alte del mondo occidentale. L'evasione resta un dato certo, con un'infinità di casi scandalosi, ma le aliquote d'imposta vertiginose la favoriscono. C'è chi evade perché ha la vocazione dell'evasore, e c'è chi evade perché se pagasse ciò che il fisco gl'impone fallirebbe. Gli appartenenti a questa seconda categoria potrebbero essere indotti a maggiore correttezza con un'imposizione ragionevole. Per estirpare l'evasione, o almeno ridurla ai livelli dei Paesi bene gestiti, occorre comunque rifare da capo a piedi l'amministrazione finanziaria, anzi tutta la pubblica amministrazione, e nessuno c'è riuscito in decine d'anni. Maastricht però è dietro l'angolo. Le soluzioni taumaturgiche – che possono anche diventare, a lunga distanza, traguardi raggiungibili – restano per il momento nell'ambito della demagogia. Allora la soluzione è obbligata: lo Stato deve rimettere in sesto il suo bilancio, e lo può ottenere in due modi. O inasprendo le tasse – e già s'è detto quale sia il loro peso per coloro che debbono pagarle scrupolosamente – o riducendo le spese.

Ridurre le spese vuol dire soprattutto incidere sul costo dell'amministrazione, immenso stipendificio dalla produttività bassissima, e smantellare almeno in parte una struttura pensionistica e previdenziale che, per la sua generosità, non ha rivali nel mondo sviluppato. In Italia si va in pensione in età più giovane che altrove: con lo scandalo delle pensioni-baby grazie alle quali vigorosi insegnanti non ancora quarantenni si assicuravano vita natural durante, senza lavorare, un modesto ma sicuro reddito mensile. Il numero degli invalidi fa a pugni con ogni sensato calcolo. Amato aveva calato qualche colpo d'accetta nella giungla pensionistica, Berlusconi – con Dini suo ministro del Tesoro – aveva tentato di procedere ad una riforma dura e organica ma era stato subito bloccato, come s'è già detto, da multitudinarie mobilitazioni di piazza. Purtroppo l'intervento chirurgico diventava tanto più necessario quanto più veniva procrastinato perché l'organismo del malato – il sistema previdenziale e l'economia del Paese – stava andando in cancrena.

Insieme a quello delle tasse veniva opposto a chi insisteva per una riforma rigorosa un altro argomento suggestivo: Tangentopoli ha dissanguato l'Italia, se finirà Tangentopoli recupereremo risorse pressoché inesauribili. Argomento valido, ma entro precisi limiti. Il tributo chiesto agli italiani per Tangentopoli, ossia per foraggiare i partiti e i corrotti, è stato ingente: ed era un tributo illegale e infame. Ancor più ingenti sono state tuttavia altre dilapidazioni: queste legali, approvate dai governi e dai Parlamenti, e salutate con esultanza, per la loro «socialità», dai sindacati. I ministri che hanno gonfiato a dismisura gli organici degli insegnanti – il rapporto tra docenti e studenti è in Italia di uno a dieci, anziché di uno a venti come nel resto dell'Europa sviluppata – o gli organici dei postelegrafonici o gli organici dei ferrovieri hanno assestato alla finanza pubblica colpi peggiori d'ogni Tangentopoli. Quelli che abbiamo indicato sono i grandi settori di spesa su cui bisogna incidere. Il resto – i tagli alle auto blu e agli innumerevoli privilegi degli alti burocrati e dei boiardi – è giusto e necessario per la sua valenza simbolica. Ma sul piano quantitativo serve poco.

Di fronte a questo primo dilemma – dove risparmiare? – Prodi s'è immediatamente scontrato con le diverse anime (ma anime ingombranti quando non paralizzanti) della sua alleanza. Per il superministro dell'Economia, Carlo Azeglio Ciampi, che sa il fatto suo e gode d'un invidiàbile prestigio internazionale, la strada giusta era quella suggerita dall'ortodossia economica, dai tecnocrati di Bruxelles, dal Fondo monetario internazionale: abbassare la spesa, non alzare la tassazione. Dello stesso parere erano i riformatori di Dini ed era – anche se non poteva gridarlo ai quattro venti – Massimo D'Alema. Il partito trasversale di coloro che col linguaggio d'un tempo sarebbero stati definiti cattocomunisti e di coloro che con linguaggio attuale sono definiti neocomunisti – la sinistra cattolica e Rifondazione – accettava sì il rigore, e anche i tagli alla spesa, purché non si tagliasse niente: tranne appunto le auto blu e altre stravaganti regalie di Stato ai potenti e alle corporazioni. Guai a chi volesse toccare lo Stato sociale, nel quale rientra la dispendiosissima e insoddisfacente sanità: ma rientra soprattutto un sistema pensionistico di straordinaria generosità non tanto nel livello delle pensioni – molte delle quali sono da fame – quanto nella loro «precocità». Inoltre in Italia vige l'istituto della liquidazione – in termini burocratici Tfr, trattamento di fine rapporto – altrove sconosciuto. I sindacati confederali erano disposti a discutere dello Stato sociale (ma non *lo* Stato sociale), i Cobas e altre organizzazioni contestatarie di lavoratori erano sulle posizioni di Rifondazione comunista e oltre. La crociata di Bertinotti perché nessuna pensione fosse toccata ha avuto un seguito di commenti acidi allorché s'è saputo che la moglie del Rifondatore era anche lei una miracolata delle pensioni-baby. A cinquant'anni, e dopo una trentina trascorsi in impieghi pubblici, s'era messa a riposo.

Purtroppo è proprio lo Stato sociale che deve essere toccato: a meno che si ripieghi sui soliti aumenti della benzina, su espedienti contabili, e sui miliardi del «gratta e vinci» e d'altre forme d'azzardo di Stato. E così Prodi e lo stesso riluttante Ciampi, dopo essersi solennemente impegnati a operare sulla spesa, si trovavano – come i loro predecessori – nell'impossibilità di rispettare gli impegni: e nella necessità di racimolare i quattrini necessari alle varie manovre e manovrine raschiando il barile fiscale e rinviando le riforme vere a un momento prossimo venturo. I governi a breve durata, come sono stati di norma quelli della prima Repubblica, potevano esercitarsi nell'arte della dilazione sapendo che una crisi prossima ventura li avrebbe tolti d'impaccio: perché un altro governo, anche se pressoché identico – negli uomini – al precedente, fingeva sempre di cominciare da capo. Un governo che aspira ad essere di legislatura quando rinvia, rinvia a suo danno: i nodi verranno al suo pettine, ancora più ingarbugliati. Già per l'economia, dunque, la coalizione dell'Ulivo entrava facilmente in confusione: e non si esagera definendo miracoloso ciò che, nella confusione, fu poi realizzato.

Idem come sopra per la riforma – bisognerebbe chiamarla rifondazione, senza con questo voler alludere a Bertinotti – dell'apparato statale. Forse è vero che i quasi quattro milioni di dipendenti – diretti e indiretti – dello Stato non sono uno sproposito. È invece vero senza ombra di dubbio che la gigantesca macchina funziona male, in tempi lunghissimi, e in base a una legislazione di mostruose dimensioni e di ineguagliabile farraginosità. Gli addetti all'amministrazione che la vorrebbero migliore – sono tanti – lamentano il caos legislativo. Hanno ragione. Senonché la massima parte delle «leggine» incoerenti o assurde (oltre che d'incomprensibile stesura) è elaborata proprio da alti burocrati – il governo e il Parlamento ci passano poi lo spolverino, spesso senza sapere cosa approvano – i quali avevano in mente non le esigenze dei cittadini, ma le esigenze della propria e d'altre corporazioni.

La burocrazia legifera in favore della burocrazia attenendosi a criteri semplici: niente mobilità e niente meritocrazia. Ogni settore pubblico è un comparto stagno. Se la provincia di Palermo ha bisogno d'un certo numero di assistenti sociali non le passa nemmeno per l'anticamera del cervello l'idea di attingere agli insegnanti che non hanno nulla da fare (siano essi precari o di ruolo). Indice invece un concorso con migliaia di candidati e complicate procedure per la nomina dei vincitori. Ci sono uffici che lamentano l'incompletezza degli organici e altri che non sanno dove far sedere gli impiegati, ma ogni passaggio dall'uno all'altro ufficio, anche se hanno compiti analoghi o almeno compatibili, è impresa titanica. Il male è aggravato dal fatto che gli statali sono in larga prevalenza d'origine meridionale, e ambiscono ad essere trasferiti in sedi vicine alle località da cui provengono. Nelle grandi città del Nord v'è cronica carenza di personale, al Sud sovraffollamento. Negli ultimi decenni l'unica vera ragione d'avanzamento per merito che l'amministrazione abbia conosciuta era una ragione di demerito: ossia la protezione politica. Ai posti di vertici della burocrazia – comprese le Forze armate – andavano sovente uomini che erano riusciti ad agganciarsi al carro di qualche potente. Per il resto dominava l'anzianità, con promozioni automatiche e con una folla di dirigenti – l'amministrazione ne conta in numero superiore ad ogni altra europea – di cui solo pochi dirigevano davvero, e dirigevano – stando ai risultati – molto male. L'idea del licenziamento di statali in esubero o di statali incapaci era ed è estranea al Moloch burocratico. Niente ricambi, niente selezione. E soprattutto nessuno snellimento. La burocrazia ha – in comune con alcune specie animali inferiori – la straordinaria facoltà di ricreare le parti che le vengono amputate: non solo con la resurrezione di ministeri soppressi – esemplare il caso del Ministero dell'Agricoltura – ma anche con fenomeni prodigiosi di perpetuazione degli organici.

Se ne ebbe una prova vistosa quando, in seguito a una legge del 1977, molte importanti competenze dei ministeri, appunto dell'Agricoltura, dei Lavori pubblici, della Sanità furono trasferite alle Regioni. Contestualmente lo Stato cedette alle Regioni stesse circa quindicimila dipendenti. Per un breve periodo il numero degli addetti ai ministeri sottoposti al salasso ebbe una riduzione: ma – con la sola eccezione del Ministero dei Lavori pubblici – la burocrazia centrale riportò i suoi organici, con espedienti di sopraffina ingegnosità, al livello di prima dell'emorragia, anzi li superò. Il decentramento era così diventato duplicazione, la semplificazione era diventata raddoppio dei passaggi cartacei. Se la burocrazia esercitasse la stessa abilità attestata in queste marachelle corporative nel servire invece i cittadini sarebbe la migliore del mondo.

Il sistema è vigilato e protetto da una serie di corazze pressoché imperforabili. I pretori del lavoro che reintegrano nei loro incarichi funzionari ladri e inservienti scolastici che favoriscono lo spaccio di droga perché, in mancanza d'una sentenza passata in giudicato, sono presunti innocenti; i Tar che bloccano i trasferimenti e le punizioni. Sopra i Tar, se per caso si sono concessa qualche apertura al buon senso, sta il Consiglio di Stato. E quando proprio appaia necessario interviene la Corte costituzionale composta in maggioranza da personaggi che hanno una matrice burocratica e formalistica, e che si comportano in coerenza con questo loro *pedigree*. Le pronunce bizzarre – ma d'una bizzarria mirata – di questi protettori della peggiore burocrazia sono per lo più accettate come un flagello naturale. Fatti d'ordinaria amministrazione, non «casi». «Caso» è invece diventato – perché connesso alle inchieste di «mani pulite» – quello di Aldo Lattanzi; un maggiore della Finanza che, patteggiata una condanna per corruzione, e scontata una blanda sanzione disciplinare, era stato riammesso in servizio, con provvedimento firmato dal ministro delle Finanze Visco. Di fronte allo sconcerto dei cittadini lo stesso Visco spiegò che secondo i Soloni della giurisprudenza il patteggiamento non equivale a una condanna, e che di conseguenza l'incensurato (si fa per dire) Lattanzi – dopo un amorevole buffetto dell'amministrazione per le sue disinvolture – aveva pieno diritto di ricominciare, proprio lui, a fare le pulci ai contribuenti. Visco chiarì inoltre che si sarebbe provveduto, con una modifica di legge, a sanare l'incongruenza. Ma i marpioni del labirinto amministrativo riusciranno, siatene certi, a modificare la modifica.

Qualche ministro di Prodi ha dichiarato guerra verbale – con le migliori intenzioni di far sul serio – alla semiparalisi amministrativa, e messo in cantiere progetti di profonda ristrutturazione: ad esempio la possibilità della cassa d'integrazione o del licenziamento per gli statali. Ma in tanti, nell'Ulivo o attorno all'Ulivo, sono, per motivi diversi, di parere contrario. Bertinotti – rieccolo – non vuol nemmeno sentir parlare di licenziamenti, per lui la distribuzione di posti cui non corrisponde nessun vero lavoro è socialità: togliete ai ricchi, predica, anziché accanirvi sulle povere mezze maniche. È l'ottica in base alla quale fu salutato come una conquista l'aver portato i dipendenti delle Ferrovie alla cifra esorbitante di 220 mila unità, poi ridotta gradualmente per un ritorno di ragionevolezza. Nei sindacati confederali la Cgil, che fonda la sua forza sugli operai e sui pensionati, può anche accettare che siano sfrondati, nell'amministrazione, i rami secchi, ma la Cisl e l'Uil, tra i cui iscritti i «pubblici» sono molti, fanno quadrato per difenderli. E la Cisl è molto vicina al Ppi. Alle proposte radicali si risponde con la solita argomentazione: non è con queste misure che saranno risolte le difficoltà, il problema è a monte. Ma è difficile capire dove sia il monte. E dunque il governo progressista sapeva di dover mettere in riga la pubblica amministrazione: ma ascoltando le tante campane della sua chiesa – e non può esimersi dall'ascoltarle – rischiava di limitarsi ai soliti interventi cosmetici.

Il terzo obbiettivo è la lotta alla disoccupazione: che in Italia – e in tutto il mondo sviluppato – è una disoccupazione selettiva. Non lasciamoci fuorviare dalle piazze che invocano lavoro (e che pure esprimono, intendiamoci, sofferenze vere). Gli italiani, come i francesi o i tedeschi, lasciano ormai agli extracomunitari i lavori pesanti e sgradevoli, anche se pagati come da contratto. Decine di migliaia di candidati sgomitano per qualche posto pubblico, ma le scuole dei mestieri manuali, dove s'impara a essere falegnami o idraulici o elettricisti o carpentieri mancano d'allievi: e bisogna cercare i saldatori o i tornitori in Croazia o altrove, comunque fuori dai confini. Chiunque abbia un titolo di studio non ritiene che quel pezzo di carta attesti una determinata preparazione culturale o professionale: ritiene che quel pezzo di carta – avente valore legale – gli dia diritto a un posto che al pezzo di carta sia adeguato. Il fumoso pressappochista Bertinotti ha lanciato l'idea dello studio obbligatorio fino al titolo di scuola media superiore. Se compatibile con le risorse, è un'ottima idea: a patto però che i diplomati – e tutti lo sarebbero – non esigano un'occupazione da diplomato, ossia impiegatizia. In tal caso chi lavorerebbe in fabbrica o sul trattore? Il risultato del *todos empleados* sarebbe piuttosto singolare per l'apostolo del proletariato. Le idee veterocomuniste di Bertinotti sono tutte o quasi di questo stampo. Lo slogan «lavorare meno, lavorare tutti», che è suo ma purtroppo anche di vasti settori sindacali e della sinistra cattolica, presuppone un'economia autarchica, come piaceva al fascismo e al «socialismo reale»: un'economia cioè che non ha preoccupazioni di competitività internazionale.

Le cifre della disoccupazione italiana ben superiore – ufficialmente – ai due milioni di unità, anzi vicina ai tre milioni, devono dunque essere interpretate. Risulta da sondaggi che di quei due milioni e rotti solo meno di duecentomila sono disposti ad accettare un posto qualsiasi, anche trasferendosi. Senonché nessuno cancella dagli elenchi dei disoccupati chi abbia ripetutamente rifiutato il lavoro che gli veniva offerto. La piaga, intendiamoci, resta grave e dopo anni in cui nel Settentrione d'Italia – anche se nessuno lo ammetteva – esisteva la piena occupazione e le aziende si contendevano gli operai è venuto un periodo di vacche magre. I sindacati e i politici suggeriscono, per lenire la disoccupazione, i soliti incentivi come stanziamenti di fondi, lavori pubblici di dubbia utilità, salari ai giovani (misura quest'ultima attuata in Sicilia, e divenuta una fonte di parassitismo garantito). Ma Ciampi e Dini sanno che il rimedio vero alla disoccupazione si chiama mobilità. In Italia – ma anche nel resto d'Europa, con l'eccezione vistosa della Gran Bretagna – non si assume perché è difficile quando non impossibile licenziare. Il liberismo che gli Stati Uniti praticano ha spietatezze e ingiustizie: ma grazie ad esso l'America ha creato tra il '91 e il '96 quasi venti milioni di posti di lavoro, la disoccupazione era del 5 per cento (in Italia il 12), l'inflazione meno del due per cento, il tasso di crescita del 4,7, l'espansione economica impetuosa. In linea con la strategia americana, la Gran Bretagna dei conservatori aveva anch'essa un numero di disoccupati che era, in percentuale, la metà dell'italiano o del tedesco. Il laburista Tony Blair s'è ben guardato, vinte le elezioni e insediato al numero 10 di Downing Street, dall'alterare la linea liberista, ha agito da thatcheriano di sinistra. Quei modelli non sono probabilmente mutuabili in Paesi – particolarmente l'Italia – che alla competitività spietata della libera iniziativa sono refrattari e abituati all'assistenzialismo sprecone. Ma i vincoli devono essere fortemente allentati. Prodi era d'accordo, se lo lasciavano fare. Sapeva però che non l'avrebbero lasciato. Un'altra strada in salita, per il governo che si proponeva di portare l'Italia in Europa. Non sono ormai in discussione – tranne che per l'internazionale neocomunista – i traguardi da raggiungere ma il modo in cui raggiungerli.

Incombevano su Prodi e sulla sua maggioranza anche altre questioni spinose: di fronte alle quali la maggioranza stessa si presentava – come per l'economia – divisa. Anzitutto le riforme istituzionali. Gli italiani s'erano pronunciati con slancio per il sistema maggioritario, poi annacquato dal *mattarellum*, ossia dal compromesso che aveva mantenuto nella legge elettorale una quota proporzionale del 25 per cento. Buono o cattivo che fosse nei propositi di chi l'ha voluto, il *mattarellum* non ha ottenuto il suo obbiettivo, che era quello di realizzare in Italia il bipolarismo all'inglese, con l'alternanza di due grandi schieramenti. Il bipolarismo non ha funzionato per Berlusconi, e si sarebbe visto presto che funziona male per Prodi. Questo per il semplice motivo che i grandi schieramenti sono in realtà un'assemblaggio di partiti e di uomini che trovano una sufficiente concordia quando si tratta di vincere le elezioni, ma presto si dividono al confronto con le decisioni del giorno per giorno. Sull'esigenza di un aggiornamento e di un perfezionamento non solo della legge elettorale, ma di parti della Costituzione ormai anacronistiche o obsolete tutti si dichiaravano d'accordo. Ma c'era chi voleva che se ne discutesse in una Costituente eletta *ad hoc* e c'era chi voleva che se ne discutesse in una commissione bicamerale del Parlamento (quella che a suo tempo era stata presieduta dall'onorevole Bozzi aveva ammassato montagne di proposte, senza nulla concludere). E poi c'era chi – all'interno dell'Ulivo come all'interno del Polo – voleva un maggioritario integrale (ma a uno o a due turni? altro dilemma), e c'era chi voleva più proporzionale. Se D'Alema doveva vedersela con il Ppi e con Rifondazione – che di maggioritario «puro» non intendevano sentir parlare – Berlusconi doveva vedersela con gli ex-democristiani del Ccd e del Cdu.

La questione giustizia affiorava quotidianamente dalle cronache, e poi dalle polemiche infervorate e spesso avvelenate che ne derivavano. L'attivismo e il presenzialismo delle Procure «eccellenti» – Milano e Palermo in particolare – davano la sensazione che i magistrati potessero, con i loro procedimenti e con i loro interventi pubblici, orientare o imporre i comportamenti politici. La sinistra – con qualche eccezione di garantisti a tutta prova – s'era associata, nel segno di Tangentopoli e in omaggio al *pool* di «mani pulite», al «partito dei giudici»: che aveva peraltro qualche ramificazione in Alleanza nazionale. Le proteste contro l'invadenza della Magistratura, forte d'un vasto consenso e molto risoluta nell'utilizzarlo, erano lasciate a Forza Italia: ostile ai giudici, si diceva, non per motivi di principio ma perché Silvio Berlusconi era nel loro mirino. A un certo punto, tuttavia, la solidarietà ai magistrati e l'unanimità dei magistrati avevano perso compattezza. Magistrati di chiara fama dichiaravano la loro preoccupazione per sconfinamenti che portavano la categoria ad assumere un ruolo improprio: e risuonavano con frequenza anche a sinistra i moniti ai magistrati «divi», abilissimi nel propagandare la loro immagine, instancabili in un'attività presenzialista che ne faceva dei conferenzieri, autori di libri, interlocutori di dibattiti, collaboratori di quotidiani, assidui del piccolo schermo. Anche a sinistra furono deplorati gli eccessi d'un presenzialismo che sconfinava nell'esibizionismo. Ci fu chi – in parallelo con i sospetti sul garantismo berlusconiano – attribuì questo mutamento di rotta alle incursioni che la Magistratura andava facendo nella gestione finanziaria del Pci e poi del Pds, e nella contabilità delle «cooperative rosse». Ma la maggior causa del mugugno di sinistra per gli sconfinamenti delle toghe stava nella rivendicazione d'un non rinunciabile primato della politica. Un uomo come Massimo D'Alema, che nella chiesa comunista s'è formato, e ha una concezione precisa delle gerarchie sacerdotali, non poteva ammettere a lungo che i politici diventassero vassalli dei burocrati, e che gli eletti fossero posposti ai vincitori d'un concorso. Ma anche su un tema così scottante la maggioranza era disarticolata, e se da un lato D'Alema, e il senatore Giovanni Pellegrino, e il battitore libero Emanuele Macaluso davano ai giudici un sostegno con riserva, molti altri erano sempre e comunque dalla parte delle Procure. Il «partito dei giudici» – che era piuttosto il partito dei Pm – poteva contare su un vasto consenso degli intellettuali e dei mezzi d'informazione. *MicroMega*, la pubblicazione di Paolo Flores D'Arcais i cui contenuti sono ripresi con larghezza dai quotidiani, si distingueva per l'impeto con cui spalleggiava i Grandi Accusatori.

I nodi della giustizia erano intricati e delicati per la sinistra – erede d'una tradizione antirepressiva ma tentata da posizioni «forcaiole» –, intricatissimi e delicatissimi per il centrodestra La composizione del Csm e la separazione delle carriere in Magistratura costituivano i temi di più acceso scontro. Forza Italia avrebbe voluto che l'elezione del Csm, e il rapporto – in seno ad esso – tra i togati e i «laici» espressi dal Parlamento (attualmente venti i primi, dieci i secondi) fossero modificati: lo voleva, sostenevano i magistrati, allo scopo di «politicizzare» l'organo da cui dipendono gli incarichi e i provvedimenti disciplinari, e di subordinarlo ai politici. I timori dei magistrati non erano campati in aria, ma la loro scontata opposizione al progetto non era del tutto persuasiva per un motivo molto semplice. Pareva, nella polemica dei magistrati, che il Csm fosse politico nella parte «laica», professionale nella parte «togata»: in realtà era tutto intriso di politica, perché la Magistratura attivista è divisa in correnti, le correnti fanno riferimento – in modo più o meno dichiarato – a partiti o aree politiche, i candidati sono presentati dalle correnti, e dunque la politica impera sia tra i «laici» sia tra i «professionali». Detto questo, bisogna tuttavia aggiungere che la soluzione prevista dal centrodestra per la nomina del Csm non sanava affatto questa distorsione: dovuta a eccessive tolleranze del passato per prese di posizione (e dichiarazioni d'appartenenza) dei magistrati che erano senza dubbio alcuno politiche. Il difetto stava, ben più che nelle procedure e nelle alchimie elettorali, negli scambi indebiti tra giustizia e politica (attestati da migrazioni massicce di magistrati verso i lidi parlamentari). Va aggiunto che le controversie sull'impegno politico dei magistrati – traducibile in una perdita d'imparzialità – riguardano solo una loro minoranza: la cui «visibilità», sia che derivi dal merito sia che derivi dal rumore ch'essi suscitano, è tuttavia inversamente proporzionale al numero.

La disputa sulla separazione delle carriere potrà determinare, assai più di quella sul Csm, i destini della giustizia. In Italia la carriera è unica. Chi ha superato il concorso per entrare in Magistratura – che esamina, quando ci riesce, la preparazione «tecnica» dei concorrenti, ma non verifica né il loro equilibrio né la loro imparzialità né la loro correttezza – viene avviato a una carriera nel corso della quale potrà essere volta a volta Pm o giudice. Tangentopoli, e il fenomeno Di Pietro, hanno aureolato i magistrati, anche giovanissimi e, si suppone, inesperti, d'un prestigio e d'una autorità straordinari. Eppure sono «arruolati» allo stesso modo degli altri appartenenti alla burocrazia, hanno lo stesso retroterra ambientale e culturale. Ma gli italiani, che disistimano la burocrazia in generale e la ritengono inefficiente e poco preparata, fanno credito di grandi qualità ai magistrati, e approvano l'autonomia decisionale e l'indipendenza di cui sono dalla Costituzione gratificati. Il nuovo Codice di procedura penale e le vicende della lotta alla corruzione e alla criminalità organizzata hanno molto accresciuto il potere dei Pm, le cui proposte vengono tuttavia sempre vagliate da un giudice «terzo»: cui spetta d'autorizzare, o no, il rinvio a giudizio (è l'ormai famoso Gip). Ma è davvero «terzo» quel giudice, tratta cioè allo stesso modo le tesi del Pm e le tesi dei difensori? A questa domanda gli avvocati rispondono no. Il Pm e il Gip – e questo vale per ogni altro grado di giudizio – sono colleghi. A volte accade che nella Procura vi siano magistrati il cui potere sostanziale e la cui autorevolezza superano di gran lunga quelli del Gip, e magari quelli del Tribunale. Ve l'immaginate – spiegano gli avvocati – un Gip palermitano che avesse liquidato come aria fritta l'immane montagna di carte raccolta dal dottor Caselli e dai suoi sostituti in anni di indagini su Giulio Andreotti e sulla sua affiliazione alla mafia? Sarebbe crollato il mondo, quel Gip sarebbe stato lapidato.

Il centrodestra ha perciò sostenuto – sulla genuinità dei motivi per cui vuole il cambiamento è possibile, intendiamoci, ogni sospetto – che le carriere devono essere separate. I giudici sono giudici, sempre, gli accusatori sono accusatori, sempre: e se un cambiamento avviene equivale al normale passaggio da un lavoro all'altro (Di Pietro, tanto per citare un esempio, è stato prima commissario di polizia e poi magistrato). Come nei Paesi anglosassoni, come in Germania. In Francia la carriera è invece unica, ma i Pm hanno una dipendenza gerarchica precisa dai loro superiori e in definitiva dall'esecutivo (va precisato che a un Pm francese può essere chiesto dall'alto di promuovere un procedimento, ma non di rinunciare a promuoverlo). La «terzietà» del giudice inglese è leggendaria, ve ne fu uno che deplorò come indecoroso il comportamento d'un collega che accettava di salire in ascensore insieme a un avvocato o a un *prosecutor*. Senza arrivare a tanto, con la separazione delle carriere si otterrebbe, secondo chi ne è fautore, il risultato di meglio equilibrare il rapporto tra accusa e difesa, sbilanciato a favore della prima.

Tutto questo è ipocrisia mirata, ribattono i Pm. Quello italiano è il miglior assetto che si possa immaginare per la Magistratura, chi pretende di modificarlo ha come obbiettivo l'asservimento delle Procure. La contesa, che tra momenti di stanca e soprassalti virulenti è endemica in Italia, ha il difetto di fondarsi su quelle vicende giudiziarie che hanno un sottofondo politico, e sulle quali sono puntati i riflettori dell'informazione e l'interesse dell'opinione pubblica: ignora invece l'oscura giustizia quotidiana, che vessa il cittadino non per interferenze torbide, ma per i suoi ritardi intollerabili, la sua cavillosità, la sua inadeguatezza alle esigenze d'una società moderna. È importante definire i poteri e la collocazione dei Pm; molto più importante è far sì che i processi non durino dieci anni. Nei Paesi dove la Magistratura non ha gli ordinamenti italiani, dai Pm esaltati come degni d'incondizionata ammirazione, la giustizia quotidiana funziona di gran lunga meglio: il che svaluta alquanto i contenuti d'una polemica nutrita d'alti principi ideali e di sospetti corporativi. Ma anche da questa polemica la maggioranza di Prodi è stata investita: e l'ha affrontata in ordine sparso.

I temi che ci siamo sforzati d'inquadrare in questo capitolo torneranno nelle successive pagine: e già sono stati toccati, del resto, nelle pagine precedenti. La giustizia continuerà poi a farla da padrona, con i processi di mafia, con i processi per corruzione, perfino con i processi per i «provini a luci rosse»: e con il processo – anzi i processi – contro Erich Priebke, di cui ci occuperemo nel capitolo seguente.

CAPITOLO QUINTO
QUESTI FANTASMI

Nel maggio del 1994 una *troupe* televisiva americana della rete Abc, capeggiata dal «conduttore» e *reporter* Sam Donaldson, piombò a San Carlos de Bariloche in cerca di ex-gerarchi ed ex-scherani del nazismo: si voleva imbastire una trasmissione su di loro, sui loro trascorsi, e sul loro esilio. Bariloche è in Argentina, ai piedi delle Ande, e dista quasi duemila chilometri da Buenos Aires. Molti tedeschi coinvolti nelle atrocità del regime hitleriano avevano, decenni or sono, cercato rifugio in Sud America, e i più prudenti s'erano rintanati in località remote, come appunto Bariloche: che è, vista dall'Europa, all'altro angolo del mondo, ma ha fama internazionale come stazione sciistica. Aria buona, dunque, e paesaggio di straordinaria bellezza.

Un nazista Donaldson lo scovò presto, nella persona d'un certo Reinhardt Kops che aveva aiutato alcuni «camerati» a raggiungere l'Argentina, e che là s'era sistemato. Ma Kops, che prevedeva quali guai potessero capitargli se la sua faccia fosse apparsa nel documentario, sventò la minaccia indirizzando gli americani verso un personaggio che, sottolineò, era di ben maggiore rilievo. Quel personaggio era Erich Priebke che, capitano delle Ss nel comando romano del colonnello Kappler, per ordine dello stesso Kappler aveva partecipato alla strage delle Fosse Ardeatine, e abbattuto personalmente, a colpi di pistola, due ostaggi (il 23 marzo 1944, in via Rasella a Roma, trentatré soldati d'un battaglione di «territoriali» altoatesini della Wehrmacht erano stati uccisi da un ordigno esplosivo collocato da militanti della Resistenza, e l'indomani le Ss avevano trucidato alle Fosse Ardeatine, nei dintorni di Roma 335 detenuti «politici» di Regina Coeli, tra cui settantacinque ebrei).

Priebke, pensionato ottantenne, non si nascondeva, almeno non si nascondeva più. Era munito d'un regolare passaporto tedesco recante il suo vero nome e cognome: l'uno e l'altro – con la sola correzione di Erich in Erico – comparivano sulla guida telefonica di Bariloche. Con la tecnica incalzante del giornalismo televisivo americano Donaldson tempestò Priebke di domande, ed ebbe risposte che anticipavano la tesi difensiva mai più abbandonata, dopo d'allora, dall'ex-ufficiale. «Quelli erano i nostri ordini. Lei lo sa che in guerra quel tipo di cose accade.» «Perché non si rifiutò dicendo "non lo faccio, non sparo ai civili"?» «Lei vive al giorno d'oggi, ma noi vivevamo nel 1933 e l'intera Germania partecipava. Ora non se ne vuol parlare, ma la maggior parte della Germania era nazista.» «Lei era un nazista?» «Ero giovane. Ero nazista ed ero giovane.»

Un «boia» della croce uncinata era stato così riportato, dalla penombra in cui era per tanto tempo rimasto, sotto la luce dei riflettori: una luce che per impulso delle organizzazioni internazionali dedite alla cattura di criminali nazisti divenne abbacinante. Da ogni dove grandinarono sul governo italiano esortazioni perché chiedesse agli argentini la consegna di Priebke, e lo processasse. Una laboriosa procedura d'estradizione fu avviata, e conclusa nel novembre del 1995 con la consegna dell'ex-capitano alle autorità italiane, che lo rinchiusero a Forte Boccea. Competente a giudicarlo era infatti il Tribunale militare, sulle cui caratteristiche è necessario non fare confusione. Da tempo ormai nei Tribunali militari solo uno tra i giudici è un vero militare: gli altri due – così come il rappresentante dell'accusa – sono magistrati di carriera, entrati per concorso nella giustizia militare anziché in quella ordinaria. Tra il Priebke che alle Fosse Ardeatine metteva a morte gli ostaggi e il Priebke pensionato che Donaldson aveva stanato in Argentina c'era un buco di mezzo secolo. Come l'aveva riempito, quel mezzo secolo, l'uomo di Kappler?

Sconfitta la Germania, Priebke era finito in un affollatissimo campo di prigionieri allestito dagli Alleati in Italia, ed aveva anche subito senza particolari conseguenze un interrogatorio di addetti ai servizi di sicurezza. Dal campo era fuggito insieme a tanti altri la notte di San Silvestro (1945-1946) profittando di circostanze che più favorevoli non potevano essere: il personale inglese festeggiava con slancio, e con abbondante consumo d'alcolici, l'inizio del primo anno di pace, e lo squagliamento massiccio dei tedeschi passò inosservato. Raggiunto l'Alto Adige – dove già aveva soggiornato e manteneva provvidenziali agganci – Priebke trascorse un paio d'anni a Vipiteno. Quindi attraverso il tam tam degli ex apprese che l'Argentina di Perón riservava buona accoglienza ai residuati del nazismo, e aiutato dalla Croce Rossa (nonché, verosimilmente, da chi l'aveva preceduto nel viaggio) s'imbarcò a Genova con la moglie su una nave che salpava per Buenos Aires. Dapprima rimase nella capitale argentina, subito riprendendo la professione che era stata la sua fino alla sanguinaria parentesi della guerra: fu cioè cameriere e *maître*: le Ss lo avevano infatti arruolato come interprete per la sua buona conoscenza dell'italiano, acquisita lavorando in un albergo di Rapallo. A Buenos Aires fu scovato da un corrispondente della rivista *Tempo*: senza dissimulare, anche in questa occasione, la sua vera identità. Non accennò alle Fosse Ardeatine, e raccontò invece per filo e per segno come avesse organizzato il trasferimento in Germania di Galeazzo Ciano e di Edda Mussolini, dopo il 25 luglio. Grazie a Priebke (si fa per dire) l'incauto Galeazzo si buttò tra le grinfie di Hitler per sottrarsi a quelle di Badoglio.

Lo scambio costò a Ciano la morte per fucilazione. Da Buenos Aires Priebke si trasferì successivamente a Bariloche, e fu prima inserviente e poi *maître* in alberghi attigui alle piste di sci. Là visse senza mai trasgredire la legge, rispettato dalla comunità argentina e dalla comunità tedesca. Un paio di volte, nel corso di questa singolare latitanza, venne anche in Italia, per periodi di vacanza, sempre con passaporto. E mai una noia.

Per strano che sembri, Priebke restò, dal punto di vista giudiziario, ai margini del processo celebrato nel 1948, davanti al Tribunale militare di Roma, proprio contro i responsabili della rappresaglia per l'attentato di via Rasella. Era stato citato come testimone, ma a lui si rinunciò perché risultava irreperibile. Non si capisce bene perché sia stato escluso dal gruppo degli accusati: aveva una posizione che non differiva da quella dei cinque suoi «camerati» che, insieme a Herbert Kappler, furono imputati di strage. Il diverso trattamento appare a prima vista inspiegabile, e fu probabilmente dovuto ad una grande confusione e all'essere tutti gli occhi puntati, allora, su Kappler: unico condannato – all'ergastolo – dalla sentenza del Tribunale, confermata in appello e in Cassazione. I subordinati di Kappler furono prosciolti per avere obbedito a ordini superiori. La conclusione del drammatico dibattimento – trentaquattro udienze – non sollevò proteste Nel darne notizia in una sobria cronaca in pagina interna con titolo su due colonne, il *Corriere della Sera* annotava: «La sentenza è stata pronunciata alle 23,15 (del 20 luglio 1948) ed è stata accolta con grida di approvazione dai familiari dei caduti». I giudici – che allora erano tutti militari «veri» – fissarono nelle loro motivazioni alcuni punti fermi: la rappresaglia – 10 ostaggi da sacrificare per ogni soldato tedesco ucciso – era stata feroce ma non estranea alle leggi di guerra; Kappler e i suoi ufficiali erano però diventati assassini comuni quando avevano incluso nella tragica lista cinque ostaggi in più di quelli previsti dal crudele *diktat* del Quartier generale hitleriano (335 erano stati i martiri delle Ardeatine, 33 i soldati della Wehrmacht straziati dalla bomba di Rosario Bentivegna). C'era stato un errore nella macabra contabilità, e i carnefici dovevano risponderne.

Tuttavia, lo si è accennato, il crimine venne addebitato a Kappler e non ai suoi sottoposti. È ragionevole supporre che Priebke, qualora fosse stato tradotto in giudizio nel 1948, se la sarebbe cavata come gli altri esecutori dello sterminio: non è risultato, né nel processo del 1948 – che addirittura lo ha ignorato nella sentenza – né in quello del 1996 che Priebke fosse un vice di Kappler; lui sostiene anzi che nella scala gerarchica una decina d'ufficiali stava sopra a lui. Per una qualche misteriosa inerzia giudiziaria il nome di Priebke riaffiorò dalle scartoffie nei primi anni Sessanta, ma il giudice militare Giovanni Di Blasi deliberò l'archiviazione «essendo risultate negative le possibili indagini dirette alla identificazione e al rintraccio degli imputati». C'è chi si è scandalizzato per lo scarso zelo con cui ci si dedicò, in quella occasione, alla ricerca di Priebke. Se scandalo esiste, riguarda anzitutto un altro nome iscritto nella lista degli imputati irreperibili: è il nome dell'ex-maggiore Karl Hass che come Priebke sparò a due ostaggi delle Ardeatine, che è sempre vissuto non in Argentina ma in Italia, che aveva collaborato con i servizi segreti, che era ben noto sia alla Polizia sia alla Procura militare, e che è stato portato a Roma dal Pm Intelisano come testimone, perché accusasse Priebke (poi l'ha scagionato e s'è messo nei guai con un tentativo di fuga, ma questa è una delle tante strane appendici dell'*affaire*).

L'arrivo in Italia di Priebke, e la prospettiva d'una inchiesta e d'un processo che rievocassero una delle più fosche pagine dell'occupazione nazista, provocò una tempesta emotiva la cui intensità era direttamente proporzionale alla lontananza dal fatto. Uno spietato macello come quello delle Ardeatine resta scritto in lettere di sangue nella storia d'un Paese: non stupisce minimamente, dunque, che i familiari delle vittime – figli, nipoti – abbiano subito invocato la condanna di Priebke, e che l'abbiano invocata gli esponenti della comunità ebraica, sia pure con accenti diversi e con le espressioni umane del rabbino Toaff: che voleva la condanna alla massima pena seguita però da un atto di clemenza per l'età dell'imputato. L'orrore specifico della strage – in questo collegata all'Olocausto – sta proprio nella massiccia presenza, tra i designati alla morte, di ebrei cui null'altro poteva essere addebitato che l'essere ebrei. E neppure stupisce, ma un po' sconforta per la sua ritualità, lo zelo accusatorio con cui i mezzi d'informazione s'occuparono fin dall'inizio del «caso» Priebke, attingendo a piene mani a un lessico truculento e dando per scontato che fosse accettabile un solo esito della vicenda giudiziaria: l'ergastolo a un ultraottantenne. Le poche voci che dubitavano sia dell'opportunità dell'estradizione – le valutazioni sui fatti, sugli uomini e anche sui crimini della seconda guerra mondiale spettano ormai, si osservava, agli storici – sia della sensatezza d'un processo in ritardo d'oltre cinquant'anni, ossia al di là del termine di prescrizione previsto da ogni codice del mondo – furono soffocate da un coro indignato. Venne precisato che l'accusa di genocidio in base alla quale Priebke era stato portato in Italia – in realtà il reato di genocidio è una creazione del 1967, ma non sono le sottigliezze giuridiche l'aspetto rilevante del «caso» – non è prescrivibile, e che prescrivibili non sono i crimini contro l'umanità: ai quali appartiene, *in primis*, la persecuzione degli ebrei. Dunque Priebke era perseguibile, incarcerabile – unico detenuto di quell'età in una prigione italiana – e condannabile. I congiunti dei trucidati alle Ardeatine ottennero di potersi costituire parte civile – per decisione della Corte costituzionale, e benché il Codice penale militare non lo prevedesse – e quando il dibattimento ebbe inizio affollarono l'aula spesso inveendo contro l'impassibile imputato: la cui impassibilità divenne, come è regola nelle cronache col cuore in mano, sinonimo di insensibilità. Nello scatenarsi della furia mediatica contro Priebke ritrovò piena comprensione – e da parte di alcuni anche incondizionata ammirazione – l'attentato di via Rasella, benché non avesse accelerato neppure di un'ora l'arrivo degli Alleati e benché non ne fosse derivato alcun conato insurrezionale. Nella ritrovata ispirazione resistenziale furono trascurati i civili morti a causa della bomba: tra loro un ragazzino di tredici anni, decapitato, ed escluso da commemorazioni intrise di *pathos*. L'Italia si riscoprì virtuosa nel dare addosso al vecchio Priebke, dimenticando che qualche rappresaglia l'avevano perpetrata, in Jugoslavia, anche i reparti del regio esercito, e che terroristi truci, i cui misfatti risalgono a venti o dieci anni fa, sono in libertà o in semilibertà. Ma una dimenticanza ancora più rilevante, dal punto di vista giudiziario, condizionò il processo. Si gridò all'esigenza di conoscere la verità sulle Fosse Ardeatine quasi che la verità non fosse stata cercata, i fatti sviscerati, le responsabilità soppesate nel processo del 1948. Parve che per la prima volta uno dei «carnefici» dovesse render conto del suo crimine, e che per la prima volta i testimoni fossero in grado di raccontare la tragedia. L'appendice tardiva d'un grande e agghiacciante processo sembrò essere essa stessa, in quest'ottica, il grande processo, e Priebke non fu più, come gli altri subordinati di Kappler assolti nel 1948, un comprimario – e, intendiamoci, un fosco comprimario – divenne protagonista. A questa logica s'adeguò il Pm Intelisano che non denunciò come un imperdonabile errore la sentenza di mezzo secolo prima, ma scelse un'altra strada: quella di provare che

Priebke non era stato un subalterno come gli altri, ma un *alter ego* di Kappler.

La prova non fu ottenuta, ed era impensabile che potesse esserlo. Se davvero la figura di Priebke avesse avuto particolare spicco i giudici del 1948 – che attingevano a informazioni fresche e genuine – non l'avrebbero lasciato ai margini, addirittura scordandosi d'includerlo tra gli accusati. In definitiva l'essenza del processo si ridusse all'interrogativo che già aveva dominato quello di tanto tempo prima: i «boia» aggiunti delle Ardeatine potevano sottrarsi agli ordini di Kappler? Nel 1948 il quesito era stato risolto: no, non potevano perché avrebbero pagato con la vita la loro disobbedienza. È vero che il maggiore Dobbrick, comandante del battaglione Bozen (Bolzano) colpito dall'attentato di via Rasella, aveva rifiutato, per sé e per i suoi uomini, il compito della rappresaglia. Ma era un ufficiale della Wehrmacht, non delle Ss. Su questo tema il processo tornò più volte, senza portare certezze, che sono impossibili. Un ufficiale delle forze armate tedesche esibì una lista d'ufficiali che non avevano eseguito gli ordini, e s'erano salvati, dal che si può desumere o che non temessero conseguenze per la loro ribellione, o che avessero tempra d'eroi. Karl Hass dichiarò: «Kappler ci disse che ci avrebbe fatto fucilare» (se non avessimo partecipato all'eccidio). Questo maggiore Hass che era radicato, come s'è accennato, in Italia, e che s'era fratturato una gamba in un tentativo di fuga dall'albergo in cui il dottor Intelisano lo ospitava in attesa della testimonianza, ha detto senza ambiguità d'avere anche lui sparato a due ostaggi: il che lo ha posto sullo stesso piano di Priebke; ma è singolare che la cosa non abbia fatto scalpore né suscitato invocazioni di «ergastolo, ergastolo». Per misteriosi motivi di psicologia collettiva interessava solo Priebke.

Il Pm Intelisano e gli avvocati di parte civile lamentarono a più riprese che il ritmo del dibattimento fosse troppo sbrigativo. Il presidente era animato, si può supporre, dal desiderio di non ripercorrere sterilmente itinerari di prova già battuti – e con ben altra possibilità di trovare tracce attendibili – nel 1948, l'accusa voleva invece una replica accanita anche su episodi – ad esempio le brutalità che Priebke avrebbe compiuto in via Tasso, dov'era il comando romano delle Ss – che nel 1948 erano ancora reati punibili, e che non lo erano più nel 1996. Furono avanzate istanze di ricusazione del Tribunale perché due dei giudici avevano anticipato in conversazioni private, secondo Intelisano e secondo gli avvocati di parte civile, il loro punto di vista, e le anticipazioni annunciavano un'assoluzione. Le ricusazioni furono respinte: ma il presidente Agostino Quistelli, il giudice Bruno Rocchi e il capitano medico Sabatino De Macis arrivarono al momento della sentenza con un marchio di sospetto se non d'infamia. Si temeva – e gli addetti ai lavori lo davano per certo – che Priebke sarebbe stato con un qualche espediente legale rimesso in libertà. Il cronista Dino Martirano aveva scritto sul *Corriere della Sera* che «il Tribunale potrebbe scegliere (tra assoluzione ed ergastolo) una terza via che manterrebbe la condanna ma allo stesso tempo consentirebbe la scarcerazione di Priebke». Analoghe considerazioni erano state fatte da tutti gli altri quotidiani: il che appanna la genuinità del grido di dolore con cui, letta la sentenza, si lamentò la sconvolgente sorpresa.

Nel pomeriggio del 1° agosto 1996 Quistelli lesse il dispositivo della sentenza (uno dei giudici aveva fatto verbalizzare, in camera di consiglio, il suo dissenso). Priebke veniva riconosciuto colpevole di omicidio plurimo, ma le aggravanti erano considerate equivalenti alle attenuanti, il che escludeva la condanna all'ergastolo, faceva scattare i termini della prescrizione e apriva all'ex-capitano delle Ss le porte del carcere. Ciò che seguì fu indegno d'un Paese civile. La folla tumultuante – d'ebrei e di non ebrei – assiepata nell'aula e nei corridoi strinse d'assedio sia Priebke sia i giudici sia i carabinieri di servizio. Quistelli, Rocchi e De Macis furono costretti a rimanere chiusi per lunghe ore in un locale, e a servirsi di bottiglie per dar sfogo a qualche bisogno fisiologico. Mentre infuriava la canea contro il bieco Quistelli cominciavano a mobilitarsi i politici, ansiosi d'esprimere il loro sdegno, e il sindaco di Roma Rutelli accorse per annunciare che avrebbe fatto spegnere, in segno di lutto, le luci dei monumenti. Nessuna autorità si preoccupò della dignità e dell'incolumità dei giudici d'un Tribunale accerchiati e insultati dalla folla, nessuna autorità dichiarò che la sentenza doveva essere rispettata. Silenzio totale, quel giorno e i successivi, anche da parte del Consiglio superiore della Magistratura. Anzi da più parti sarà chiesta l'abolizione dei «giudici con le stellette», ritenuti secondo ogni evidenza inaffidabili. Giuliano Vassalli, che in via Tasso era stato detenuto, osservava in controtendenza che il Tribunale militare del 1996 era stato più severo di quanto fosse stato il Tribunale militare del 1948.

Abbiamo lasciato i giudici accerchiati, e una folla di dimostranti risoluta a non desistere dall'assedio. Nella notte il ministro della Giustizia Flick raggiunse la sede del Tribunale: non per portare con sé un consistente nucleo di forza pubblica e per liberare Quistelli e gli altri; disinteressandosi invece di loro si limitò ad incontrare il Pm Intelisano. Dopodiché, sudato e impacciato, annunciò alla folla («per rasserenare gli animi») che la polizia aveva emesso contro Priebke un nuovo ordine di custodia cautelare essendo pendente a suo carico una richiesta d'estradizione della Germania. Vi fu un boato di soddisfazione, la sentenza era stata vanificata, dunque giustizia era fatta.

Questa volta la gherminella politica che compiaceva gli umori popolari era di grana così grossa – tanto più che l'aveva escogitata un esperto di diritto – che anche a sinistra molti ne furono turbati. Il presidente della Commissione giustizia della Camera Giuliano Pisapia (Rifondazione comunista) dichiarò senza mezzi termini che «anche se quella sentenza ha trovato unanimi nella critica le forze politiche l'operatore del diritto non deve mai accettare decisioni che derivano dall'esigenza di soddisfare l'opinione pubblica». L'avvocato Pietro Nicotera, patrono di parte civile nel nome d'alcuni congiunti di vittime delle Ardeatine, era scosso anche lui: «Abbiamo sistemi più dignitosi per poter fare effettivamente giustizia ed il più limpido è quello dell'appello avverso la sentenza». Giovanni Maria Flick s'era piegato al clamore delle proteste, e il difensore di Priebke, avvocato Velio Di Rezze, annunciava una denuncia contro di lui per «sequestro di persona».

Le dichiarazioni con cui Flick volle replicare alle critiche erano tutto fuorché convincenti. Egli negò che nelle ore in cui il Tribunale era stretto d'assedio, vi fossero stati contatti febbrili con la Germania e l'Argentina per rendere operante l'ingranaggio dell'estradizione, e così legittimare il riarresto voluto a furor di popolo. «La Polizia giudiziaria – dichiarò – mi aveva sottoposto preventivamente il problema di impedire la fuga di Priebke in caso di scarcerazione. Io ero talmente convinto dell'esistenza di questo pericolo che l'indomani mattina, all'apertura della Corte d'appello, sarei andato a chiedere che si procedesse per evitarlo, trovandoci in presenza di una richiesta d'estradizione.» Gli autori di questo libro che non sono, diversamente dal professor Flick, dei giuristi, vedono in questa tesi clamorose incongruenze. Punto primo (che non è sostanziale, ma ha la sua importanza): in un sistema giuridico che si vanta d'offrire all'imputato ogni garanzia, è possibile che né l'imputato stesso né il suo difensore sappiano che un'assoluzione non porterebbe alla liberazione, e che tutti i mezzi d'informazione lo ignorino egualmente, cosicché a sentenza pronunciata la scarcerazione di Priebke era considerata sicura? Non dovrebbe essere dato, all'imputato e al suo difensore, un qualche avviso? Flick citò addirittura, a sostegno della sua tesi, i preparativi che l'avvocato Di Rezze aveva fatto per il trasferimento di Priebke una volta uscito dal carcere, quasi che fossero illegali. Punto secondo (e questo è sostanziale): nonostante tutte le arrampicate sugli specchi tentate dai tifosi di Flick, risulta chiaro che la richiesta d'estradizione riguarda la strage delle Ardeatine. Ebbene: è anche remotamente pensabile che la giustizia d'un Paese sovrano ammetta di consegnare alla giustizia d'un altro Paese un imputato sul quale si è già pronunciata, e per i reati su cui si è pronunciata, assolvendo? Punto terzo: quand'anche si volesse seguire questo criterio stravagante, non sarebbe equo lasciare che la propria giustizia confermasse o modificasse, in appello e in Cassazione, la sentenza di primo grado? Purtroppo proclami e anatemi politici, a cominciare da quello di Scalfaro, hanno dato via libera a una giustizia di piazza, in soccorso della quale sarebbero poi stati sfoderati tutti i cavilli in cui i dottori sottili sono maestri. E allora la Cassazione, cui si era chiesto di pronunciarsi sul garbuglio di Flick, se l'è cavata passando la patata bollente alla Corte costituzionale; c'è stato un palleggiamento del caso tra Magistratura ordinaria e Magistratura militare, ha vinto – o perso – la Magistratura militare che s'è ritrovato Priebke tra i piedi. Così dopo tanti zig zag giudiziari, e dopo che a Priebke erano stati concessi gli arresti domiciliari – da trascorrere nella pace d'un convento – si arrivò al processo bis: con nuovi giudici, un nuovo difensore (l'onnipresente professor Carlo Taormina), un imputato aggiunto (Karl Hass) e lo stesso Pm, Antonino Intelisano. L'atmosfera del dibattimento, pressoché ignorato dall'opinione pubblica, era meno tesa. Priebke ripeté in una lunga dichiarazione – 24 giugno 1997 – che non poteva sottrarsi all'ordine di strage («Kappler fu irremo-vibile, l'ordine veniva direttamente da Hitler, chi si rifiu-tava sarebbe stato mandato al Tribunale delle Ss»); ripeté inoltre che in mezzo secolo non aveva mai nascosto la sua identità. «Nel 1993 – disse – cenai con gli eurodeputati Gerardo Gaibisso e Carlo Casini nella sala dell'Associa-zione italiana di Bariloche.» Priebke, rispettato notabile della località, era tra i promotori dell'incontro. «Scambiai con lui poche parole di circostanza – ha ammesso Carlo Casini – ma non sapevo chi fosse.»

Il 22 luglio 1997 la replica processuale giunse a conclu-sione con una sentenza che era anche un capolavoro d'al-chimie cavillose. Sia Priebke sia Hass venivano condanna-ti per omicidio plurimo, quindici anni al primo, dieci al secondo: per Priebke l'entità della pena era inferiore a quella decisa da Quistelli (ventiquattro anni). Senonché Quistelli aveva ritenuto che scattasse, in favore dell'impu-tato, la prescrizione. Luigi Maria Flamini (il nuovo presi-dente) e gli altri giudici del secondo processo hanno stabi-lito invece che la strage delle Ardeatine era un crimine contro l'umanità, come tale imprescrittibile. A entrambi gli imputati sono stati condonati dieci anni, il che equi-valeva per Hass all'immediata liberazione, e per Priebke a una liberazione ritardata quel tanto che bastava per salva-re la faccia. I difensori lamentarono che la prescrizione fosse stata negata in base a norme successive al reato, con violazione palese d'un pilastro del diritto. Priebke annun-ciò – ultima nota infausta – che avrebbe scritto un libro au-tobiografico: né è difficile immaginare la presenza e le in-sistenze, dietro di lui, d'un volenteroso *ghost writer*.

Proprio il giorno (27 giugno 1997) in cui Intelisano chiese per la seconda volta la condanna all'ergastolo di Priebke (ventiquattro anni per Hass) via Rasella era tor-nata anche per altra via agli onori (dubbi) delle cronache. I familiari di chi, italiano, era stato straziato dalla bomba avevano chiesto l'incriminazione degli attentatori: che non erano stati mossi, si sosteneva, né da motivazioni patriottiche né da serie esigenze militari; che sapevano quanto terribile sarebbe stata la reazione di Hitler. E forse speravano che la rappresaglia falcidiasse – come in effetti avvenne – il gruppo clandestino di Bandiera rossa, eretico e concorrente dei Gap comunisti. Per il Pm Vincenzo Roselli la denuncia mancava di solide basi, e l'attentato rientrava comunque tra gli episodi coperti mezzo secolo prima da amnistia. A conforto di Roselli stava il fatto che gli attentatori erano stati scagionati già in precedenti e remoti processi. Ma il Gip Maurizio Pacioni è stato di diverso avviso, ed ha deciso di approfondire l'ipotesi che Rosario Bentivegna, Carla Capponi e i loro compagni avessero compiuto un illegittimo atto di guerra, e fossero stati essi stessi «illegittimi belligeranti». Furibonde le reazioni nell'universo partigiano e in tutta la sinistra. Siamo contrari – lo ribadiremo nel sèguito di questo capitolo – a questa chirurgia giudiziaria esercitata, con accanimento necrofiliaco, su tombe coperte dalla polvere del tempo. Senza dubbio gli italiani morti per la bomba non hanno meritato né attenzione né cordoglio né le medaglie al valore concesse a Bentivegna e alla Capponi: anzi s'è negato a lungo che vittime civili ce ne fossero state. Il che non costituisce tuttavia ragione sufficiente per aprire fascicoli processuali inutili: come questo per via Rasella, come quello di Priebke. La parola è passata alla storia, e nella prospettiva storica il «revisionismo» – termine cui s'è voluto dare un significato deteriore – è non solo lecito ma doveroso. Il resto è strumentalizzazione politica.

Di tale strumentalizzazione s'era avuta una prova lampante quando sulla scia del «caso Priebke», e con un intento commemorativo che ai crimini del nazismo era strettamente connesso, un consigliere comunale pidiessino di Roma, Victor Magiar, aveva avanzato la proposta d'un «luogo della memoria di coloro che, nel corso di questi duemila anni, sono caduti sotto i colpi delle violenze religiose, etniche, ideologiche e sociali». All'iniziativa di Magiar si associò, in una lettera aperta indirizzata al sindaco Rutelli, una quarantina di intellettuali e politici della sinistra. L'idea, riconobbero in molti, era nobile, ma occorreva precisare quali stermini meritassero, per le loro dimensioni e le loro caratteristiche, d'essere ricordati nel museo: e su questo tema fu imbastito un dibattito acceso e disordinato, durante il quale Magiar sentenziò che insieme alle vittime del nazismo potevano figurare nel «luogo della memoria» «tutte le culture minori fatte sparire da quelle egemoni, dagli indiani d'America agli Ugonotti»; Luca Zevi della comunità ebraica romana si dichiarò disposto a includervi «il genocidio degli armeni e quello dei curdi»; Roberto Vacca si chiese perché non ci si occupasse allora dei tasmaniani, «popolazione molto poco interessante, sterminata alla fine del secolo scorso, che non ha lasciato nessuna traccia di civiltà, vestiva con pelli di canguro e non conosceva neppure i cibi cotti, ma solo affumicati». Ma queste erano divagazioni sofisticate fino alla stravaganza. In buona sostanza la polemica si ridusse a un solo quesito: gli orrori delle foibe potevano o no essere associati – per la loro efferatezza – a quelli dell'Olocausto, e gli stermini del comunismo erano paragonabili agli stermini del nazismo?

Le foibe – dal latino *fovea* (fossa) – sono depressioni profonde anche decine di metri, e a forma di imbuto, che la natura ha creato nei terreni carsici del confine orientale italiano. Le foibe divennero, tra la fine del 1943 e tutto il 1945, le tombe di sventurati che i partigiani di Tito, a volte con la volonterosa collaborazione di partigiani comunisti italiani, misero a morte perché fascisti, o perché sospetti di fascismo, o semplicemente perché italiani. È impossibile accertare il numero delle vittime, ma di sicuro furono nell'ordine delle decine di migliaia. Solo di rado esse venivano prima fucilate e poi infoibate. Spesso le vittime finivano nell'abisso quando respiravano ancora. La furia dei persecutori era feroce: vi furono uomini evirati e accecati, donne stuprate. Qualcuno venne legato ai cadaveri d'altri «giustiziati» con filo spinato, e gettato vivo nei crepacci. Un Pm romano, Giuseppe Pititto, aveva avviato qualche anno fa un'inchiesta su questi scempi, e identificato due presunti responsabili, Ivan Matika (un giudice titino che avrebbe mandato a morte migliaia d'italiani) e Oskar Piskulic, già capo della polizia segreta di Tito a Fiume. Pititto aveva chiesto che a carico dei due fosse emesso un ordine di cattura internazionale, e di conseguenza iniziata una procedura d'estradizione. Il Gip Angelo Macchia non fu tuttavia d'accordo, per due motivi. Il primo è che l'eccidio avvenne in territori che non appartengono più allo Stato italiano (ma non è in corso un'inchiesta giudiziaria promossa dalla Procura di Roma contro i colpevoli della morte di *desaparecidos* con passaporto italiano in Argentina, ossia piuttosto lontano, e senza dubbio fuori dai confini nazionali?); il secondo è che gli indagati erano entrambi al di là degli ottant'anni e il codice prevede l'arresto degli ultrasettantenni solo se lo richiedono circostanze «di particolare rilevanza». Nelle carte di Pititto figurava anche il nome del partigiano comunista Mario Toffanin («capitan Giacca») che era stato condannato all'ergastolo per aver fatto uccidere ventidue partigiani «bianchi» della brigata Osoppo, e che, graziato da Pertini nel '78, vive ora in Slovenia e percepisce, al pari di tanti altri «titini», una pensione mensile dell'Inps.

Quando la faccenda del museo s'incentrò sul parallelo tra le Fosse e le Foibe – la «nevrosi comparativista» che non piace a Gad Lerner – fu chiaro che quasi nessuno aveva l'animo sgombro da preconcetti. Non lo aveva Stefano Rodotà il quale sottolineava che gli italiani avevano compiuto atti di guerra anche atroci in Jugoslavia (il che secondo lui legittimava in qualche modo così la spaventosa risposta delle foibe) e poi aggiungeva: «Ci sono differenze enormi tra uno sterminio e un altro. Nell'Olocausto c'era un programma scientifico di sterminio d'un popolo e d'una razza. Le foibe sono state orribili, è vero, ma sono manifestazioni di brutalità di tipo militare, come ne abbiamo avute tante nella storia. Sono sbalordito dal fatto che negli ultimi tempi, per motivi polemici di tipo culturale, si metta tutto sullo stesso piano, tutto sotto un'unica etichetta. In questo modo c'è il rischio che non si possa più condannare o assolvere nessuno». In realtà la logica di Rodotà porta a una deduzione obbligata: scartato uno sterminio perché era brutalità militare, scartato un altro perché non mirava all'eliminazione d'un popolo e d'una razza, l'unico sterminio che valga veramente la pena di condannare è l'Olocausto: semmai aggiungendoci l'eliminazione degli indiani d'America. Si può convenire con Rodotà sulla connotazione unica – per la sua implacabile e mostruosa coerenza – dell'antisemitismo nazista. Riconosciuto questo, vien fatto peraltro di chiedersi se ne vengano riabilitati Stalin, Pol Pot, e i massacratori delle foibe. La voglia di sangue di Stalin – a volte sistematica e a volte erratica, ma appagata da milioni di morti – ha attenuanti? Ne ha la furia sterminatrice di Pol Pot, che non dava la caccia agli ebrei ma faceva ammazzare chi portasse gli occhiali, perché borghese e nemico del popolo? Queste osservazioni riguardano i *leaders* dell'orrore. Se poi ci si riferisce agli esecutori e in generale agli assassini «politici» la tesi di Rodotà e di chi ragiona come lui diventa ancora più fragile. L'ideologia nazista si tradusse, non c'è dubbio, in crimini contro l'umanità. Ma lo stesso può dirsi per gli atti compiuti da ogni subordinato dell'immane macchina hitleriana di guerra e di repressione? Priebke, che partecipò a una rappresaglia impostagli, fu più disumano degli infoibatori e anche, per essere chiari, dei terroristi che in tempo di pace, non per ritorsione a un attentato né per obbedienza agli ordini ma per obbedienza ad un fanatismo cieco feroce e sciocco abbatterono i cinque uomini della scorta di Moro e poi abbatterono lo stesso Moro? Sono domande inquietanti, alle quali la sinistra aveva voluto rispondere durante il processo Priebke con una verità assoluta (da corroborare allestendo il museo degli stermini): e la verità per la sinistra è che il nazismo fu il male assoluto, e il comunismo fu una speranza benintenzionata anche se fallimentare, con qualche episodio di «brutalità». Per le foibe c'è stato chi nel Pds, a Roma e a Trieste, ha fatto una leale e onesta autocritica (in particolare Luciano Violante); e ammesso che era stata operata una tenace «rimozione» di quelle pagine (così come della mattanza di fascisti o pseudo fascisti o non fascisti che seguì la Liberazione, e che fece più di diecimila vittime, secondo calcoli prudenti). Ma altri esponenti della sinistra hanno mantenuto una posizione intransigente, o reticente, e demonizzato come «revisionismo» oltraggioso (ma cosa significa?) ogni opinione dissenziente. Ad essi è stata rivolta la critica di Ernesto Galli della Loggia sul *Corriere della Sera*: «La memoria cancellata delle foibe – ha scritto Galli della Loggia – è la prova che la sinistra italiana fino ad oggi non è stata capace di misurarsi con la morte politica di massa somministrata in questo secolo dal comunismo... Se le Fosse Ardeatine – come è stato scritto – sono un tassello dell'Olocausto, di cosa sono state un tassello le fosse di Katyn? I quindicimila ufficiali polacchi prigionieri freddati con un colpo alla nuca dalla polizia sovietica che portata storica hanno? La loro morte possiede un qualche significato ai fini di una valutazione storica e ideologica del comunismo, o invece essa è da addebitare solo al misterioso capriccio omicida d'un tiranno?».

Con i suoi addentellati e i suoi strascichi il processo

Priebke ha avuto l'imprevedibile effetto di evocare una folla di fantasmi, le vittime di stermini diversi ma eguali nell'atrocità: con l'incombere di tanti testimoni muti è rimasto un minor margine per ipocrisie e dimenticanze. L'Italia s'è trovata a dover fare i conti con i passaggi più tragici della sua storia di questo secolo, e li ha dovuti fare, alla fin fine, senza la protezione delle verità di comodo, e senza più le gerarchie ufficiali dei morti di prima classe e dei morti di seconda. Forse, tutto sommato, a qualcosa quel processo assurdo e inutile è servito.

CAPITOLO SESTO

COME SISTO V

I conti pubblici e i posti di sottogoverno: questi i primi assilli di Prodi. Erano stati anche i primi assilli di Berlusconi: e l'Ulivo seguì il (cattivo) esempio del Cavaliere dando la precedenza – non dichiarata s'intende – all'occupazione delle poltrone importanti. Lo *spoil system*, che assegna i trofei di guerra al vincitore, è una caratteristica delle democrazie in cui vige il bipolarismo, della statunitense in particolare. Se alla Casa Bianca un democratico rimpiazza un repubblicano – o viceversa – è scontato, e pacificamente accettato dai cittadini, che un notevole numero d'incarichi ruotanti attorno all'esecutivo passi di mano: inclusi i titolari d'alcune ambasciate di rango. Così si fa, per tacita e consolidata convenzione, e così si dice. In Italia si fa ma non si dice: o meglio si dice d'aver proceduto ai cambiamenti non per conquistare posizioni di potere e lenire le pene di qualche trombato delle elezioni, ma per collocare gli uomini e le donne giusti ai posti giusti. Nella gerarchia dei posti quelli della Rai sono per tradizione pluridecennale i più vigilati dal Palazzo. Nel mondo della comunicazione e dell'immagine – che è il mondo in cui viviamo – un conduttore di telegiornale che legge notizie scritte da altri, o un frequentatore assiduo di *talk show* conta più d'un premio Nobel. La Rai era stata sempre molto desiderata dai partiti – e da alcuni posseduta – durante i decenni dell'egemonia democristiana e poi del consociativismo: in forza del quale le tre reti erano state lottizzate, la prima alla Dc, la seconda al Psi, la terza al Pci.

L'irruzione sulla scena elettronica dei privati, e poi l'insediamento di Berlusconi a Palazzo Chigi, avevano rivoluzionato un assetto nel quale dirigenti e giornalisti della televisione di Stato, muniti di solide credenziali partitiche, s'erano crogiolati a lungo, i più con scarso o nullo apporto lavorativo all'azienda. Per l'avvento del Cavaliere s'erano sprecati i gridi di allarme su una *mainmise* totalizzante dell'informazione televisiva. Non erano allarmi campati in aria. Se il Presidente del Consiglio era nel contempo il proprietario dei più importanti «canali» privati si delineava una situazione orwelliana di plagio della pubblica opinione. La designazione del consiglio d'amministrazione della Rai spettava ai presidenti della Camera e del Senato, non all'esecutivo, ma questo contava poco se – diversamente da quanto era avvenuto nell'ultima fase della prima Repubblica – tutte e due le poltrone venivano assegnate alla maggioranza. Era stato il caso di Carlo Scognamiglio e di Irene Pivetti. La sindrome orwelliana risultò meno insidiosa di quanto si potesse temere perché a Palazzo Chigi Berlusconi rimase pochi mesi, perché gli antichi fortilizi della Rai avevano munite difese sindacali e corporative – gli uomini del centrodestra non riuscirono mai ad aprirvi ampie brecce – e perché una società democratica, se non è travolta dal conformismo, ha in sé validi anticorpi contro una omologazione prepotente. Proprio nella Fininvest – poi Mediaset – s'erano infatti accasati professionisti di vaglia come Maurizio Costanzo che non lesinavano le professioni di fede progressista e che non mancavano un convegno dell'Ulivo: il che è stato da alcuni lodato come prova di fiera indipendenza e da altri considerato prova di raffinato opportunismo (comunque vadano le cose si è dalla parte vincente).

Con il Polo la presidenza del consiglio d'amministrazione era toccata a Letizia Moratti, donna-manager che sapeva far quadrare i bilanci e che li fece quadrare anche alla Rai, dopo una serie di conti in rosso. I suoi avversari l'accusavano d'avere svuotato i magazzini dei programmi – che sono il capitale d'una televisione – per risanare l'azienda. Può essere. Con lei era però cambiata la «filosofia» della gestione. La Rai era un'impresa gratificata del canone che proprio per questo privilegio doveva onorare determinati impegni istituzionali, ma era anche un'impresa che doveva far profitti. È una «filosofia» che, applicata ad una televisione non monopolistica, ha i suoi inconvenienti. La concorrenza non migliora la qualità, l'abbassa, perché il pubblico – con rare eccezioni – premia la banalità e la volgarità: e penalizza la qualità. Si ha così la tirannia dell'*audience*, ossia dei contratti pubblicitari. Ma non è colpa della televisione, è colpa di chi la guarda, e sceglie. Le nomine dei direttori di rete e di telegiornali deliberate dal Cda della Moratti furono con ragione criticate. Basterà citare l'estromissione dal vertice del Tg1 di Demetrio Volcic: non solo una prevaricazione, ma un errore. È curioso che il successore di Volcic, Carlo Rossella – marchiato come berlusconiano di ferro – abbia poi lasciato il Tg1 per passare alla carta stampata, ma non nelle riserve del Cavaliere: gli Agnelli gli affidarono la guida della *Stampa* lasciata da Ezio Mauro.

Vita nuova alla Rai, dunque: o vita vecchia. Letizia Moratti se n'era andata in anticipo, sbattendo la porta, com'era nel suo carattere, anzi nel suo caratteraccio, e l'*interim* della presidenza era stato assunto da Giuseppe Morello, anziano giornalista di Palazzo. Toccava a Mancino e a Violante – e di nuovo si aveva un'accoppiata di maggioranza – d'indicare i componenti del Cda ulivista. Se volevano marcare la differenza tra le due gestioni, i presidenti delle Camere ci riuscirono alla perfezione. I cinque saggi di loro scelta furono Enzo Siciliano, Fiorenza Mursia della dinastia editoriale, l'imprenditrice Federica Olivares, la regista Liliana Cavani e il costituzionalista Michele Scudiero. L'ex-presidente della Corte costituzionale Francesco Paolo Casavola rimpiazzava Giuseppe Santaniello come garante del sistema di comunicazione italiano. Secondo qualche malalingua doveva entrare nel Cda non Fiorenza Mursia ma la madre Giancarla, senonché per un errore l'invito era stato recapitato alla figlia, che un po' sorpresa aveva accettato. Fosse vera a no questa diceria, certo è che la rappresentanza femminile era forte, benché orbata della presidenza: che spettò invece a Enzo Siciliano, un letterato morbido – anche fisicamente – dopo Letizia, la donna d'affari il cui viso ricordava una scultura (autentica) di Modigliani.

Forse la sola propensione per l'Ulivo – con un appello alla «nuova Resistenza» dopo la vittoria di Berlusconi e un brindisi gioioso a Botteghe Oscure la notte della rivincita – non sarebbe bastata per procacciare a Siciliano il prestigioso incarico. Militava in suo favore un'altra importante circostanza: da sempre Siciliano odiava la televisione «attraverso la quale si sta demolendo ogni forma di cultura in Italia». L'affermazione di Siciliano è più che fondata, e il suo disprezzo per il piccolo schermo trova molti consensi: ma si sarebbe potuto ritenere che queste posizioni severe sconsigliassero di prendere in considerazione il suo nome per la guida della Rai, e inducessero lui a un rifiuto, se la guida gli fosse stata offerta. È andata invece in altro modo. Alle nomine stupefacenti l'Ulivo ha del resto preso gusto. Il nemico della televisione alla Rai: e l'insediamento alla presidenza dell'Enel d'un verde di sinistra come Chicco Testa, snobbino e furbo, che delle polemiche contro l'Enel aveva fatto la sua principale attività. La nomina era, per usare un eufemismo, imprevedibile. Eppure anche quella toccò agli italiani di vedere. La designazione di Siciliano – al pari dell'altra di Testa – poteva dunque rientrare nella logica del paradosso, speriamo non ci capiti mai di vedere un Totò Riina redento, e disponibile a essere capo dell'Antimafia. Ma riteniamo che lui non accetterebbe, per coerenza.

Siciliano, sessantatré anni compiuti e portati piuttosto bene, era in realtà romano di nascita. Considerava però questo suo dato anagrafico «del tutto trascurabile da un punto di vista letterario». Non trascurabili erano altri dati della sua biografia. Come scrittore aveva attraversato «i territori del romanzo, del teatro, del cinema, della poesia». Nelle stanze di *Nuovi Argomenti*, la rivista da lui diretta e fondata da Alberto Moravia, «ha assistito – ricordava Pierluigi Battista sulla *Stampa* – al passaggio di almeno tre generazioni di scrittori incarnando il ruolo del più giovane nella prima, del fratello maggiore nella seconda, del padre premuroso nella terza». I suoi numi tutelari furono Moravia e Pier Paolo Pasolini, del leggendario *clan* moraviano era un fedelissimo, i suoi ricordi sono affollati di nomi citati affettuosamente e colloquialmente senza cognome, Dacia, Laura, Natalia, Elsa (Maraini, Betti, Ginzburg, Morante). Per l'onnipresenza mondana Sergio Saviane gli aveva affibbiato un perfido «salotto continuo», altri l'aveva annoverato tra gli «Enzi inutili». Ma lui navigava sicuro nel mare delle patrie lettere, otteneva premi e riconoscimenti di rango, come la direzione del fiorentino Gabinetto Viesseux. Tra i suoi bersagli polemici erano gli storici revisionisti e la piccola borghesia: «un ceto ribelle alla grande imprenditoria che considera nemica per invidia sociale, un ceto sprezzante verso i ceti operai». Aveva ed ha di se stesso un'opinione altamente lusinghiera: della televisione esecrata salvava il programma *Settimo giorno*, andato in onda tra il '73 e il '75, che portava la sua firma. Anche nell'universo di sinistra c'era gente che gli stava molto antipatica come Angelo Guglielmi, già direttore della terza rete Rai: «Guglielmi dice con schiettezza notevole quello che pensa: sarebbe assai più lodevole se pensasse talvolta quello che dice». Secondo Carmen Llera, la vedova di Moravia, «Moravia gli avrebbe consigliato di scappare» (quando venne nominato presidente della Rai).

Siciliano se n'è guardato bene, ed ha resistito con olimpica calma alla caterva di critiche e d'ironie riversatasi su di lui. Non l'ha troppo scosso nemmeno una *gaffe* dei primi giorni. Essendogli stato citato Michele Santoro (il *guru* delle piazze che meditava una clamorosa fuga dalla Rai, poi realizzata) aveva ribattuto soave: «Santoro chi?». Da allora in poi era stato più cauto: e si era trincerato nei buoni propositi dell'intellettuale impegnato, voleva una televisione per il popolo che tuttavia aiutasse il popolo ad elevarsi, un'informazione obbiettiva che non dimenticasse gli obbiettivi sociali e l'impegno antifascista consacrato dalla Costituzione, un tasso ragionevole di divertimento spettacolare che non scadesse nella volgarità. Nei telegiornali non avvenne nessun terremoto: piuttosto una tranquilla normalizzazione. Al Tg1 – dopo una breve parentesi del poco controllabile Rodolfo Brancoli – era andato Marcello Sorgi, che di controllo non ha bisogno perché se lo sa imporre da solo, al Tg2 era rimasto Clemente Mimun (una concessione a Berlusconi, si disse), al Tg3 era finita un'eccellente giornalista che era anche, si scoprì, una bravissima conduttrice, Lucia Annunziata: fisico da casalinga ingrugnata, volontà ferrea, intelligenza viva. Le conversioni dei socialisti che nella Rai erano acquartierati furono – tranne pochi casi che i colleghi giudicavano pietosi per ingenuità e intempestività – massicce e rapide. I caudatari instancabili di Bettino Craxi dimenticarono in un batter d'occhio d'averlo conosciuto.

Con l'accennato passaggio di Michele Santoro a Mediaset e con la temporanea migrazione di Sandro Curzi nei possedimenti di Cecchi Gori s'era accentuato – o piuttosto era diventato più visibile per l'impatto della televisione – un fenomeno che merita qualche considerazione: ossia la consegna di molti importanti timoni della comunicazione

– sia in casa Rai sia in casa Mediaset – a esponenti della sinistra, e il più delle volte della sinistra estrema. Lotta continua e il comunismo ortodosso o eretico avevano allevato i vari Lerner, Santoro, Annunziata, Curzi, Giuliano Ferrara, perfino il Paolo Liguori di *Studio Aperto* (e nella carta stampata le cose non andavano in modo molto diverso). Le vistose eccezioni – Enzo Biagi, Bruno Vespa, Sergio Zavoli – confermavano la regola. Il crollo del comunismo e delle utopie che ne erano derivate sfociava in una straordinaria rivalutazione professionale di chi quell'ideologia e quelle utopie aveva professato e strenuamente propagandato. Non è agevole spiegare perché questo sia avvenuto, ma qualche idea possiamo suggerirla. Va anzitutto riconosciuto che gli affermati e gli emergenti sono di prim'ordine, per creatività e per capacità di lavoro. Ma c'è qualcosa di più generale. La politicizzazione totale di quelle fucine che erano il Pci, l'*Unità*, Lotta continua e le pubblicazioni «rivoluzionarie» addestrava al comizio, alla dialettica, allo scontro di idee, al rapporto con gli interlocutori. Quei giovani di sinistra leggevano e studiavano, sia pure per sostenere delle balordaggini, i giovani di destra s'accontentavano in generale di poche – e poco conta che alcune fossero solide e magari vere – *idées reçues*. La sinistra attribuiva un ruolo di primo piano ai mezzi d'informazione: aiutata in questo da una fitta rete di docenti «progressisti» nelle scuole superiori e nelle università. Non risfoderiamo volentieri l'annoso argomento dell'egemonia culturale di sinistra, eppure proprio di questo si tratta: per merito della sinistra e per demerito dei moderati. La sinistra che sbagliava tutte le diagnosi creava tuttavia una sua «scuola» intellettuale e culturale che è stata in grado, al momento opportuno, di riciclarsi lestamente in un contesto che invece avrebbe dovuto annientarla. Quanto è avvenuto nei territori della cultura è abbastanza parallelo a quanto è avvenuto nel territorio della politica vera e propria. Per stravagante che sembri, la spavalda sfida della sinistra ai moderati («noi avevamo ragione d'aver torto, e voi avevate torto d'aver ragione») trova scioccanti conferme nella realtà.

La legge sull'emittenza televisiva, approvata definitivamente nel maggio del 1997, sanciva la spartizione dell'etere tra due imperi, quello della Rai e quello berlusconiano, con una fetta per Cecchi Gori e modeste interferenze delle televisioni private. All'approvazione delle nuove norme si era arrivati con l'astensione benevola del Polo, solo la Lega aveva votato contro: e questo la dice lunga sulla sottigliezza del compromesso elaborato dal ministro Maccanico. Si doveva dare definitiva attuazione alla sentenza della Corte costituzionale che, nel nome della pluralità e della concorrenza, riteneva eccessivo il possesso di tre reti nazionali da parte della Rai e di Mediaset. Il principio veniva accolto, e la sua applicazione affidata ad una delle *authority* che sono diventate i giocattoli prediletti del Palazzo, e che hanno consentito un'ennesima distribuzione di poltrone lucrose. Ma l'ipotetica scure dell'*authority* era frenata da tali e tante cautele che sia i monopolisti di Stato sia i monopolisti privati potevano dormire sonni tranquilli. Le verifiche erano rinviate a successivi appuntamenti, in vista dei quali Maccanico non si sarebbe fatto trovare impreparato. Una soluzione che accontentasse tutti la trovava sempre. Quest'universo pacificato – per quanto riguarda le grandi battaglie – e insieme percorso da incessanti risse, somigliava sempre più all'universo calcistico: per lo spazio che ai detti e ai fatti delle *star* veniva dedicato dai quotidiani, per il saltabeccare delle *star* stesse da una squadra all'altra, per il turbinio di miliardi, per gli scandali.

I «grandi» dell'intrattenimento – che in altri tempi avrebbero battuto le onorate tavole dell'avanspettacolo, campando alla meno peggio – erano perennemente all'asta, e alcuni «grandi» del teatro vero (ma ne restano pochi) erano in disarmo. Imperavano gli *sponsor*, ossia le aziende che finanziavano con il loro apporto pubblicitario i programmi. Attorno ai nomi di maggior richiamo ruotavano interessi enormi, con società aventi sede in qualche paradiso fiscale, e proventi in nero. La giustizia – poteva rimanere estranea? – indagò sui favori che alcune *vedette* elargivano, non disinteressatamente, agli *sponsor*. Se durante una trasmissione doveva essere reclamizzato un prodotto, la *vedette* poteva farlo con aria distratta e annoiata o mettendoci, del suo, un sorriso e un ammiccamento complice. Il tutto retribuito sottobanco, ed esentasse. Alcuni tra gli indagati confessarono e patteggiarono. I telespettatori li perdonarono, ci vuol altro ormai per indignarli. Quasi non bastasse s'era avuta anche una inchiesta, promossa dal Pm di Biella Alessandro Chionna, sui «provini a luci rosse», ossia sui tormenti (molto dubbi) di aspiranti vallette e attricette che per ingraziarsi chi poteva lanciarle s'erano rassegnate a prestazioni sessuali. Tra gli artigli della legge finì un notissimo imitatore e fantasista, Gigi Sabani, per qualche tempo incarcerato. Al dottor Chionna – che poi avrebbe sposato una ex-fidanzata di Sabani conosciuta durante l'indagine – andava accreditata la scoperta dell'acqua calda. Non era necessario scomodare abili *detectives* per sapere che nella televisione i rapporti tra la telecamera e la camera da letto sono sempre stati stretti. Prima della televisione era già accaduto nel teatro e nel cinema. Assai più disgustoso di queste – presunte – pratiche era in tutta la televisione italiana lo sciorinamento di fatti privati, dolorosi o pruriginosi, in programmi di successo: dove non è facile dire se ispirassero maggior fastidio i conduttori e le conduttrici finti-emozionati e finti-benefattori o gli sciagurati e le sciagurate che accettavano, a pagamento, di lavare i panni sporchi familiari di fronte a platee immense. Abbiamo la convinzione che per

Enzo Siciliano e per Fedele Confalonieri, uomini di gusto, questo teatrino miserevole sia indigesto.

Al vertice dell'Enel era stato dunque issato il quarantaquattrenne Chicco Testa, lombardo, contestatore, ambientalista, antinuclearista accanito, militante del Partito comunista ma antisovietico. Il professor Felice Ippolito diceva di lui che era «un radicale romantico con il quale non si può nemmeno cominciare a discutere» e Romano Prodi, fautore convinto del nucleare, lo liquidava come «una graziosa testa calda». Le provocazioni sollecitavano la sua vanità, aveva posato per un fotoromanzo sul giornale delle prostitute *La Lucciola*. Difendeva i diritti dei *gay*, e Francesco Merlo sul *Corriere* ha riportato i mugugni dei comunisti di Treviglio: «Il compagno Testa ci spieghi perché ha riempito il partito e l'Arci di busoni». Ma sotto quelle vesti bizzarre batteva il cuore d'un *manager*, e il sindaco Francesco Rutelli, altra testa graziosa ma meno calda, ne avvertì il pulsare e nominò Testa presidente dell'Acea, l'azienda comunale di Roma per l'elettricità e l'acqua: il trampolino che ci voleva per il salto all'Enel. La designazione di Testa per l'Enel aveva le connotazioni d'una stravaganza: corretta però dalla contemporanea nomina di Franco Tatò come amministratore delegato dell'ente elettrico, ossia come vero timoniere del colosso. Tatò da Lodi, detto Kaiser Franz per gli studi e le esperienze manageriali in Germania oltre che per il temperamento ruvido, è l'anti-Testa. Non solo per i vent'anni in più, ma per la totale assenza di romanticherie e di utopie in un orizzonte culturale e professionale che pure aveva preso l'avvio da una laurea in filosofia nell'Ateneo pavese. La sua carriera è stata costellata di risanamenti aziendali, di successi, e di scontri con i «padroni», si chiamassero De Benedetti o Berlusconi. Per non perdere l'abitudine Tatò, appena insediato, ha cominciato a litigare con Nerio Nesi, «banchiere» di Rifondazione comunista e presidente della Commissione industria a Montecitorio. Difensore accanito delle gestioni aziendali severe fino alla spietatezza, Tatò era uno dei boiardi che dovevano confrontarsi con il grande nodo delle privatizzazioni.

Cambio della guardia anche alla Stet (poi Telecom Italia) dove è stato dato il benservito sia a Biagio Agnes, monumento vivente, intelligente (e inaffondabile come attesta il suo passaggio alla Cecchi Gori Communications) della struttura di potere democristiana, sia all'amministratore delegato Ernesto Pascale: rimpiazzati rispettivamente da Guido Rossi, un uomo della sinistra da non confondere tuttavia, per la sua statura professionale, con i reggiborsa di partito, e Tomaso Tommasi, un *manager* «interno». Alle Ferrovie Giancarlo Cimoli ha occupato il posto già tenuto con splendori rinascimentali da Lorenzo Necci, e s'è subito trovato alle prese con una spaventosa voragine di perdite e con un contenzioso aspro per gli «esuberi» (solo in Italia, tra i Paesi sviluppati, alla guida dei treni sono due macchinisti, anziché uno solo). Questi avvicendamenti – dal Polo stigmatizzati come lottizzazioni – sono avvenuti senza eccessivo travaglio. V'è stata invece battaglia, e battaglia grossa, per l'Iri dove il presidente Michele Tedeschi era entrato in conflitto con Fabiano Fabiani, gran capo di Finmeccanica, uno dei settori della *holding*. Fabiani non era un *manager* qualsiasi. Uscito dalla covata fanfaniana, giornalista (è stato direttore del Tg1), aveva portato nelle aziende di Stato, durante quarant'anni, la sua efficienza da culdipietra e la sua abilità di politico collaterale. I propositi dell'Iri – che a suo avviso voleva vendere Finmeccanica come uno «spezzatino» – non gli andavano a genio, e nemmeno gli andavano a genio i propositi del governo benché a Prodi lo legasse una solida amicizia. Sacrificato dal governo sull'altare della coerenza economica, per coerenza personale si era orgogliosamente dimesso. Quale fosse la posta del duello risulta chiaro dalla solidarietà che a Fabiani avevano espresso Nerio Nesi, Fausto Bertinotti e alcuni ambienti sindacali. Ma quella di Tedeschi, che a Finmeccanica aveva collocato come presidente Sergio Carbone e come amministratore delegato Alberto Lina, era stata una vittoria di Pirro. Succede anche nel tiro alla fune: insieme al perdente è caduto il vincente. Gian Maria Gros Pietro è diventato presidente con un mandato preciso: vendere e chiudere l'Iri entro tre anni. Non ci soffermiano sulle nomine bancarie che allungherebbero troppo questa elencazione. Due poltrone molto appetite hanno resistito indenni alla fiammata dei cambiamenti: quella di Franco Bernabé all'Eni – scampato senza danni, nonostante gli attacchi giornalistici, al terremoto della maxitangente Enimont – e quella di Enzo Cardi alle Poste.

È lecito ogni dubbio – per troppe amare esperienze del passato – sulle intenzioni che hanno determinato questi avvicendamenti. L'appartenenza all'ambito del potere è stata sempre, per i boiardi di Stato, la regola. Ma va riconosciuto che a un governo cui stessero a cuore le privatizzazioni – ammesso che proprio a tutto il governo stessero a cuore – occorreva una dirigenza dell'economia pubblica disposta a realizzarle. Il programma di privatizzazioni – si tratta di almeno quarantamila miliardi – è ambizioso, ed ha avuto un principio d'attuazione: però tra molte prevedibili resistenze e obbiezioni. La classe politica viene privata di preziose leve per le sue manovre nella giungla del parastato. In passato – ci auguriamo solo in passato – quelle leve schiudevano ai partiti le casse pubbliche. Nessuno s'oppone con affermazioni di principio alla vendita di quote azionarie nelle imprese pubbliche. Molti s'oppongono invece al passaggio della maggioranza dallo Stato ai privati, ossia alla perdita del potere di condizionamento e di decisione che lo Stato ha. In questo fronte del no s'intrecciano motivi d'alto profilo e motivi di basso o bassissimo profilo. Bertinotti e il suo portavoce economico Nerio Nesi – ma a volte s'avvertono singolari convergenze tra le posizioni dell'estrema sinistra e quelle di Alleanza nazionale – insistono sul carattere strategico d'alcuni settori produttivi: e invocano, anche quando lo Stato perda la maggioranza, il mantenimento della *golden share*, l'azione d'oro. Ossia d'una azione che conferisca a chi la possiede – lo Stato – una sorta di diritto di veto, come accade per i cinque Paesi che questo diritto possono esercitarlo nel Consiglio di sicurezza delle Nazioni Unite. Alle nostalgie stataliste s'accompagnano le spinte corporative. Una privatizzazione vera pone termine, definitivamente, al vecchio andazzo in base al quale il Tesoro interveniva per ripianare le perdite, anche colossali, delle aziende di Stato, e in base al quale il personale sovrabbondante o parassitario non correva rischi (il che potrà anche finire nelle imprese già pubbliche, ma durerà purtroppo negli organici del pubblico impiego). Le privatizzazioni, intendiamoci, presentano dei pericoli: come quello d'una invasione di potenti gruppi esteri. Ma anche l'Italia, quando è in grado di farlo, invade. Si sono levate molte voci autorevoli per avvertire che le privatizzazioni non procedono come dovrebbero, che sono in corso manovre spregiudicate, che a volte si lasciano le cose com'erano fingendo di capovolgerle. Il boiardo eccellente Romano Prodi conosce i suoi simili, e i trucchi cui ricorrono per non essere esautorati: conosce anche la sua maggioranza nella quale i privatizzatori senza *arrière pensées* sono con ogni probabilità minoranza. Se c'era uno che potesse farcela era lui: purché volesse.

La conquista dell'Euro è stata la grande promessa e la grande scommessa di Prodi e dei suoi ministri finanziari. Conquista dell'Euro voleva dire essere in regola con i parametri di Maastricht alle scadenze fissate (e ancora valide quando andava in stampa questo libro). Nel marzo del 1998 dovrebbe essere compilata la lista dei Paesi che, avendo onorato gli impegni di Maastricht, parteciperanno alle fasi successive per la creazione della moneta unica europea. Nel secondo semestre dello stesso anno saranno decise le parità monetarie, ossia i cambi tra le varie monete, e il cambio di ogni moneta con l'Euro. Il 1° gennaio 1999 le parità diventeranno, in base alla tabella di marcia, irrevocabili, nascerà la banca centrale europea, cominceranno gli scambi internazionali in Euro. Il 1° gennaio 2002 circoleranno in tutti i Paesi ammessi nel club della moneta unica le banconote e le monete in Euro, valide per un semestre insieme alle monete e alle banconote nazionali. Dal 1° luglio 2002 rimarrà solo l'Euro, le banconote nazionali avranno perduto valore legale, ma i distratti che non se ne fossero sbarazzati disporranno di tempi lunghi per cambiarle agli sportelli delle banche autorizzate. Tra gli eletti dell'Euro l'Italia ci sarebbe stata, Prodi e Ciampi lo giuravano nonostante gli scetticismi e i commenti acri interni e internazionali. Ma il biglietto per il viaggio verso l'Euro era caro, e gli italiani se ne accorsero presto: anche se il governo, preoccupato per l'amaro della medicina che si apprestava a propinare loro, ricorreva ad eufemismi.

Abbiamo già sintetizzato la ricetta che il Fondo monetario internazionale suggeriva per il risanamento dei conti pubblici italiani: non nuove tasse – in un Paese dove quelli che le pagano ne erano già oberati – ma maggior efficienza nell'individuare gli evasori e soprattutto tagli alla spesa pubblica. Tra i più convinti dell'esattezza di questa diagnosi era, in cuor suo, Romano Prodi: che il 17 dicembre 1994 – dopo che Berlusconi e il suo ministro del Tesoro Lamberto Dini furono costretti a rinunciare, per la levata di scudi dei sindacati e delle sinistre, ad una «finanziaria» rigorosa – aveva firmato insieme ad altri economisti una lettera aperta pubblicata dal *Corriere della Sera*. «Indipendentemente dalle vicende e dalla responsabilità delle parti – vi si diceva – il rinvio (dei «tagli» *N.d.A.*) ha sancito l'impossibilità di giungere a un accordo, ha sortito risultati gravemente negativi per la credibilità del Paese, lascia coloro che sono più immediatamente interessati dal provvedimento nell'incertezza riguardo il proprio futuro.» Come Presidente del Consiglio Dini aveva dovuto accontentarsi di misure blande per frenare il baratro delle pensioni: che insieme all'incubo dei parametri di Maastricht s'era ripresentato ai governanti dell'Ulivo.

L'avvio di Prodi e di Ciampi fu in sordina. A metà giugno del 1996 venne varata una «manovra correttiva» (affettuosamente battezzata manovrina) da sedicimila miliardi: undicimila di tagli alla spesa e cinquemila di nuove entrate; e alla fine di quel mese il Consiglio dei ministri approvò il Documento triennale di programmazione economico-finanziaria in cui era prevista, per il 1997, una manovra di 32 mila miliardi. Un terzo del totale costituito da nuove entrate, ossia da tasse. La botta era forte ma, si assicurò, definitiva. Il 5 luglio 1996 Massimo D'Alema spiegò che non ci sarebbero stati ulteriori aggravi e che «quella sulla manovra per l'Europa è una discussione campata in aria». Di rincalzo, il 14 luglio 1996, Prodi assicurò: «Una manovra per l'Europa sarebbe suicida perché in Europa dobbiamo entrarci vivi e non morti». Ma a breve distanza di tempo Prodi, Ciampi e il ministro delle Finanze Visco rivelarono agli italiani che per l'Europa ci voleva ben altro. La manovra sarebbe stata non di 32 mila ma di 62 mila miliardi, con una tassa *una tantum* per l'Europa da restituire un giorno, almeno in parte, ai contribuenti. Accusato d'aver detto bugie, Ciampi spiegò che la mazzata era diventata indispensabile per l'improvvisa accelerazione subita dal processo d'avvicinamento alla moneta unica. I sindacati e anche Rifondazione accettarono, tra proteste ed effimeri veti, l'entità del salasso, ma ottennero che esso scalfisse senza davvero intaccarlo il sistema pensionistico e le incrostazioni parassitarie. Delle pensioni, sostenevano Cgil, Cisl e Uil, si sarebbe potuto ridiscutere all'inizio del 1998. Il Polo e la Lega mitragliavano la maggioranza, in Parlamento, con migliaia di emendamenti, superati con il ricorso sistematico al voto di fiducia. Il governo Amato aveva presentato 14 richieste di fiducia, il governo Ciampi 12, il governo Berlusconi 3, il governo Dini 9, il governo Prodi, nel suo primo anno di vita, 21.

L'opposizione faceva leva sulla pesantezza della maximanovra per mobilitare i ceti medi produttivi – che si sentivano perseguitati – contro Prodi. Ma anche economisti vicini all'Ulivo muovevano una serie di critiche. La prima, e la maggiore, derivava dalla rinuncia del governo, sia pure in nome della solidarietà e della socialità, ad adottare misure strutturali. Bisognava sostituire il criterio dell'efficienza al criterio della spesa facile, e rinunciare ai sotterfugi consolatori d'un passato da dimenticare. Invece i provvedimenti fiscali sembravano piuttosto espedienti, venivano richiesti in anticipo determinati versamenti, si raschiava nel barile dei Tfr, ossia dei Trattamenti di fine rapporto (le somme che le aziende accantonano per pagare le liquidazioni ai dipendenti), si presumeva che fossero acquisiti versamenti aleatori. La stessa gravosissima tassa per l'Europa poteva sì essere il colpo di reni per raggiungere l'Euro, ma valeva per una sola volta. E poi? Ammenoché – ed era la prospettiva più inquietante – la *una tantum* diventasse, come tante volte era accaduto, un balzello perenne. Una manovra, osservava anche l'*Economist*, basata su «pagamenti ritardati e tasse anticipate, un semplice temporeggiamento». Il centrodestra – che soffiava sul vento del malcontento, sostenendo che la manovra era dura come quella che il governo Berlusconi voleva, ma era anche sterile – indisse per il 9 novembre, a Roma, una manifestazione di piazza il cui successo allarmò D'Alema (Prodi affettò invece la sua olimpica tranquillità). Un milione o poco meno di persone ascoltò in piazza San Giovanni, luogo deputato dei comizi di sinistra, i capi del Polo: con Berlusconi che intimava a Prodi di tornarsene a casa mentre Buttiglione parlava di «dittatura sudamericana».

Dopo i discorsi alla folla oceanica venne, per l'opposizione, l'ora dell'Aventino. La discussione sulla finanziaria sarebbe proseguita senza la presenza dei parlamentari di centrodestra: i quali sostenevano, con evidente forzatura polemica, che il metodo scelto da Prodi per ottenere il *placet* di Camera e Senato ricordava le leggi eccezionali con cui Mussolini, tra il 1925 e il 1926, aveva instaurato la dittatura. Il punto dolente era quello delle deleghe, ossia delle autorizzazioni a legiferare su determinate materie senza dover sottoporre ogni misura al dibattito parlamentare. Inizialmente di deleghe ne erano state chieste ventiquattro, poi ridotte a una decina. La Costituzione le prevede, all'articolo 76, ma «per un tempo limitato e oggetti definiti». L'utilità, anzi la necessità delle deleghe è evidente quando si tratti di mettere a punto una materia molto tecnica e complessa. Ma secondo i berlusconiani il governo Prodi prevaricava avvalendosi di questo strumento per la materia fiscale, che riguarda direttamente ogni cittadino; e così teneva nel vago elementi essenziali dei provvedimenti *in pectore*. E li teneva nel vago non per la loro complessità, ma perché non era ancora riuscito a trovare l'accordo tra i partiti della maggioranza. In questo modo – insisteva il Polo – la finanziaria veniva «blindata» nei confronti dell'opposizione (messa nell'impossibilità di discuterne la sostanza) e restava elastica nei confronti della maggioranza, e delle sue varie componenti. L'opposizione era cioè estromessa dalla discussione, che sarebbe proseguita per mettere d'accordo Bertinotti con Prodi, Rosy Bindi con Ciampi, Ronchi con Dini. A fine dicembre (1996) la finanziaria fu approvata da un Parlamento dimezzato.

Il 1997 portò altri venti di tempesta per Prodi. I sindacati – senza l'acredine che ci avrebbero messo se al governo fosse stato il Polo – avevano fatto sfilare i loro aderenti a Roma, il 22 marzo, per pungolare il governo sui temi del lavoro, e nel corteo era anche Massimo D'Alema, che pochi giorni prima, durante un seminario nel castello toscano di Gargonza, non era stato avaro di attacchi all'Ulivo. Lo si accusò di doppiezza, ma la sua era la vecchia tecnica del «partito di lotta e di governo». Il 21 aprile 1997, primo anniversario della vittoria di centrosinistra, *il manifesto* aveva titolato: «Maledetto compleanno». Sottinteso: maledetto per le tasse, per la disoccupazione che non si schiodava dal dodici per cento, per la stagnazione economica. Eppure Prodi e Ciampi potevano vantare al loro attivo risultati economici eccezionali. L'inflazione si stava già avviando a un livello inferiore al due per cento; gli interessi sui titoli pubblici si erano dimezzati e questo rappresentava per le casse pubbliche un sollievo enorme, ogni punto in meno negli interessi equivale a un risparmio di 20 mila miliardi (va aggiunto che il calo dei consumi in Italia è da attribuire almeno in parte al minore rendimento dei Bot: il capitale è meglio salvaguardato, ma chi ricavava venti milioni l'anno da duecento milioni di titoli se ne ritrova in tasca dieci); l'Euro era a portata di mano; le entrate fiscali crescevano di continuo, purtroppo divorate in un batter d'occhio dal Moloch statale; infine gli italiani avevano subito con irritazione e dispetto – ma senza ricorrere alle estreme misure di protesta, come lo sciopero fiscale, cui la Lega incitava – una tassazione vessatoria. Il Paese sembra avere risorse inspiegabili, la soluzione del mistero è nel «sommerso». Prodi si dichiarava, con buone ragioni, soddisfatto.

L'Ulivo e il Polo duellarono, nel maggio del 1997, in un test elettorale significativo. Si votava per i sindaci di dieci città capoluogo e per alcune amministrazioni provinciali. Due risultati soprattutto erano attesi con ansia negli opposti schieramenti: quello di Milano e quello di Torino. L'esito dei due maggiori duelli era incerto, e la vittoria dipendeva dalle scelte decisive dei moderati ancora in forse. Per questo l'Ulivo schierava candidati rassicuranti, che smentissero per ciò che erano – non solo per ciò che dicevano – ogni sospetto di sinistrismo all'antica. Infatti a Milano si fronteggiavano due imprenditori, Gabriele Albertini (Polo) e Aldo Fumagalli (Ulivo). A Torino l'uscente Valentino Castellani, un professore universitario che nel suo mandato precedente aveva acquisito largo e non immeritato credito, doveva vedersela con Raffaele Costa, un liberale che nella politica militava da tempo e che s'era distinto – in tempi d'acquiescenza consociativa – per le sue coraggiose battaglie contro gli abusi e i privilegi dei partiti e dei loro notabili. A Trieste chiedeva conferma, per l'Ulivo, un altro imprenditore, il re del caffè Riccardo Illy. Nella campagna propagandistica le prerogative e l'ambito operativo dei sindaci erano stati, come sempre accade, dilatati a dismisura, pareva che dalla loro azione dipendessero, oltre che una gestione oculata della macchina amministrativa locale, anche l'ordine pubblico e la soluzione di problemi – la criminalità, l'immigrazione clandestina, la disoccupazione – che appartengono a un ambito ben più ampio. Con una anticipazione strumentale di future riforme i candidati si esprimevano come se il decentramento tanto auspicato, tanto avversato, e tanto difficile – e dunque l'allargamento dei poteri locali – fosse cosa fatta. I programmi differivano di poco, e quel poco era nutrito di buone intenzioni lastricanti le vie della speranza.

Il verdetto fu di sostanziale parità, nei voti e nella spartizione delle città. Albertini, un uomo grigio di faccia arcigna e negato alla retorica che proprio per questo, probabilmente, era piaciuto ai milanesi, prevalse con largo margine su Fumagalli, a Torino Castellani s'impose per un soffio, quattromila voti, su Costa. Illy si affermò senza patemi d'animo a Trieste, Ancona e Novara ebbero sindaci dell'Ulivo (Renato Galeazzi e Giovanni Correnti), sindaci del Polo ebbero Catanzaro (Sergio Abramo), Terni (Gianfranco Ciaurro) e Crotone (Pasquale Senatore). La sorprendente Lega si aggiudicò Pordenone (Alfredo Pasini) e Lecco (Lorenzo Bodega). Se al Polo fossero andate le due metropoli in lizza si sarebbe potuto parlare di sconfitta dell'Ulivo, se l'Ulivo avesse conquistato Milano sarebbe stata la disfatta del Polo. Da Prodi l'esito fu considerato soddisfacente, e non aveva torto. «Il voto è andato complessivamente molto bene – disse – il governo ne esce più forte. Tutti i sindaci dell'Ulivo sono stati confermati e c'è stata una crescita in tutte le province. Ora potremo andare avanti con più rapidità per raggiungere i nostri obbiettivi.» Con un artificio dialettico consentito dai fatti Prodi poteva minimizzare la sconfitta di Milano osservando che a Palazzo Marino non sedeva in precedenza un sindaco di centrosinistra, sedeva il leghista Marco Formentini, e dunque la poltrona non era stata perduta. La diagnosi ottimistica di Prodi dava scarso peso – e si capisce perché – a un dato rilevante. Là dove si vinceva o si perdeva per un'incollatura, la sorte dell'Ulivo era affidata a Rifondazione comunista. Castellani, a Torino, aveva dichiarato apertamente, alla vigilia dei ballottaggi, che lui i consensi di Rifondazione non solo li accettava ma li chiedeva. A Milano Aldo Fumagalli, per coerenza e per il timore di perdere molti voti moderati, s'era attenuto a una strategia opposta. Non è per niente sicuro che Fumagalli avrebbe battuto Albertini se a Rifondazione avesse chiesto aiuto: gran parte dei bertinottiani avrà egualmente deposto il suo nome nell'urna. È invece sicuro che Castellani avrebbe perduto a Torino se a Rifondazione non avesse aperto le braccia. A Roma come a Torino o altrove Rifondazione era indispensabile per l'Ulivo, e il risultato delle amministrative rafforzava il suo potere di persuasione o di dissuasione. Il Polo era uscito piuttosto bene dalla prova. Le amministrative erano in generale state un tormento per Berlusconi, che aveva finalmente catturato, con Milano, una preda grossa. Ma s'era visto una volta di più come nelle elezioni in due turni riuscisse all'Ulivo, durante l'intervallo da un turno all'altro, di fare un buon raccolto di consensi sfusi, negato al Polo. Lo s'era visto in particolare a Torino dove Costa, uscito dal primo turno con una dote del 43,2 per cento, aveva progredito fino al 49,6 per cento, mentre il suo rivale Castellani era balzato dal 35,4 al 50,4. L'Ulivo aveva risorse di aggregazione – o se si vuole di trasformismo omnicomprensivo – da attribuire in gran parte al talento con cui D'Alema – attraverso Prodi – era riuscito a mimetizzare l'egemonia postcomunista nella coalizione di maggioranza e di governo, e a enfatizzarne le componenti moderate. Questa tecnica funzionava, ma i fatti attestavano, con estrema chiarezza, non solo che l'Ulivo aveva la sua trave portante nel Pds, ma che senza Rifondazione comunista diventava minoranza.

Ottenuta la promozione – sia pure con una risicata sufficienza – all'esame di queste amministrative, Romano Prodi era in grado di vaticinare per il suo governo – e non era più iattanza, se mai lo era stata in precedenza – una sicura navigazione fino al porto di fine legislatura. I segnali d'una ribellione traumatica di Bertinotti venivano attribuiti, per il loro fastidioso ripetersi, alla ritualità di questa stagione politica. Qualcuno del Polo riponeva fiducia – o dichiarava di porla – nel sempre imminente *show-down* tra Ulivo e Rifondazione – nonché tra l'Ulivo e i sindacati – per il nodo della riforma pensionistica. Analoghi allarmi erano stati lanciati lungo il cammino della travagliata finanziaria. Stando ai numeri e alle prese di posizione, i motivi di rottura c'erano tutti. Ma in quel momento difettava loro un elemento fondamentale: la volontà di rompere delle parti in causa. Sia l'Ulivo sia Bertinotti sia i segretari delle confederazioni sindacali sapevano che uno scontro all'arma bianca (o rossa) nella maggioranza avrebbe potuto provocare la perdita del potere: che l'Ulivo, Bertinotti e i sindacati gestivano e al quale erano, secondo logica, affezionati. Se a questo s'aggiunge la voluttà di mediazione italiana, portata a sofisticazioni estreme dai partiti e dagli uomini che nella maggioranza militavano, la conclusione non poteva essere che una sola: di rottura si sarebbe parlato sempre, e non ci si sarebbe arrivati mai. Gli osservatori covarono la convinzione – e Prodi covò l'illusione – che le crepe della maggioranza fossero sempre rimediabili, e che i soprassalti d'intransigenza bertinottiana avessero per destinataria la platea dei militanti neocomunisti. La sceneggiata delle facce feroci si ripeté, durante l'estate e l'autunno del 1997, per la ripresa dell'interminabile negoziato tra il governo e i sindacati sul *welfare state* ossia, per dirlo in soldoni, sulla previdenza e sull'assistenza. Berlusconi, buon samaritano, aveva teso una mano a Prodi: se le proposte del governo andavano nella giusta direzione, e se Bertinotti le osteggiava, il Polo ne poteva facilitare il varo. Una mossa che si proponeva di dividere la maggioranza, ma che magari, suonando come un avvertimento a Bertinotti, la consolidava. A Berlusconi Prodi e i suoi risposero «no, grazie», con un sottinteso ammonimento a Rifondazione: non tirate troppo la corda.

Prodi aveva l'aria d'essere rilassato, sicuro, a suo completo agio nella guida d'una maggioranza le cui fibrillazioni cardiache venivano interpretate – molto a torto – come gli innocui svenimenti, nell'Ottocento, delle signorine di buona famiglia. Il Professore di Bologna aveva molto guadagnato in autorevolezza, e anche in grinta. Ci teneva a sfatare il *cliché*, che l'aveva accompagnato durante i primi mesi a Palazzo Chigi, di re Travicello messo lì per volere di D'Alema. Bersagliato da attacchi personali, non ne aveva molto risentito. Le accuse che gli venivano mosse per la vendita della Cirio quand'era presidente dell'Iri – e che una perizia aveva smentito – appartenevano al bagaglio giudiziario d'ogni boiardo di rango, e lui era stato, a lungo, il primo tra i boiardi. Ciò che si andava dicendo sui rapporti tra Nomisma – la società di ricerca e consulenza che era stata la sua creatura prediletta, e che era a lungo rimasta sotto la sua ala protettrice – e le Ferrovie dello Stato o altre aziende pubbliche – Prodi in prima persona era stato «garante» dell'Alta Velocità di Necci – non aveva suscitato scandalo: tutt'al più se ne poteva dedurre che il *clan* dei Prodi e dei loro amici avesse rappresentato a Bologna un punto di riferimento importante per quanti partecipavano ai giuochi – ormai senza frontiere – con cui si procede all'assegnazione di incarichi: ma solo un'anima candida come il suo biografo Riccardo Franco Levi ritiene che Prodi – la cui onestà non è stata mai intaccata – si fosse mosso da sprovveduto tra gli squali del sottogoverno.

Il nuovo Prodi, pronto a misurarsi con Kohl – «mi fa paura una Germania che ha paura» – e a contrapporre alla sua stazza fisica un decisionismo emiliano, aveva acquistato scioltezza anche davanti alle telecamere. Un giornalista che pure non gli è ostile aveva usato il termine «ganassite» («ganassa» in milanese è uno spavaldo, se non uno spaccone) per definire il Prodi in versione aggiornata: imitatore di Sisto V che, eletto Papa, aveva gettato il bastone cui s'era appoggiato, vacillante e smarrito, entrando in conclave, e aveva portato allo scoperto la sua autentica tempra di monarca autoritario. Non che Prodi gli somigli, nel cinismo e nel dispotismo. Ma i farfugliamenti incerti, i borbottii goffi, le professioni d'umiltà del suo avvio potevano anche essere visti, alla luce di questi sviluppi, come una tattica sottile che aveva ingannato molti, quasi tutti. Sia come sia, Prodi aveva capito che la sua debolezza di capo d'una coalizione in apparenza vulnerabile, e di comandante d'un esercito dove le sue truppe contàno poco o niente, era anche la sua forza. Collocato come chiave di volta in un arco politico dagli equilibri delicati, il Romano di Bologna sapeva d'essere diventato indispensabile perché, se lo si toglieva, l'intera costruzione era a rischio di crollo. Altro che Prodi vacillante: l'incubo degli oppositori è ormai l'instaurarsi d'un «regime» morbido, tenace, a tenuta pluriennale. Che se si fosse avverato avrebbe avuto l'impronta di Prodi e della sua rete capillare di boiardi piuttosto che quella di Massimo D'Alema vaticinante la «Cosa 2». Ma era in agguato il solito fattore B: che per Berlusconi voleva dire Bossi, e per Prodi voleva dire Bertinotti.

CAPITOLO SETTIMO

SCAMBI FERROVIARI

Si sapeva che l'autunno del 1996 avrebbe riportato sull'Italia, dopo la calma vacanziera d'agosto, nuvoloni politici, economici, giudiziari: ma nessuno era stato in grado di prevedere la bufera che investì le Ferrovie dello Stato, la Magistratura, e il governo nella persona di Antonio Di Pietro: e che traeva origine – questa fu una sorpresa nella sorpresa – da un'iniziativa non del *pool* di «mani pulite», ma da un'iniziativa dell'appartata e oscura Procura di La Spezia. Per ordine dei Pm Alberto Cardino e Silvio Franz la polizia procedette, il 15 settembre, a una retata di personaggi in vista, alcuni mandati in carcere, altri agli arresti domiciliari. Figurava nell'elenco una vecchia e nota conoscenza dei «palazzacci», il finanziere internazionale (con accento pisano) Pierfrancesco Pacini Battaglia. Ma al suo nome non immacolato se ne aggiungevano altri che definiremmo insospettabili se il termine potesse avere ancora un briciolo di credibilità. Anzitutto Lorenzo Necci, amministratore delegato delle Ferrovie dello Stato, ministro *in pectore* del mancato governo Maccanico. E poi l'amministratore delegato della fabbrica d'armi Oto Melara, Pierfrancesco Guarguaglini, l'ex-notabile Dc (e piduista) Emo Danesi, i magistrati Roberto Napolitano e Orazio Savia, già sostituti alla Procura della capitale. Infine, trascinata anche lei nel gorgo, la fedele segretaria di Pacini Eliana Pensieroso. La sferza di La Spezia si abbatteva inoltre su personaggi già indagati come l'ex-capo dei Gip romani, Renato Squillante. Era questa, si affermò, la Tangentopoli 2: ma la numerazione appare piuttosto arbitraria, le

Tangentopoli s'intrecciano e formano una catena della quale è arduo, o impossibile, distinguere gli anelli. La sensazione è che la prima Tangentopoli non sia mai finita, e abbia proseguito il suo corso sotterraneamente, come i fiumi carsici, d'improvviso riapparendo tra un coro di commenti esterrefatti e sdegnati.

Al di là delle formulazioni tecniche, i reati di cui gli inquisiti dovevano rispondere erano quelli classici del repertorio tangentistico: corruzione, appalti truccati, elargizioni di denaro a qualcuno perché favorisse qualcun altro, interferenze nell'assegnazione di poltrone pubbliche; e infine, come extra che rendesse più appetitoso e piccante il *menu* standard, il traffico di armi. Al centro di questo andirivieni di miliardi e di favori stava – come il dirigente d'una cabina di smistamento ferroviaria, tanto per stare in argomento – Pierfrancesco Pacini Battaglia detto «Chicchi», l'uomo che per il Gip milanese Italo Ghitti era appena un gradino sotto Dio. L'inchiesta aveva il suo fondamento in una messe imponente d'intercettazioni telefoniche: ed era stata affidata dai Pm di La Spezia al Gico (Gruppo investigativo sulla criminalità organizzata) della Guardia di Finanza di Firenze. Il Gico aveva riassunto i risultati dell'indagine in un lungo rapporto – trasmesso alla Procura di La Spezia – che dalle intercettazioni traeva conclusioni, poi aspramente contestate.

Pacini Battaglia è un toscanaccio a prima vista estroverso e ben decifrabile: vociante, donnaiolo, amante dei cavalli, giocatore d'azzardo, gagliardo bevitore, smargiasso: eppure con risvolti molto misteriosi. A cominciare dal cognome. Per i primi ventidue anni della sua vita s'era chiamato solo Pacini, poi una sentenza del Tribunale di Pisa aveva accessoriato il Pacini con un Battaglia grazie al quale attorno al giovanotto aleggiava una certa aura nobiliare. Però nobili i suoi non lo erano di certo: pescatori furbi, s'erano arricchiti – stando alle memorie paesane – con la bonifica del Padule di Bientina, il paese dove «Chicchi» è nato nel 1934: ma la crisi dell'agricoltura li aveva colpiti duramente. Il padre, avvocato, era anche stato – secondo una dichiarazione dello stesso Pacini Battaglia – «un importante gerarca fascista». Ottenuta la maturità scientifica, intrapresi studi universitari mai completati, superata una breve esperienza come operaio in una fabbrica di refrattari, Pacini Battaglia s'era dedicato alle sue vere vocazioni: che erano la bella vita – e poco gli interessava che fosse una vita indebitata – e l'intermediazione. Uno spiccato talento da faccendiere. Nel 1980, dopo un'intrusione della Finanza nelle sue attività italiane, s'era trasferito a Neuchâtel. Lì aveva impiantato una fabbricuccia d'etichette per bottiglie. Per quale miracolo quel modesto avvio svizzero abbia consentito a Pacini Battaglia di fondare, già l'anno successivo, la finanziaria Karfinco, e nel 1985 d'ottenere che potesse operare come una banca, è impossibile dirlo con il metro della normale logica economica. La spiegazione va cercata altrove, e del resto l'ha data in qualche modo lo stesso Pacini Battaglia negli interrogatori cui fu sottoposto nel 1993 dal *pool* di «mani pulite». Tra il 1987 e il 1992 la Karfinco era stata il centro di raccolta e di distribuzione di 60 milioni di dollari «neri», un centinaio di miliardi di lire, messi dall'Eni e dalle sue propaggini a disposizione del sistema tangentizio, con il Psi e la Dc a fare la parte del leone. Ma non si fermava all'ambito italiano la rete di Pacini Battaglia. Confessò d'avere elargito 30 milioni di dollari – come mancia – a tale Omar Yehia «diplomatico dell'Oman, amico del Presidente algerino in carica nel 1990, senza di lui in Algeria non si muove nulla». Oggi la Karfinco ha una sigla diversa, Bpg (Banque de patrimoines privés, Genève).

La figura di Pacini Battaglia era così incombente sull'arraffa arraffa pubblico e privato che il *pool* di «mani pulite» doveva per forza imbattervisi, nella sua esplorazione delle fogne tangentizie: e infatti il faccendiere italo-svizzero (aveva preso la cittadinanza della Confederazione) divenne assiduo della Procura milanese. Lo martellò Di Pietro, lo martellarono altri del *pool*, e su di lui s'addensarono undici richieste di rinvio a giudizio per altrettanti episodi o imputazioni che formavano un immane garbuglio di spericolatezze miliardarie. Fortunato – o come alcuni insinuano privilegiato – il *patron* della Karfinco aveva tuttavia evitato l'arresto: nei percorsi accidentati di Tangentopoli era stata trovata per lui una corsia preferenziale. La qualifica di supertestimone, che nelle cronache giudiziarie viene elargita con generosità, gli calzava a pennello. Se «Chicchi» diceva anche solo una parte – e con comprensibili manipolazioni – di quanto era a sua conoscenza, molti santuari della corruzione potevano essere violati da «mani pulite». L'indulgenza accordata a Pacini Battaglia da un *pool* che non s'era mai fatto troppo pregare per mandare in galera i sospettati poteva obbedire a una strategia utilitaria: che era poi quella del pentitismo, e dei «premi» ai «collaboranti». Ad essa non erano però vincolati i Pm di La Spezia che senza esitare avevano messo sotto chiave Pacini Battaglia, e con lui Necci.

Già, Lorenzo Necci, nato a Fiuggi nel 1939: un «boiardo» di gran lignaggio, intelligente, efficiente, ammanigliato con i politici, salottiero. «Lorenzo il Magnifico» del quale, prima del dispetto di due giovanotti come Cardino e Franz, non si parlava che bene, in tutti i partiti e in tutte le terrazze romane. S'era laureato in giurisprudenza a Roma ed aveva intrapreso la carriera universitaria come assistente d'un maestro indiscusso del diritto amministrativo, Massimo Severo Giannini. Ma l'offerta d'una industria privata belga l'aveva indotto a cambiare obbiettivo e stile di vita: non più professore ma *manager* (durante un certo periodo s'era anche messo in proprio, con una società di ingegneria e costruzioni). Tranne questa parentesi, la sua scalata aveva avuto per scenario le vette dirigenziali di colossi dell'industria: Enichem, Enimont, quel settore chimico i cui bilanci rovinosi hanno funestato più d'una carriera e d'una sostanza, ma non le sue. Della politica non era stato spettatore interessato, ma militante e partecipe. Dell'adesione al Pri non aveva fatto misteri, ed era stato anche inserito nell'esecutivo del Partito repubblicano. Come il suo amico Maccanico aveva un talento eccezionale per le mediazioni, e un'abilità sopraffina nel coltivare conoscenze altolocate e utili. Si racconta che nel 1988 gli fosse riuscito di riunire in casa sua una schiera d'«eccellenti»: Giovanni Spadolini, Giorgio La Malfa, Antonio Maccanico, Adolfo Battaglia, Guido Bodrato, Carlo Fracanzani, Riccardo Misasi, Gianni De Michelis, Franco Piga, Franco Reviglio.

Svaghi e *hobbies* obbligatoriamente d'alto livello: il golf, la coltivazione delle rose e delle ortensie (il figlio Giulio appassionato di cavalli e di polo), e poi la saggistica e, del tutto imprevista, la poesia. Nel 1992 aveva dato alle stampe un *Rivalutare l'Italia* scritto a quattro mani con Manfred Gerstenfeld, e nel 1995 un più fantasioso *Reinventare l'Italia*. Tra le sue opere in versi merita citazione un poemetto di forte impronta civica: «Nel Paese senza eroi – nel Paese senza miti – partirono il dì di poi – uomini di paglia agguerriti. – Partirono per prendere per sé – il palazzo del potere che non c'è». Senonché, proseguiva la poesia, il mozzicone d'un mendicante stanco aveva dato fuoco agli uomini di paglia, divorati da una fiammata violenta. Conclusione amara: «Se un mozzicone di sigaretta bastava – a bruciare un esercito di paglia – che problemi il Paese aveva – se il potere era solo una foglia? – La foglia serviva a coprire – di interessi nascosti ogni sorta – e pertanto a nessuno poteva importare – se la democrazia per sempre era morta». Quest'uomo di bell'aspetto e di multiforme ingegno fu messo, nel 1990, a capo di quel carrozzone sgangherato che ha nome Ferrovie dello Stato: e che si distingueva, nell'Europa «sviluppata», dalle altre ferrovie per i *deficit* mostruosi (una delle cause maggiori del dissesto pubblico), per l'esuberanza insensata del personale, per l'imperversare d'un sindacalismo corporativo (sia nella versione ufficiale sia nella versione selvaggia), per gli scandali in cui erano stati coinvolti i vertici politici dell'ente: tanto che un presidente, il calabrese Ligato, era stato prima messo sotto inchiesta per accuse di forniture «truccate» e poi assassinato dalla 'ndrangheta. Circondato da diffusa stima e fiducia, Necci aveva messo a punto programmi ambiziosi per risanare il gigante malato. Da ogni parte gli venivano tributati riconoscimenti e Maccanico, lo si è accennato, lo voleva ministro in quel suo governo che mai vide la luce. Creatura prediletta di Necci era il progetto dell'Alta Velocità, che comportava investimenti massicci: voleva portare le Ferrovie italiane al livello delle francesi, delle tedesche, delle svizzere. I piani di Necci erano stati combattuti dai sindacati in nome della socialità, dai Verdi in nome dell'ambiente, e anche da alcuni economisti nel nome delle priorità pubbliche: tra le quali, si sosteneva, l'Alta Velocità era stata troppo favorita. Ma queste opposizioni, che Necci andava via via disinnescando e assorbendo, erano poca cosa in confronto alla folgore che, scagliata dalla Procura di La Spezia, aveva imposto un alt perentorio a quest'invidiabile *cursus honorum*.

Non tanto per smascherare Pacini Battaglia – che senza maschere di correttezza era ormai da un pezzo – quanto per portare allo scoperto la fittissima trama delle sue complicità o delle sue connessioni, la Procura di La Spezia s'era servita alla grande, lo sapete, di intercettazioni telefoniche e ambientali. Alla posa delle cimici e alla decrittazione di quanto era stato registrato avevano provveduto i già citati finanzieri del Gico di Firenze. Le conversazioni collezionate dai finanzieri, trasmesse alla Magistratura e lestamente date in pasto ai mezzi d'informazione delineavano il solito torbido intreccio tra affaristi, politici, boiardi, magistrati, avvocati: una piovra di favori e di omertà che allungava i suoi tentacoli nei palazzi romani, nei piani nobili delle grandi imprese, nei corridoi dei Palazzi di Giustizia. Un universo, stando alle voci captate, d'incredibile volgarità e meschinità di linguaggio: i termini che si riferiscono agli organi genitali dominavano, e accanto alla loro schiettezza *osée* era tutto un crepitare di farfugliamenti, d'ammiccamenti, di frasi mozze, di sottintesi criptici. Il pecoreccio s'intrecciava all'alta finanza, gli interlocutori ragionavano di miliardi come fossero poca cosa, e Pacini Battaglia, Babbo Natale sboccato, prodigo e irruente nonostante i due *by-pass* che l'avevano afflitto negli ultimi anni, aveva una buona parola e un mucchietto di quattrini per tutti. Foraggiava con venti milioni al mese – la restituzione era senza data fissa – il povero Necci cui lo stipendio delle Ferrovie non bastava, con tutti gli impegni mondani e politici dai quali era assillato: era pronto ad ottenere per la figlia di Necci, Alessandra, un incarico molto vago ma ben remunerato da un qualche potentato mediorientale. Risultavano al suo soldo i magistrati Napolitano e Savia. Come sempre accade, l'impietosa divulgazione delle intercettazioni aveva uncinato persone innocenti o comunque estranee all'inchiesta.

Ma aveva uncinato, quella divulgazione, anche una preda grossa anzi grossissima, Antonio Di Pietro. Parevano compromettenti per l'ex-Pm soprattutto quattro passaggi dei farraginosi sproloqui di Pacini Battaglia. A Enrico Minemi, già dirigente dell'Eni, aveva detto: «Si è usciti da "mani pulite" parlando di qualcun altro... e perché si è pagato». All'avvocato Marcello Petrelli: «A me Di Pietro e Lucibello m'hanno sicuramente sbancato». All'avvocato Lucibello: «C'avevamo un unico pezzo bono in famiglia... che si chiamava Antonio». E per il *pool*: «Come sono difeso dal *pool* a Milano sono difeso da Salamone (il Pm che aveva indagato su Di Pietro per le accuse di Gorrini *N.d.A.*) a Brescia... Vivo nell'equilibrio, nell'equidistanza tra i due poli... anche perché qualche cosina so di loro *pool* e di Salamone uguale». Allusioni dette ridacchiando che s'accordavano alla perfezione con una filosofia espressa più volte senza ambiguità: «Io vivo di ricatti». Pacini Battaglia avrebbe poi spiegato che «sbancato» era un errore del trascrittore, e che la parola esatta era «sbiancato»: nel senso che Di Pietro e il suo amico Lucibello gli avevano messo paura, facendolo impallidire. Lucibello offriva un'altra versione, non era «sbancato» ma «stangato». Il «perché si è pagato» aveva una spiegazione altrettanto innocente: gli indagati avevano pagato con umiliazioni, spese legali, e condanne le loro trasgressioni. Per rendere più convincenti le sue smentite e le sue rettifiche Pacini Battaglia scriverà poi, in tono contrito da scolaretto discolo colto in fallo, al Procuratore capo di Milano Borrelli: «Purtroppo sono molte le volte che non dico la verità. Mi rendo conto che spesso ho anche millantato rapporti di amicizia mai avuti. Non voglio giustificarmi, ho sbagliato, però nel caso suo specifico il mio modo di sparlare era dovuto al fatto che sospettavo di essere intercettato da qualche suo sostituto». Vanterie infondate, insomma. Faceva ammenda, il «Chicchi» contrito, anche per la trivialità delle sue espressioni: «Sono stato oggetto, subito dopo il difficile intervento chirurgico da me subito, di una euforia incontrollata, eccedendo spesso anche nei termini volgari e inopportuni».

Quest'autocritica interessata non poteva certo impedire che sulle intercettazioni scottanti s'innestasse ogni sorta di illazioni e polemiche. Di Pietro, che forse s'era illuso d'aver superato, con una serie di proscioglimenti, gli ostacoli giudiziari posti sul cammino delle sue ambizioni, se li ritrovava davanti più impervi che mai. Ciò che trapelava dall'inchiesta di La Spezia riproponeva per Di Pietro circostanze e comportamenti già valutati (le amicizie pericolose, le disinvolture censurabili, il prestito e l'automobile dell'assicuratore Giancarlo Gorrini ottenuti tramite Antonio D'Adamo, gli interventi per indurre lo stesso Gorrini ad aiutare il comandante dei vigili urbani di Milano, Eleuterio Rea, assillato dai debiti). Anche per potersi difendere meglio da quelle accuse Di Pietro aveva smesso la toga. Ma l'aggressiva indagine del Gico e della Procura di La Spezia ipotizzava per Di Pietro qualcosa di più e di peggio di sbadataggini facilone: ipotizzava cioè un suo inserimento, diretto o indiretto, nelle tele che il ragno Pacini Battaglia andava infaticabilmente tessendo. Gli amici di Di Pietro erano amici di Pacini Battaglia, e Pacini Battaglia aveva galleggiato senza troppi danni nel mare tempestoso di Tangentopoli. Questo in succo il ragionamento della Finanza e dei Pm. Intimo di Di Pietro era l'avvocato Giuseppe Lucibello («Geppino»), che Pacini Battaglia aveva scelto come suo difensore. Qualcuno, spiegò poi Pacini Battaglia, gli aveva consigliato di trovarsi «non un principe del foro, ma un tipo sveglio e in contatto con la Procura». Sveglio, «Geppino» lo era senza alcun dubbio. Approdato nel 1985 a Milano dalla natia Vallo della Lucania, s'era subito distinto per il *look* audace: un giovanottino riccioluto, gesticolante, grondante braccialetti e medaglioni dai polsi e dal collo. E a Milano s'era imbattuto in Tonino, come lui voglioso di farsi strada, e di strada ne avevano fatta molta, insieme. All'attività legale «Geppino» ne abbinava altre di carattere più propriamente finanziario, e affaristico, attestate da cospicui movimenti di denaro.

Intimo di Di Pietro era anche il «palazzinaro» Antonio D'Adamo: un quasi conterraneo di Tonino perché era nato nel foggiano ma a poche decine di chilometri da Montenero di Bisaccia. D'Adamo, fregiato d'una laurea in ingegneria, era sbarcato a Milano negli anni Cinquanta, e dal '71 al '78 era stato direttore generale della Edilnord di Silvio Berlusconi. Quindi aveva fondato l'Edilgest che pareva avviata a una vigorosa espansione ma che – come la Maa di Gorrini – era precipitata in un vortice di iniziative fallimentari, e di debiti. A Di Pietro l'ingegnere era stato presentato da Eleuterio Rea: una conoscenza, poi divenuta amicizia, consolidata dagli incarichi che D'Adamo affidava a Susanna Mazzoleni, moglie dell'ex-Pm. Questi era stato tuttavia molto attento a distinguere i suoi rapporti personali con il costruttore dai doveri di magistrato: e a due riprese – nel procedimento contro Mario Chiesa e nei successivi sviluppi di Tangentopoli – aveva chiesto di astenersi dall'indagare su D'Adamo, il cui nome ripetutamente affiorava. La correttezza di Di Pietro era ricambiata dall'ingegnere con dichiarazioni che escludevano ogni rapporto men che limpido tra loro due. I quindici o dodici miliardi che attraverso complicati passaggi internazionali Pacini Battaglia aveva in buona sostanza elargito – una parte almeno – alle pericolanti attività di Antonio D'Adamo non avevano nulla a che vedere, diceva e ripeteva il costruttore, con il giro di frequentazioni cui apparteneva anche Di Pietro. Contro il quale stavano le risapute accuse di Giancarlo Gorrini e le intercettazioni – di controversa interpretazione – ordinate dalla Procura di La Spezia. Sia Lucibello sia D'Adamo erano per il momento concordi nello scagionare Tonino. Che però si sentiva messo in croce dai «faldoni» che il Gico di Firenze aveva con tenacia – secondo qualcuno con malizia – ammassato.

L'*affaire* sfociò, com'era scritto nelle stelle, in un caos giudiziario. Indagava la Procura di La Spezia; indagava la Procura di Brescia, che era stata investita fin dall'inizio di tutte le inchieste su Di Pietro (trattandosi d'un magistrato non poteva essere indagato dai colleghi di Milano); indagava la Procura di Perugia, perché Cardino e Franz avevano imputato due magistrati romani, e per loro la sede competente era Perugia così come Brescia lo era per Tonino; indagava la Procura di Roma, non foss'altro che per le connessioni «centrali» d'uno scandalo delle Ferrovie e per alcuni addebiti a D'Adamo; infine indagava la Procura di Milano, che di Pacini Battaglia s'era interessata e continuava a interessarsi. Qualche giorno prima del suo arresto i sostituti di Borrelli l'avevano convocato per un ennesimo interrogatorio: e dopo il suo arresto un'infuriatissima Ilda Boccassini, in compagnia di Francesco Greco, s'era precipitata a La Spezia per avere spiegazioni dell'intrusione sgarbata in faccende di cui s'occupava il *pool* milanese. Tanto aveva i nervi allo scoperto, la Boccassini, che quando i cronisti le si erano stretti attorno per sapere cosa si fosse detta con i colleghi spezzini, aveva intimato alla scorta di liberarla dagli importuni: «Via, anche con le maniere brutali!». Non fosse stata lei, *star* giudiziaria premiata con il «Viareggio» per il suo impegno civile, la corporazione giornalistica l'avrebbe lapidata.

Antonio Di Pietro, indagato a getto continuo, gridava alla persecuzione. Riteneva che contro di lui si stessero avventando, con la ferocia dei piranha, persone e istituzioni colpite da Tangentopoli: in primo luogo la Guardia di finanza, della quale era stato portato allo scoperto molto marciume (da lì l'accanimento del Gico), e poi i soliti Berlusconi, Previti e via dicendo. Questi nemici avevano trovato collaborazione prima nella Procura di Brescia (Salamone), poi nella Procura di La Spezia (Cardino e Franz). Molti nemici molto onore, aveva sentenziato l'Insonne, e forse in qualche caso è vero, ma Di Pietro non ne traeva consolazione. (Va rilevato che le battaglie contro Di Pietro di solito non pagano, Salamone è stato estromesso dall'inchiesta di Brescia e poi indagato per mafia ad Agrigento; Cardino s'è visto costretto a chiedere il trasferimento al «civile» dopo che un suo imprudente riferimento a politici coinvolti nel caso Pacini Battaglia era stato collegato a

Di Pietro; il capo del Gico di Firenze colonnello Autuori ha perso l'incarico.) La pressione sul ministro dei Lavori pubblici che anche nel governo s'era scontrato con resistenze e incomprensioni stava diventando insostenibile.

La sera del 14 novembre 1996 Di Pietro era a Istanbul. L'avevano invitato a un convegno sulla corruzione, promosso dagli industriali turchi: tutti di rango i relatori, tra i quali figurava Henry Kissinger. Là, nel suo albergo a cinque stelle, Tonino apprese che l'inchiesta di Brescia aveva avuto ulteriori sviluppi. Con decisione che forse era stata covata da giorni, ma che parve improvvisa, cominciò a scrivere di getto, in inconfondibile stile dipietrese, una lettera a Prodi datata «notte del 14 novembre 1996».

«Signor Presidente, ho da poco saputo dal Tg5 che sarei stato sottoposto ad indagini dalla Procura della Repubblica di Brescia, per un insieme di fatti a me non noti sia perché non li ho commessi sia perché nessuno me ne ha dato notizia. Sono anni ormai che vengo sottoposto ad indagini e accertamenti di ogni tipo – legali ed illegali – sempre ingiustamente come dimostrano le numerose sentenze di proscioglimento che mi riguardano. Eppure il tiro al piccione continua perché mi si deve far pagare ad ogni costo l'unica mia vera colpa (di cui peraltro sono orgoglioso): aver voluto fare ad ogni costo e fino in fondo il mio dovere. A questo punto dico: BASTA!

«Basta, con certi magistrati invidiosi e teorizzatori!

«Basta, con organi investigativi iperzelanti e fantasiosi!

«Basta, con la stampa che crea le notizie prima ancora che accadano!

«Basta, con i calunniatori prezzolati che mettono tutti sulla stessa barca solo per salvare i loro mandanti!

«Basta, con quegli avvocati che non hanno saputo accettare i verdetti dei giudici ed oggi cercano scuse per giustificare le loro sconfitte processuali!

«Basta, dar spazio e credito a imputati rancorosi e vendicativi!

«Basta, soprattutto, con chi vuole usare la mia persona per delegittimare per un verso l'inchiesta "mani pulite" e per l'altro il governo e le istituzioni!

«Tolgo il disturbo e non risponderò più ad alcuna provocazione.

«Buon futuro. Antonio Di Pietro.

«P.S.: ti prego vivamente di non propormi alcun invito al ripensamento, perché le mie dimissioni sono irrevocabili, come testimonia questa mia doppia firma. Antonio Di Pietro.»

Le previste sollecitazioni di Prodi perché il suo ministro recedesse dal proposito manifestato con tanta perentorietà furono solo un dovuto e affettuoso attestato di stima: quella mitragliata di «basta!» non lasciava spazio per un dietrofront, estraneo del resto al temperamento di Tonino: che non è impulsivo quanto a prima vista può apparire, ma che la coerenza dei suoi impulsi la sa rispettare. Fuori Di Pietro, dunque. Nella tristezza ostentata della maggioranza per questo addio v'era con ogni probabilità un tocco di doppiezza. L'ingresso di Di Pietro nel governo aveva portato a Prodi popolarità e consensi, ma questo capitale rischiava di diventare una zavorra se sull'ex-Pm si accumulavano troppe ombre. Carlo Ripa di Meana, ancora portavoce dei Verdi, aveva espresso un'opinione che altri del centrosinistra condividevano, ma che tenevano per sé: «Così si creano le condizioni migliori perché lui si difenda, e il governo è messo al riparo da possibili e prevedibili polemiche». Meglio un Di Pietro accantonato per il momento, e recuperabile in altre circostanze (come poi si sarebbe visto). Gelido Bertinotti: «Il ministro ha ritenuto di dover risolvere così il suo rapporto con la Magistratura. Non pensiamo che la politica debba occuparsene». Il centrodestra era diviso. Berlusconi, che tra le sue qualità non annovera l'eleganza verso gli avversari in difficoltà, aveva saputo delle dimissioni durante un comizio a Benevento, e ne aveva informato l'uditorio: «Una notizia: qualcuno potrebbe pensare che il Milan abbia acquistato Ronaldo...». Pausa, e poi il guizzo di rozza ironia: «Sembra che si sia dimesso Di Pietro». La platea di bocca buona aveva applaudito entusiasta. Misurato invece Fini («nel dimettersi ha dimostrato una grande sensibilità»), e al fianco di Di Pietro Mirko Tremaglia («ha dato una grande prova di dignità, Di Pietro farà un suo movimento politico e allora saranno guai per tutti, Berlusconi per primo»). Di Pietro fu presto rimpiazzato da Paolo Costa, il buco apertosi nel governo venne in fretta richiuso.

Rimaneva però apertissimo il «caso». Amici e nemici di Tonino si dedicarono alla decifrazione d'un testo – quello della lettera di dimissioni – che era fitto d'allusioni: e vollero dare nomi e cognomi a coloro che, nelle categorie folgorate dai «basta!», avevano suscitato l'ira dell'ex-Pm. Per alcuni l'identificazione era agevole. Tra i magistrati «invidiosi e teorizzatori» potevano essere inclusi i Pm di Brescia Salamone e Bonfigli, e i Pm di La Spezia Cardino e Franz. Quanto agli «organi investigativi iperzelanti e fantasiosi» non esistevano dubbi: si trattava del Gico di Firenze, con il colonnello Autuori a sostenere la parte del cattivo. Meno facile la collocazione della stampa «che crea le notizie prima ancora che accadano», perché in quell'esercizio avevano dato prove brillanti sia gli esaltatori sia i denigratori di Tonino. Vittorio Feltri, direttore del *Giornale*, e Giuliano Ferrara, direttore del *Foglio* e poi di *Panorama*, potevano essere iscritti d'ufficio nella lista nera dipietresca: meno semplice era l'assegnazione ad uno schieramento piuttosto che a un altro della muta di cronisti – alcuni eccellenti – che aprivano falle nei forzieri segreti della giustizia. Gli avvocati che «oggi cercano scuse per giustificare le loro sconfitte processuali»? Di sicuro i difensori dei tangentocrati importanti (e *in primis* di Craxi), di Berlusconi, dei finanzieri foraggiati. Più ardua l'identificazione dei «calunniatori prezzolati», che sono nell'ottica di Tonino un esercito, come attestato dalle querele per diffamazione che ha presentato, a centinaia. Gli «imputati rancorosi e vendicativi»? Anche loro una folla: dal Caf di Craxi, Andreotti e Forlani a Berlusconi, a Cusani e via scorrendo le liste dei processi in cui Di Pietro era stato un aggressivo accusatore. L'ultimo punto, riguardante «chi vuole delegittimare l'inchiesta "mani pulite", il governo e le istituzioni» aveva un inequivocabile sottofondo politico. Forza Italia – con Berlusconi, Previti, Tiziana Parenti, Tiziana Maiolo – aveva scatenato e di continuo alimentava l'offensiva contro un uomo, e contro un *pool*, cui il Paese doveva riconoscenza.

Da quel 14 novembre in poi il duello tra Di Pietro e chi indagava su di lui ebbe le caratteristiche d'una faida avvilente: la legge – se di legge nel senso più alto del termine si può parlare – incalzava con pesantezza e spietatezza ottuse. Qualcuno ravvisò in questo tormento di Di Pietro una sorta di legge del taglione, toccava a lui adesso d'essere stritolato in ingranaggi implacabili. Il 6 dicembre vi fu per mandato della Procura di Brescia (a La Spezia era rimasta solo qualche frattaglia, il traffico d'armi, dell'inchiesta su Pacini Battaglia) una raffica di perquisizioni in ogni abitazione e in ogni ufficio che potesse risalire a Di Pietro: le case di Curno e di Montenero di Bisaccia, l'università di Castellanza, i Lavori pubblici. Sessantotto incursioni contemporanee della Guardia di Finanza. Insieme agli incartamenti, ai computer, ai dischetti appartenenti a Di Pietro furono confiscati anche quelli dell'avvocato Lucibello e del costruttore D'Adamo. Venne fatta razzia d'una montagna di documenti in massima parte di nessun interesse, o relativi alle innumerevoli cause che Di Pietro aveva promosso (una decisione del Tribunale della libertà glieli restituì successivamente): un accanimento (o «una vigliaccata» per usare l'espressione del l'ex-Pm) che poteva trovare spiegazione nel partito preso degli inquirenti, ma che poteva anche trovare spiegazione nei meccanismi della giustizia spettacolo; che flette i muscoli, e impegna risorse introvabili per catturare assassini, spacciatori di droga e rapinatori quando l'imputato sia famoso.

Il Pm che aveva distrutto Arnaldo Forlani, offerto all'irrisione degli italiani con una bavetta di sgomento agli angoli della bocca, ebbe a sua volta un piccolo calvario processuale. Era stato chiamato a deporre il 16 dicembre (1996), davanti al Tribunale di Brescia, per la grottesca vicenda del complotto che Paolo Berlusconi, Cesare Previti e alcuni ispettori ministeriali avevano ordito – si pretendeva – a suo danno, costringendolo a lasciare la Magistratura. Di Pietro per primo aveva ripetutamente detto che quell'abbandono era stato una sua decisione, ma nemmeno a lui avevano creduto. A Di Pietro seduto in aula davanti al presidente del Tribunale, Maddala, era stato chiesto se intendesse o no avvalersi della facoltà di non rispondere, essendo imputato d'un reato connesso. La risposta di Di Pietro fu confusa, non voleva rispondere ma voleva leggere una dichiarazione che spiegasse perché non rispondeva: il che gli venne, seppure con le buone maniere, impedito. I contenuti della dichiarazione, resi noti alla stampa, non erano una novità. Di Pietro lamentava la campagna di denigrazione della quale era vittima, e lamentava inoltre che «la Procura di Brescia non abbia ancora trovato il tempo per dare a queste indagini il necessario impulso». Aggiungeva tuttavia che era stata sua intenzione di illustrare le manovre e le vendette di cui era stato vittima in una campagna «sapientemente portata avanti da Bettino Craxi e diverse altre persone» con una imponente documentazione; ma che quella documentazione gli era stata sequestrata e pertanto «in questa situazione mi è impossibile ricostruire e provare ciò che da tempo ho denunciato, come mi è impossibile rendere un interrogatorio compiuto come quelli resi in istruttoria». L'inutile processo per la congiura si chiuse con l'assoluzione degli imputati.

Sul campo di battaglia cosparso di fango rimaneva un Di Pietro angariato ma non disarcionato e tanto meno vinto. L'uscita dal governo aveva giovato alla sua immagine, la maggioranza degli italiani giurava sulla sua innocenza o comunque dubitava della sua colpevolezza, D'Alema attribuiva lo scontro devastante a una «oscura lotta di poteri», Berlusconi che insisteva nel raccontare ai Pm di Brescia fatti «agghiaccianti» sulla condotta del *pool* di «mani pulite» non trovava ascolto favorevole nemmeno nella totalità del centrodestra, perché Alleanza nazionale rimaneva in larga misura dipietrista. L'ex-Pm che insisteva nel dichiararsi non schierato e apolitico, ma che nella politica c'era fino al collo, rimaneva un oggetto di desiderio dei due schieramenti. Solo che il centrodestra, vincolato ai travagli e alle polemiche di Silvio Berlusconi, per quell'ingaggio prezioso – se vogliamo mutuare il gergo calcistico del Cavaliere – era ormai senza speranze.

Con uno degli andirivieni cronologici cui la nostra narrazione ci costringe sovente dobbiamo qui fare un passo avanti, e portarci alla primavera inoltrata del 1997. Erano stati allora arrestati Sergio Melpignano, uno dei più noti fiscalisti della capitale, e il costruttore Domenico Bonifaci, già editore del quotidiano *Il Tempo* poi venduto a Francesco Gaetano Caltagirone. L'ordine di cattura si ricollegava a quelli che avevano colpito i magistrati Orazio Savia e Roberto Napolitano. Bonifaci, Melpignano e Savia sarebbero stati interessati a pilotare l'inchiesta romana sull'Enimont, e sui molti miliardi neri che l'Enimont metteva a disposizione dei partiti (il «tangentone» o, in versione più solenne, la madre di tutte le tangenti). Savia sarebbe stato tra l'altro titolare d'una società, la Promontorio, che amministrava beni immobili e fondi: e si sarebbe adoperato per il trasferimento dell'*affaire* Enimont dai procellosi mari milanesi alla bonaccia del «porto delle nebbie». Quanto a Melpignano, sui suoi tre conti correnti sarebbero passati – secondo la tesi della Procura, contestata dall'interessato – 39 miliardi appartenenti alla *tranche* romana del «tangentone». Non mancava, in questo labirinto, una nota fosca: Sergio Castellari, il *grand commis* delle partecipazioni statali che si era ucciso (forse) nelle campagne di Sacrofano, aveva lanciato prima della morte un'accusa pesante: «Non voglio essere giudicato dai collusi».

La rete di Perugia aveva fatto raccolta abbondante di pesci grossi e di pesci piccoli. Oltre ai già citati, il costruttore Pietro Mezzaroma, comproprietario della Roma calcio, il procuratore di Civitavecchia Antonio Albano (la figlia avrebbe ottenuto una consulenza da Mezzaroma), il Pm Antonino Vinci, il generale della Finanza Giovanni Verdicchio messo a capo della Dia, la Direzione investigativa antimafia e dimissionario, dirigenti di enti previdenziali (per compravendite di immobili). E un nuovo guaio – o vecchio e riciclato secondo la difesa – per Francesco Misiani, l'uomo di punta della Magistratura di sinistra che era stato trasferito da Roma a Napoli per il suo interessamento all'inchiesta contro Renato Squillante. e che veniva chiamato in causa per una consulenza data da Mezzaroma al figlio (il figlio di Misiani).

Di striscio, ma non senza far male, il *pool* perugino ferì – involontariamente – anche il ministro in carica del Commercio estero, Augusto Fantozzi. I carabinieri che pedinavano Melpignano prima dell'arresto, e che ne documentavano i movimenti, l'avevano visto incontrarsi con un'altra persona nello storico Caffè Greco di via Condotti a Roma. L'altra persona era appunto Fantozzi, e una mano caritatevole aveva fatto pervenire alla stampa l'istantanea che i carabinieri avevano scattato. Imbarazzato, il ministro aveva subito offerto una spiegazione. S'era abboccato con Melpignano, che sapeva in ottimi rapporti con il nuovo proprietario del *Tempo* Francesco Gaetano Caltagirone, perché inducesse il quotidiano a desistere da un'inchiesta che in qualche modo coinvolgeva anche lui, Fantozzi. In parole povere, voleva essere raccomandato da Melpignano, e alla luce degli avvenimenti successivi quella mossa non poteva dirsi indovinata. In questi termini il peccato del ministro era veniale, anche se attestava il perdurare di malvezzi che è comodo attribuire alla prima Repubblica ma che sono una connotazione perenne della politica italiana: più grave, il ricorso a pratiche così discutibili, perché dovuto a uno dei fondatori di Rinnovamento italiano. Ci fu chi chiese le dimissioni del ministro, attaccato anche all'interno dell'Ulivo e difeso strenuamente dal *leader* del suo partito, Lamberto Dini. Prodi smussò: è la sua specialità. Caricaturisti e battutisti flagellarono il povero Fantozzi che era sempre stato, per l'omonimia con il personaggio creato da Paolo Villaggio, una facile preda. Ma non accadde altro, per il momento.

La lunga marcia verso una revisione profonda della Costituzione repubblicana era cominciata con i *referendum* voluti da Mario Segni: che tuttavia non incidevano, dal punto di vista formale, sulla *Magna Charta* della Repubblica perché il sistema elettorale è deciso con leggi ordinarie. E tuttavia quei *referendum*, sfociati nei compromessi del *mattarellum* (per le politiche) e del *tatarellum* (per le amministrative), avevano assestato – insieme alla Lega e a Tangentopoli – un colpo rude al Palazzo, in alcune sue parti diroccato ma non ancora ristrutturato. Il coro furibondo che nei decenni precedenti aveva zittito, con le buone o cattive, ogni accenno ad un aggiornamento costituzionale – ne aveva saputo qualcosa il povero Randolfo Pacciardi che si batteva per il presidenzialismo, ed era stato incriminato come golpista – non trovava più ascolto. Il popolo aveva detto la sua, e l'aveva detta in maniera che più esplicita non poteva essere: e i nostalgici del passato – ce n'erano tanti – si vedevano costretti a mascherare con formule ambigue il loro rimpianto, e il loro sotterraneo desiderio di veder ripristinato l'edificio istituzionale «com'era e dov'era»: sì agli aggiornamenti, no a rifacimenti che buttassero via, insieme a talune norme invecchiate della Costituzione, il molto di buono che essa conteneva; e che veniva ravvisato soprattutto nella sua ispirazione sociale. Le vie percorribili per arrivare alle riforme erano in sostanza due: una Costituente, ossia un parlamento «monotematico», che in piena autonomia rifondasse la Repubblica; o una Commissione bicamerale – composta cioè in pa-

135

ri numero da deputati e senatori – che elaborasse un progetto da sottoporre alla decisione finale del Parlamento, con le complesse procedure previste dalla Costituzione vigente per ogni sua modifica. Il Polo s'era pronunciato per la Costituente, così come Segni e l'ex-Presidente della Repubblica Francesco Cossiga. Solo un'assemblea, eletta con la proporzionale, che non fosse coinvolta nella quotidianità dei lavori parlamentari, poteva garantire all'opera di rifondazione dello Stato – sostenevano i fautori della Costituente – l'indispensabile autorevolezza. I bicameralisti obiettavano che si sarebbe avuta una duplicità parlamentare, e che per di più dal diverso criterio d'elezione potevano derivare contraddizioni e conflitti. Berlusconi – che agli accomodamenti è incline – non fece della questione un motivo di rottura.

Fu dunque Bicamerale. Il via libera alla Commissione venne, a Montecitorio, da una maratona notturna con 56 ore di seduta quasi ininterrotta e 132 votazioni rese necessarie dall'ostruzionismo della Lega: che insieme a Rifondazione comunista, alla Rete e ad alcuni sparsi rappresentanti del Pds e dei Verdi, non voleva che la legge passasse. Ma si era ai primi di agosto (1996), il caldo opprimeva e incalzavano le vacanze: due argomenti di fronte ai quali anche le resistenze più pugnaci finiscono per afflosciarsi. La votazione finale fece registrare 382 sì, 77 no e 27 astensioni. Da allora fino al giorno in cui la Commissione debuttò – 5 febbraio 1997 – il dibattito delle forze politiche fu dedicato al problema della presidenza. Chi avrebbe guidato i settanta saggi incaricati di ridisegnare il profilo istituzionale dell'Italia? Ancora una volta funzionò il sottile ma tenace filo d'intesa che, nei momenti tòpici, ha legato Massimo D'Alema a Silvio Berlusconi. Il Cavaliere sapeva di non avere, per se stesso o per uno dei suoi, speranze: gli erano contrari sia i numeri sia gli umori. Fors'anche Berlusconi, che è un talentuoso pragmatico ma non un sottile esperto di regolamenti e di architetture costituzionali, temeva – nonostante l'innato ottimismo e la fiducia smisurata in se stesso – una brutta figura. Tutt'al più sarebbe stata pensabile una presidenza Cossiga che tuttavia avrebbe generato disorientamento, ponendo l'importante e imprevedibile ex alla testa d'un organismo che aveva osteggiato: e comunque lui stesso s'era dichiarato indisponibile. Nel campo avversario il candidato meno ostico per il Polo pareva D'Alema, ben deciso a parole – nella pratica ebbe più d'una oscillazione – a distinguere nettamente i problemi della Bicamerale, e le sue maggioranze, dai problemi e dalla maggioranza di governo. Sarà infatti scandalo quando D'Alema, un giorno, confesserà – presto facendo marcia indietro – d'anteporre la sopravvivenza politica di Prodi alle intese sulle riforme. Così Massimo D'Alema, l'antipatico intelligente che nei suoi stessi sostenitori suscitava rispetto o perfino ammirazione, ma di rado simpatia, e che doveva fare i conti – all'interno del Pds – con l'ostilità aperta di Achille Occhetto, ebbe un incarico storico che per prestigio oscurava la posizione di Prodi. Ottenne 52 voti su 70, in suo favore: oltre agli ulivisti, anche il Polo, astenuta Alleanza nazionale. Sull'Aventino – uno dei suoi tanti, intercalati da brevi ritorni – la Lega. I due presidenti dell'Ulivo – l'uno del Consiglio, l'altro della Bicamerale – non potevano essere, per lo stile, più diversi. Altero e all'occasione sprezzante – in particolare verso i mezzi d'informazione – D'Alema, sempre bonario e accomodante Prodi: anche se quella tonaca da fratone bolognese copriva la corazza d'un boiardo uscito indenne – o quasi – da molte battaglie.

La Bicamerale s'insediò, al primo piano di Montecitorio, nella sala chiamata della Regina. Proprio la regina d'Italia vi sostava infatti una volta all'anno mentre il re, assiso sul trono installato nell'aula parlamentare, leggeva il discorso della corona. Poiché la regina più assidua nel frequentare il locale era stata – per la durata del regno di Vittorio Emanuele III – Elena di Savoia, s'era pensato di dedicarle la sala, ma non se ne fece nulla. Regina e basta. In tempi normali quel vasto ambiente, che sta proprio sopra il Transatlantico dei conciliaboli, era stato utilizzato per scopi piuttosto modesti. Sotto i grandi lampadari in ferro battuto i neofiti del Parlamento firmavano, all'inizio della legislatura, i documenti di rito: tra essi l'assicurazione «rischio volo» e la dichiarazione sostitutiva dell'atto di notorietà. Come blasone la sala della Regina non poteva confrontarsi con l'altra che le sta di fronte, detta della Lupa, dove nel giugno del 1946 furono annunciati i risultati del *referendum* da cui nacque la Repubblica: ma ha avuto finalmente i suoi mesi di gloria. Alla Bicamerale era stato assegnato un termine tassativo per la conclusione delle sue sedute: il 30 giugno 1997. Dopodiché spettava alla Camera e al Senato, in due votazioni intervallate d'almeno tre mesi l'una dall'altra, di approvare – o no – il progetto o i progetti di riforma. Concluso anche questo iterparlamentare complesso, le modifiche della Costituzione sarebbero state sottoposte a un *referendum* popolare confermativo. Se i cittadini dicono sì – e se lo dice la maggioranza degli aventi diritto come è previsto per i *referendum*, validi solo quando venga raggiunto il *quorum* – il testo assoggettato a tutte queste verifiche diventa legge dello Stato. Una lunga corsa a tappe o se preferite una *via Crucis*. Si mormorò infatti che per un preoccupato Scalfaro fossero state di grande sollievo le parole di Nicola Mancino: «I tempi parlamentari saranno tali da arrivare presumibilmente alla scadenza del mandato presidenziale: tenendo presente che occorrerà aspettare la conclusione della Bicamerale, il dibattito in aula, la doppia lettura e il *referendum* confermativo». Il Capo dello Stato non avrebbe insomma avuto problemi, quale che fosse il testo approvato, fino al '99 e all'inizio del suo «semestre bianco», svuotato di poteri.

Su alcuni punti le forze politiche – per consenso vero o per rassegnazione – furono unanimi. Era ritenuto ovvio che l'esecutivo avesse poteri di gran lunga accresciuti, in confronto a quelli dei governi nella prima Repubblica, che il Parlamento dovesse essere sfoltito, che l'Italia dovesse avere una struttura federale, con larga delega di poteri e di funzioni alle Regioni e ai Comuni. Ma come irrobustire l'esecutivo? Questo era il primo e maggiore dilemma, già affrontato – lo si è visto – quando Maccanico aveva tentato di formare un governo con larga base parlamentare, incaricato di porre mano alle riforme. D'Alema – e l'Ulivo con lui – era per il cosiddetto «premierato forte», il Polo era per il presidenzialismo (o semipresidenzialismo alla francese). Con il «premierato», il Capo dello Stato avrebbe mantenuto le sue caratteristiche – indebolite – di notaio delle istituzioni e di garante della legalità, il timone del Paese l'avrebbe impugnato il *premier*, che D'Alema voleva indicato, nella scheda delle politiche, insieme ai singoli candidati d'ogni schieramento ai seggi parlamentari. A scrutinio concluso il Presidente della Repubblica non avrebbe avuto margini di discrezionalità nella nomina del Capo del governo: la carica sarebbe toccata, automaticamente, al *leader* del partito o della coalizione vincente. Nessun voto di fiducia, all'inizio della legislatura, perché la fiducia sarebbe «presunta», derivando dalla composizione delle Camere. Al *premier* veniva affidata anche la facoltà di sciogliere il Parlamento: facoltà non più utilizzabile, tuttavia, quando venisse presentata da un terzo dei parlamentari una mozione di sfiducia costruttiva nella quale fosse indicato il nome del nuovo *premier*. Il «premierato forte» ha un precedente di qualche rilievo in un solo Paese, Israele.

Tutt'altro discorso per il presidenzialismo o il semipresidenzialismo: che vige – il presidenzialismo – nella quasi totalità degli Stati americani, a cominciare dalla superpotenza Usa, e che ha trovato realizzazione – il semipresidenzialismo – in Francia. I presidenzialisti italiani erano orientati verso il «semi»: con un Capo dello Stato che, eletto dai cittadini per cinque anni, possa essere confermato una sola volta. Questo Capo dello Stato ha una parte importante nella gestione del Paese: nomina il Primo ministro e, su proposta di quest'ultimo, i ministri; presiede il Consiglio dei ministri; può sciogliere il Parlamento; ha un ruolo preminente nella politica estera e nella difesa. Abbiamo schematizzato sia le tesi contrapposte sia l'aggregazione degli schieramenti: al cui interno era tutto un crepitare – soprattutto ad opera dei «partitini» – di ni e di forse. C'era chi optava per il premierato forte purché forte non fosse per niente, e chi si pronunciava per l'elezione diretta del Capo dello Stato sottintendendo tuttavia che dovesse somigliare al Presidente austriaco: che il popolo designa ma che poi taglia i nastri, pronuncia discorsetti nobili in cerimonie inutili e viaggia in continuazione. Come gli inquilini che al Quirinale si sono succeduti nell'ultimo mezzo secolo. In sottofondo alle dotte dispute sul premierato e sul semipresidenzialismo stava la questione – di minor altezza istituzionale ma di appassionante interesse per i politici – della legge elettorale. D'Alema aveva negato, in contrasto con uno degli autori di questo libro, che la Bicamerale se ne dovesse occupare. Ma ha ammesso lealmente, nel volume dedicato all'esperienza di presidente della Bicamerale, d'essersi sbagliato. «Nella forma avevo ragione – ha scritto D'Alema – perché effettivamente di leggi elettorali – non essendo materia costituzionale – non poteva occuparsi la Commissione bensì il Parlamento: ma nella sostanza, con il fiuto e il buon senso che lo contraddistinguono, Montanelli diceva la verità: non era pensabile un accordo sulla forma di governo che non prevedesse un'intesa sulle modalità di elezione della rappresentanza popolare.»

Le propensioni d'ogni partito per questo o quel sistema erano vincolate all'utile che il partito stesso – per le sue dimensioni e per le connotazioni del suo elettorato – ne avrebbe tratto alla prova del voto. I «cespugli» d'entrambe le coalizioni premevano perché la legge elettorale *in fieri* prevedesse una quota proporzionale il più possibile alta, ad evitare una crudele potatura. Il Polo avversava, per l'elezione del Parlamento, il doppio turno non a caso voluto da D'Alema: perché aveva constatato, nelle «amministrative», quale accorta e fruttuosa utilizzazione l'Ulivo sapesse farne. «Rischiamo d'averli al potere per vent'anni» ammoniva cupo qualcuno, nel centrodestra. Vi furono a sinistra come a destra, durante il cammino della Bicamerale, oscillazioni e marce indietro: era difficile infatti conciliare le esigenze dei grandi partiti con quelle dei piccoli. Il travaglio fu penoso soprattutto per Berlusconi che, sorvegliato da Fini e incalzato dai «cespugli» ex-democristiani, si dedicava alla quadratura del circolo. In una vivace polemica con lui, Giovanni Sartori – geniale e un po' arrogante politologo – gl'imputò continui voltafaccia. Nel programma elettorale di Forza Italia, scrisse Sartori, Berlusconi s'era pronunciato per il semipresidenzialismo e per il doppio turno (il *mattarellum* gli pareva «una legge pericolosa e scellerata, che impedisce di governare»): ma il 5 giugno 1997 s'era dimostrato di tutt'altro avviso («l'attuale legge elettorale va bene così come è») e riteneva inaccettabile il doppio turno. Insomma, secondo Sartori, un «Cavalier Traballa»: nomignolo divertente, ma forse sarebbe stato meglio, dal punto di vista linguistico, «Cavalier Tentenna». Uno dei tanti cavalieri Tentenna che affollano il Palazzo.

C'era tanta carne al fuoco. Ma il grosso ostacolo che la Bicamerale incontrò muovendo i primi passi non riguardava i temi che abbiamo sintetizzato: riguardava invece la giustizia, che D'Alema riteneva in un primo tempo fosse anch'essa estranea ai lavori della Commissione, ma che di quei lavori divenne subito protagonista. Il senatore Marco Boato – il cui *pedigree* politico annoverava una antica militanza in Lotta continua e una militanza «matura» nei Verdi – era stato incaricato d'elaborare, in uno dei comitati della commissione (quello sulle garanzie), una relazione. Ci si era messo d'impegno: e pur senza accogliere in pieno la tesi di centrodestra su una separazione netta delle carriere in Magistratura, le si avvicinava molto. Secondo Boato i magistrati avrebbero avuto un'iniziazione comune in un collegio giudicante: conclusa la quale il Csm avrebbe vagliato le domande – e valutato le vocazioni – assegnando i giovani magistrati o alle Procure o alle funzioni di giudici. Il passaggio dall'una all'altra carriera sarebbe stato a quel punto possibile solo con il superamento d'un concorso interno. Boato prevedeva anche un Csm che fosse diviso in due sezioni, una per i Pm e una per i giudici, e che fosse composto per tre quinti da «togati» e per due quinti da laici.

Il progetto aveva avuto la benedizione ufficiale dell'Ulivo. Il Polo, che forse non se l'aspettava nemmeno così vicino alle sue posizioni, declamò il suo rifiuto più per obbligo di copione che per convinzione. Ma i gridi d'indignazione vennero dalla sinistra «giustizialista», quella che era abituata a far quadrato attorno alla Magistratura, e che vedeva in Boato – e indirettamente in D'Alema, in Salvi, nel responsabile del Pds per la giustizia Folena – dei traditori della causa. Paolo Flores d'Arcais, che con la rivista *MicroMega* era l'apostolo delle Procure, raccolse una quindicina di firme d'intellettuali noti – tra loro Giorgio Bocca, Vittorio Foa, Giulio Einaudi – contro la bozza, preannunciante secondo loro un ritorno al «regime craxiano» (con ironia Boato replicò che il comitato giustizia della Bicamerale avrebbe tenuto conto di tutti i documenti ricevuti, ed era in attesa d'eventuali documenti di lavoratori manuali, dopo quello dell'intellighenzia). La spaccatura era, nella sinistra, profonda. Cinquantanove senatori e cinquantacinque deputati dell'Ulivo, guidati rispettivamente dall'ex-magistrato Raffaele Bertoni e da Elio Veltri, fedelissimo di Antonio Di Pietro, sottoscrissero a loro volta un appello contro la bozza Boato, scorgendovi un attacco all'indipendenza della Magistratura. «Evidentemente – tuonava Bertoni – il suo (di Boato *N.d.A.*) nemico resta la giustizia, come ai tempi di Lotta continua.» Era una sollevazione: che sottintendeva un pesante sospetto. D'Alema avrebbe svenduto la giustizia in cambio della legge elettorale; ossia, in parole povere, io dò a voi del Polo la separazione delle carriere purché voi mi diate il doppio turno nelle «politiche». Con il suo piglio da maestro, o da sergente istruttore, D'Alema bacchettò in una concitata riunione i gruppi parlamentari, senza però riuscire ad ammansirli del tutto. E intanto fioccavano le reazioni delle Procure, vaticinanti la catastrofe della giustizia se la linea di Boato fosse prevalsa. Non mancarono, nella polemica, ripetuti accenni al piano di rinascita nazionale della P2, che prevedeva tra l'altro la separazione delle carriere. L'evocazione di Gelli e di Craxi accostava la separazione delle carriere – con il collaudato metodo polemico e propagandistico dell'«abbinamento» – a personaggi universalmente esecrati, e così demonizzava quanti per la separazione delle carriere si pronunciassero.

Con l'inizio di giugno del 1997 – a fine mese i lavori dovevano essere conclusi – si arrivò alle votazioni. La prima riguardava la scelta tra il semipresidenzialismo caro al Polo e il premierato forte preferito da Massimo D'Alema (le due soluzioni erano interpretate, da gruppi e gruppuscoli, con una genericità elastica che di sicuro non aiutava gli italiani ad orientarsi). Alla vigilia del voto il premierato sembrava comunque favorito, di misura. Gli esperti avevano fatto i conti senza prendere in considerazione la Lega, che dalla Bicamerale s'era estraniata, e che non aveva dedicato neppure un briciolo d'interesse allo schema federalista di Francesco D'Onofrio, ex-democristiano e ministro dell'Istruzione nel governo Berlusconi: eppure quello schema, che prefigurava un'Italia divisa in venti Regioni dotate di ampia autonomia finanziaria, e abilitate a legiferare in molti campi, avrebbe dovuto essere un campo di battaglia leghista: ma Bossi l'aveva snobbato (tutta aria fritta). La secessione o il caos. Senonché il grande assente attuò uno dei suoi colpi di mano malandrini: i sei «commissari» della Lega in sonno si risvegliarono per dire, inattesi, la loro; e approvarono il semipresidenzialismo. Bossi s'affrettò a sottolineare, con l'abituale brutalità, che di presidenzialismo e premierato non gli importava un acca, e che aveva voluto soltanto vanificare i giuochi del Palazzo (secondo lui D'Alema e Berlusconi erano compari, e i loro litigi una sceneggiata).

Lo sgambetto del *senatur* aveva gettato lo scompiglio nella recita politica. Stracciato il copione, i partiti dovevano recitare a soggetto. Il Polo inneggiò ad un trionfo che era stato – fu detto – dell'amato semipresidenzialismo e della democrazia insieme. In quell'ora fu dimenticato che Bossi era a doppio titolo un reprobo: perché era stato l'artefice del «ribaltone», e tradendo i suoi alleati aveva portato al potere prima Dini e poi l'Ulivo; e perché era il nemico della Patria, termine caro sia a Forza Italia, sia (e più) ad Alleanza nazionale. Massimo D'Alema, che aveva ripetutamente sollecitato la Lega a non disertare la Bicamerale, se l'era trovata tra i piedi nella sala della Regina proprio al momento in cui meno ce l'avrebbe voluta. Nell'Ulivo le reazioni furono irritate. Walter Veltroni, che della politica ha a volte una concezione cinematografica, avrebbe voluto che l'intera vicenda venisse azzerata, come se quel voto non fosse mai esistito. La Lega – insieme a Veltroni lo pensava anche Bertinotti – non poteva entrare

144

e uscire nella Bicamerale quasi fosse un bar, i suoi consensi erano inquinati e inaccettabili (l'argomento ricordava quelli usati durante decenni contro i missini, e faceva alquanto a pugni con quanto era accaduto allorché i voti della Lega venivano accolti con letizia sia dal Polo sia dalle sinistre). Nel trambusto dell'Ulivo Massimo D'Alema onorò il suo seggio di presidente osservando che un voto è un voto, *non olet*, e che è inutile stare a discutere sulle sue credenziali. Bisognava prenderne atto, e cercare di farne il miglior uso.

Non è escluso – i politici hanno intenzioni sotterranee di difficile decifrazione – che tutto sommato quell'incidente non l'avesse angosciato. Dietro l'etichetta del semipresidenzialismo possono stare molte cose, e molto diverse: e l'arrendersi ad essa gli offriva possibilità di negoziato, ossia di baratto. Lo si vide il 13 giugno (1997) a Castellanza: dove una parte cospicua dell'Italia che conta s'era precipitata, obbedendo ad un cenno di Antonio Di Pietro che in quella libera università insegnava, e che aveva indetto un convegno così intitolato: «Dalla parte del cittadino». Poteva sembrare stravagante che un professore – come tale non particolarmente accreditato – quale è Antonio Di Pietro, e una università secondaria – quale ha Castellanza – avessero avuto l'ardire di proporre un tema così ponderoso in contemporanea alla stretta finale della Bicamerale; e ancor più che per discettarne a Castellanza vi si fossero catapultati politici eminenti e politologi illustri, incluso il presidente stesso della Bicamerale. Ma la chiave del mistero – che poi non lo era per niente – stava nella figura d'un Di Pietro «esterno» alla politica, eppure nella politica inserito con prepotenza dal suo attivismo presenzialista e dalla sua popolarità. Di Pietro poteva permettersi il lusso di non credere alla Bicamerale, e d'avere al suo fianco D'Alema. «Che abbia vinto il semipresidenzialismo – aveva scritto su *Oggi* dopo il voto a sorpresa – è tutto da dimostrare. Personalmente sono più scettico che mai. Si è trattato solo d'un primo voto, scompaginato dalla contestazione leghista. Un voto che – con il gioco degli emendamenti e dei ripensamenti – corre il concreto rischio di venire ribaltato di qui a breve, dapprima nella Bicamerale e poi soprattutto in Parlamento. Vedrete che alla fine il risultato sarà sempre lo stesso: i partiti non permetteranno mai agli elettori di scegliere autonomamente, e senza la loro intermediazione, le massime cariche istituzionali.» Parole sante ma anche parole ovvie. Il novanta per cento degli italiani la pensava, a lume di naso e senza alcun avallo accademico, alla maniera di Di Pietro. L'ovvietà sensata e detta con impeto contadinesco è del resto la sua forza.

«A Castellanza, a Castellanza» dunque. Vi furono diserzioni di rilievo. Anzitutto quella di Silvio Berlusconi che, essendogli stato chiesto se volesse essere della partita, aveva replicato con uno sprezzante «mi volete forse insultare? In Bicamerale ci sono i fatti, altrove le chiacchiere». Assente anche Cossiga e, con un sottofondo di ripicca, Occhetto che se appena gli viene nominato D'Alema vede rosso (o nero, difficile precisare vista l'ascendenza ideologica di Achille). Lo stesso Di Pietro comunicò che Occhetto, inserito nel comitato promotore del convegno, s'era defilato dopo aver saputo che D'Alema non sarebbe stato, a Castellanza, un silenzioso e rispettoso spettatore, ma un coprotagonista. Un po' in ombra invece Gianfranco Fini. Di Pietro – che secondo i sondaggisti valeva ancora milioni di voti – si schierò con D'Alema: sì al semipresidenzialismo, sì al doppio turno. Il resto sarebbe stato cornice parolaia e basta se l'ex-collega di Di Pietro Piercamillo Davigo non avesse mosso le acque – ed entusiasmato i dipietrini a oltranza – dicendo con la sua allarmante perentorietà che i diritti della difesa sono importanti, ma ancor più importante è il diritto di difendere la società: principio in sé condivisibile ma che – la storia l'insegna – ha offerto un

146

comodo alibi ai Torquemada (basta sostituire fede cattolica a società) e ai Viscinski.

Gli italiani non davano segno d'appassionarsi alla Bicamerale, forse erano stanchi di ripetitivi dibattiti politici ai quali la televisione e la stampa davano smodata risonanza. Le indigestioni – anche quelle di chiacchiere – portano alla nausea, e se ne ebbe una dimostrazione con il naufragio, il 15 giugno 1997, della votazione per i *referendum*. Il popolo era chiamato a pronunciarsi su otto quesiti, sette proposti da Marco Pannella e uno dalle Regioni. La scure della Corte costituzionale aveva amputato il *corpus* referendario ammassato dall'instancabile e un po' folcloristico Marco dei suoi pezzi migliori: in particolare del *referendum* (il solo capace forse di destare grande interesse) che voleva abrogare la quota proporzionale del *mattarellum* e instaurare un sistema elettorale maggioritario «puro», senza correzioni. I partiti dell'Ulivo erano stati o tiepidi o – come Rifondazione comunista – contrari, nel Polo Berlusconi s'era pronunciato a favore, ma senza scalmanarsi. Complice la domenica soleggiata e molto calda, i cittadini preferirono alle urne un *weekend* di vacanza, o restarono a casa. L'affluenza si aggirò sul trenta per cento, il che invalidava la consultazione (costata quasi mille miliardi) essendo mancato il tassativo *quorum* del cinquanta più uno per cento. Pannella attribuì l'insuccesso sia all'indifferenza dei *media*, sia ad una congiura di regime: e nei giorni precedenti il voto si presentava in televisione con un lenzuolone bianco da fantasma. Si deve rispetto alla tenacia di Pannella – che sconfitto ma non domo annunciò a tambur battente un'altra infornata referendaria – ma si deve anche dire che le cause profonde dell'insuccesso erano altre. È vero che per un lungo periodo il tema dei *referendum* era stato snobbato dai telegiornali e dai quotidiani: è altrettanto vero che esso era stato illustrato e propagandato, nell'imminenza del 15 giugno, con martellante insistenza. Quanto ai partiti, il Signor Antipartito per eccellenza non poteva illudersi d'averli alleati. E poi quando la gente «sente» un problema non c'è partito che tenga: basta ricordare il *referendum* di Segni sulla preferenza unica e la valanga di sì con cui gli italiani avevano risposto all'invito di Craxi – che era Craxi, non un politico qualsiasi – perché andassero al mare. L'istituto del *referendum* è prezioso quando riguardi temi grandi e semplici (monarchia o repubblica, aborto sì o no, divorzio sì o no) o quando il quesito proposto sia caricato di particolari significati (il sì alla preferenza unica, che fu uno schiaffo alla partitocrazia).

I temi minori, o dalla gente ritenuti tali, non funzionano se la validità del *referendum* è soggetta a una partecipazione massiccia. È probabile che nella memoria collettiva fosse impressa, e causasse frustrazione, anche la facilità con cui le astute *lobbies* politico-burocratiche vanificano la volontà del popolo. Venne votata con schiacciante maggioranza la responsabilità civile dei magistrati per i loro errori più macroscopici, e non se n'è saputo più nulla. Venne votata l'abolizione del Ministero dell'Agricoltura, e il Ministero stesso risorse prontamente con una diversa etichetta. È accaduto che un *referendum* – quello sul nucleare – fosse stravolto dai politici per fini demagogici: s'era chiesto agli italiani se volessero che determinate facilitazioni concesse agli enti locali che autorizzavano i siti nucleari dovessero essere abolite, e la risposta affermativa venne interpretata come uno stop totale al nucleare, perfino ad una centrale in avanzata fase di costruzione, con lo spreco di migliaia di miliardi. Insomma i cittadini votano ma i politici e i burocrati interpretano, adattano, e qualche volta se ne infischiano. La disfatta del 15 giugno ha ispirato riflessioni sulle modifiche da apportare all'istituto del *referendum* e in particolare sull'opportunità d'introdurre il *referendum* propositivo, che non si limita ad abrogare una legge, ma crea una legge. Ci dispiace per Pannella, ma la prima regola dei *referendum* (consentiteci di non scrivere *referenda*, al plurale) è: pochi ma buoni.

Il colpo d'acceleratore all'accordo in Bicamerale – che era comunque solo una premessa di buon augurio al dibattito in Parlamento – non venne dalla sala della Regina: venne, molto italianamente, da una cena a quattro nella casa di Gianni Letta, l'azzimato giornalista che di Berlusconi è il mentore politico, e che dai suoi trascorsi democristiani attinge inesauribili risorse negoziali. Commensali di Letta furono Berlusconi, D'Alema, Fini e Marini: quest'ultimo – non è un caso che si tratti d'un altro ex-democristiano – aveva ideato un sofisticato congegno elettorale capace d'intrecciare il doppio turno al turno unico. Da allora, pur con qualche sussulto polemico, la strada verso l'approvazione della bozza – che nel termine stabilito del 30 giugno 1997 venne approvata dalla Commissione – fu tutta in discesa. I «professori» del Polo e dell'Ulivo, che s'erano affannati a elaborare schemi e a combattersi, vennero messi da parte come sofisti malati di perfezionismo astratto, e come disturbatori: o meglio – secondo un'espressione attribuita a Berlusconi, che peraltro negava d'averla mai usata – dei «rompiballe». Tra D'Alema e Berlusconi era idillio, si aveva l'impressione che le battute maligne che i due s'erano a lungo scambiate appartenessero a un'era delle caverne e dei cavernicoli: cui era seguita l'era salottiera degli scambievoli elogi. Nell'ora dell'abbraccio i cronisti politici, che hanno la memoria lunga, ricordavano impietosi che per il Berlusconi avvolto in pelli d'animali e munito di randello D'Alema aveva «il baffo che ghignava sinistro» ed era «bravo soltanto a tirare le molotov, a fare i picchetti e ad accasare la mamma e gli amici a costi bassi»; e per D'Alema, anche lui in versione uomo di Neanderthal, il Cavaliere era «un cinico irresponsabile», «uno squadrista televisivo», uno che «porta i

tacchi alla Little Tony». Acqua passata. Passata al punto
che Fini, il bieco nostalgico, s'era redento e dava il suo
«apporto costruttivo» al «lavoro comune». Il progetto passò facilmente con 51 sì, 9 no, 3 astenuti. Assente la Lega.
Avevano espresso voto contrario i «commissari» di Rifondazione e gli «autonomisti» dell'Alto Adige e della Valle
d'Aosta, oltre ad Achille Occhetto indomabile nella sua so-
litaria battaglia antidalemiana. Fisichella – inascoltato
«professore» di Alleanza nazionale – s'era astenuto.

Nel Palazzo era festa per il traguardo raggiunto, tra i
commentatori prevalevano le perplessità. Un pasticcio, un
ginepraio, un compromesso di basso profilo. E comunque
non più che un'indicazione – più vincolante d'un consiglio ma meno d'una decisione formale – al Parlamento.
Vediamo i punti di maggior rilievo.

Presidente della Repubblica. È eletto direttamente dal
popolo con maggioranza assoluta (si va al ballottaggio se
nel primo turno nessun candidato raggiunge il cinquanta
più uno per cento), resta in carica sei anni, dirige la politica estera e la difesa nazionale, non è capo dell'esecutivo,
nomina il Primo ministro e su proposta di questi i ministri. Un Presidente che è una via di mezzo tra l'austriaco –
lo elegge il popolo ma ha funzioni notarili, il potere lo
esercita il Cancelliere – e il francese, che presiede il Consiglio dei ministri. Non è ben chiaro, in questo adattamento
all'italiana del semipresidenzialismo francese, se ai vertici
internazionali – dove non si discute solo di politica estera
e di difesa, ma dei più svariati argomenti – debba partecipare il Presidente, o il Presidente con il Primo ministro, o
il solo Primo ministro. Il Presidente della Repubblica può
sciogliere il Parlamento solo in caso di dimissioni del governo (ma il Primo ministro deve dimettersi dopo l'elezione d'un nuovo Presidente): lo scioglimento è interdetto
nel primo anno di legislatura e negli ultimi sei mesi del
mandato presidenziale.

Parlamento. Camera di 400 deputati (possono essere eletti coloro che abbiano compiuto i 21 anni), 200 senatori (minimo d'età 35 anni) e in più un «camerino», ossia una Commissione delle autonomie composta per un terzo da senatori, per un terzo dai presidenti delle Regioni, per un terzo da rappresentanti degli enti locali: il «camerino» ha diritto d'interloquire sulle leggi che riguardano le autonomie. Alcuni «professori» avrebbero voluto che il Senato non fosse un «ristretto» della Camera, ma che avesse composizione e compiti diversi: suppergiù la composizione e i compiti del «camerino». Ma tra i senatori attuali – e aspiranti futuri senatori – c'era stata una sollevazione, e pur senza dirlo esplicitamente avevano minacciato di far fallire la Bicamerale se le loro prospettive politiche fossero state così umiliate. Il Parlamento non potrà essere scavalcato dai decreti legge con la frequenza di cui hanno fatto uso e abuso i governi italiani. Ai decreti legge l'esecutivo potrà ricorrere solo in presenza di emergenze riguardanti la sicurezza nazionale o per norme finanziarie da attuare immediatamente.

Referendum. Occorrerà un maggior numero di firme (800 mila) per chiederli, sarà imposto un tetto al numero dei quesiti proponibili in ogni «tornata», verrà introdotto il referendum propositivo: che cioè legifera, e non si limita a cancellare una legge esistente. In realtà alcuni dei referendum già proposti agli italiani sotto veste abrogativa erano propositivi, ma a questo risultato si arrivava con una formulazione acrobatica e involuta dei quesiti.

Federalismo. «La Repubblica è costituita da Comuni, Province, Regioni e Stato» recitava la bozza, e aggiungeva che «allo Stato sono riservate 31 materie su cui ha competenza esclusiva», il resto era competenza delle Regioni. Ma poi il documento della Commissione, che pareva incamminato con risolutezza sulla via del federalismo, rallentava molto – come già era accaduto con il presidenzialismo

– il suo slancio: tanto che lo stesso D'Onofrio non vi riconosceva più il suo disegno fortemente decentratore.

Giustizia. La rivolta del «partito dei giudici» contro la «bozza Boato» aveva seminato zizzania e dubbi nella maggioranza. Nessuno, neppure D'Alema che pur l'aveva avallato, osava sostenerlo a oltranza. Poiché l'ostacolo appariva troppo alto, e la Bicamerale rischiava di caderci senza rimedio, si ricorse a un espediente infallibile: aggirarlo. La proposta di Boato ebbe un'approvazione formale, ma venne trasmessa tale e quale al Parlamento con l'intesa che là si sarebbe svolta la vera discussione sul tema.

Legge elettorale. La legge elettorale che non è, a stretto rigore, materia costituzionale – la regolano leggi ordinarie – faceva però da sottofondo, lo si è già rilevato, a tutte le altre questioni. La Bicamerale ha approvato, in proposito, un ordine del giorno – rifiutato da Rinnovamento italiano e dalla Lega – che varava un *mattarellum 2*. Se il *mattarellum 1* era stato flagellato dalle critiche, questa sua riedizione s'è meritata la bocciatura dei «professori» d'ogni colore. Un intreccio aggrovigliato di maggioritario e di proporzionale, di doppio turno e di turno unico. Resta la stessa del *mattarellum 1* la proporzione tra i seggi parlamentari ottenuti con il maggioritario (75 per cento) e i seggi ottenuti con il proporzionale (gli altri). Ma qui comincia l'avventura. Citiamo da una sintesi del *Corriere della Sera* che, volendo fare qualche chiarezza nel garbuglio, ne ha resa più evidente la labirintica complessità. Allora: «Parte dei seggi assegnati con metodo maggioritario sarà attribuita in un secondo turno elettorale costituito da un ballottaggio unico nazionale tra le due coalizioni che nel primo turno hanno ottenuto il più alto numero di seggi. Il numero dei seggi assegnati nel secondo turno dovrà promuovere una netta bipolarizzazione elettorale in grado da rendere decisivo il ballottaggio tra le due coalizioni risultate più forti nel primo turno. Alla coalizione che avrà ottenuto il maggior numero di voti al ballottaggio sarà garantita una percentuale di seggi che assicuri una stabile maggioranza». È arabo, o quasi, il riassunto semplificatore, immaginatevi il testo originale: che doveva conciliare – da lì i contorcimenti – la presenza dei partiti minori e il bipolarismo, la voglia di turno unico di Berlusconi e la voglia di doppio turno dell'Ulivo. Ne è uscito – secondo i punti di vista – un miracolo politico o un mostro istituzionale (e linguistico).

Dopo i festosi congedi i bicameralisti si diedero appuntamento per il settembre successivo, ossia per le riunioni durante le quali sarebbero stati esaminati, accorpati e votati gli emendamenti che tra il 1° e il 30 luglio fossero stati presentati dai parlamentari (tutti i 955, non soltanto i 70 della Bicamerale). Della pausa profittò il Palazzo per sollevare un problema che a noi sembra d'infimo rilievo, ma che accese l'interesse degli esperti. Cosa sarebbe avvenuto se alla scadenza del mandato di Scalfaro, nel maggio del 1999, la revisione costituzionale non fosse stata completata? Era il caso di procedere, con la vecchia procedura, all'elezione d'un Presidente di breve durata, oppure era meglio pensare, in perfetto stile italico, a una *prorogatio*? La seconda era l'ipotesi che godeva di maggior credito: lo stesso Scalfaro s'era detto disposto, con l'aria di temere quell'amaro calice, a prolungare il soggiorno al Quirinale. D'Alema avvertiva ironico: «Ci penseremo a suo tempo, se occorrerà, sarebbe come se uno programmasse adesso i festeggiamenti per il capodanno del duemila».

Archiviata – salvo i previsti strascichi – la Bicamerale, infuriò subito una caccia degna di Erode alla creatura che nella sala della Regina era venuta alla luce. Scontata la rabbia dei professori rompiballe, quel peperino di Giovanni Sartori annunciava guerra al Da.Ma.Be.Fi., ossia al patto tra D'Alema, Marini, Berlusconi e Fini, e spiegava d'aver coniato la sigla in memoria dell'ormai esecrato Caf

153

(Craxi, Andreotti, Forlani). Alla protesta dei professori la gente non badava più che tanto. Badava invece alla reiterata scomunica di Antonio Di Pietro, che riprendendo alcuni argomenti svolti a Castellanza rimproverava ai bicameralisti d'aver riportato il Paese alla più buia partitocrazia. E s'iscriveva con l'eterno bastian contrario Mario Segni e con Achille Occhetto allo schieramento trasversale dei no, rafforzato da alcuni importanti ni, come quello del cauto Lamberto Dini. L'adesione di Di Pietro al cartello critico fu – gli accade sempre – condizionata. Non ama il gruppo, vuol essere, come Coppi, un uomo solo al comando: «non salgo su alcun carro». Bertinotti, che ha la battuta pronta, osservava ironico: «Di Pietro rispunta? Direi piuttosto che incombe». Così era, in effetti: e alcuni supposero che l'irritazione dell'ex-Pm derivasse soprattutto da quei congegni della macchina costituzionale *in fieri* che mal si conciliavano ad esempio per la presentazione delle candidature al Quirinale – con l'idea d'un eroe forte unicamente della sua popolarità, sganciato dai partiti, nemico della *politique politicienne*, impegnato nella scalata del colle più alto. Un *identikit* che s'attagliava a lui, Di Pietro, e a nessun altro.

Alcune valutazioni della bozza uscita dalla Bicamerale le abbiamo già accennate nel corso di questo capitolo. Non s'è avuto il coraggio di copiare modelli collaudati e abbastanza soddisfacenti. Quella mancanza di coraggio la si è presentata come uno sforzo migliorativo, come l'assidua ricerca d'un modello ispirato da esperienze altrui, ma adattato alla specificità della tradizione, della politica, della cultura italiana. L'alibi ha consentito ogni *inciucio* e ogni pasticcio. Ma a conti fatti è andata meno peggio di quanto ci si potesse attendere, almeno in Bicamerale, perché un accordo è stato trovato, e alcuni percorsi sono stati tracciati. Nonostante i difetti da ogni parte segnalati, il parto della Bicamerale non sarebbe da buttar via se almeno lo si salvaguardasse così com'è. Un neonato gracile e debole, ma vivo. Il pericolo è che in Parlamento la creaturina cagionevole sia martirizzata e mutilata, il che equivarrebbe a ucciderla. Saremo pessimisti per pregiudizio, ma in modifiche che la rendano robusta e simpatica stentiamo a credere.

Il 25 marzo 1996 Giacomo Mancini, ottantenne «patriarca» del disastrato Psi e sindaco di Cosenza, fu condannato dal Tribunale di Palmi a tre anni e sei mesi di reclusione per concorso esterno in associazione mafiosa: e proprio con il «caso Mancini» vogliamo dare avvio a un capitolo che sarà tutto dedicato ai grandi processi di mafia (o di 'ndrangheta, che in sostanza è la stessa cosa seppure con diversa radice territoriale, la Calabria anziché la Sicilia). Una precisazione: con il termine «grandi processi di mafia» non vogliamo riferirci a quelli, anche di massima rilevanza cronistica o addirittura storica (si pensi al processo per la strage di Capaci) che riguardano unicamente la criminalità nota e catalogata, sia pure nelle sue espressioni più feroci: perché il seguirne gli antefatti, la trama e lo svolgimento occuperebbe un libro, e un lungo libro. Vogliamo invece riferirci ai maggiori processi di mafia che hanno coinvolto personaggi pubblici di primo piano e che per questa loro singolarità hanno provocato reazioni e polemiche risonanti fino ai piani più alti del Palazzo.

Mancini, dunque. Molti gridarono allo scandalo dopo la sentenza che precipitava nel fango un indomito leone della politica, campione dell'antifascismo, alfiere di battaglie contro la criminalità organizzata, accusatore del sistema tangentizio e perciò di Craxi davanti ai magistrati di «mani pulite». Il passato di questo grintoso capopopolo, acclamato dalle folle nel suo feudo meridionale e discusso a Roma, era ricco di onori nonché di polemiche aspre. La sua fede socialista apparteneva al Dna politico della famiglia. Il padre Pietro, primo deputato socialista della Calabria, era stato mandato al confino da Mussolini. La casa di campagna dei Mancini era stata battezzata «L'area rossa». Sei volte ministro, segretario del Psi, Giacomo fu grande elettore di Craxi nel memorabile Congresso socialista del Midas (1976). Si racconta che proprio lui, esponente della sinistra, si fosse indotto a sostenere il rampante candidato con questa motivazione: «Mettiamoci Bettino alla segreteria. Non conta un tubo e fa contenti tutti». Profezia poco azzeccata, a dir poco.

Sull'immagine di questo massimalista impetuoso s'era addensata anche qualche consistente ombra negli anni Settanta, quando gli era stato affidato il Ministero dei Lavori pubblici. Il settimanale d'estrema destra *Candido*, diretto dal bellicoso Giorgio Pisanò, sostenne, in una inchiesta particolareggiata e velenosa, che l'autostrada Salerno-Reggio Calabria fosse stata lastricata, sotto l'egida manciniana, di favori e mazzette. Il clamore della campagna giornalistica non sfociò in provvedimenti giudiziari, anche se inferse un colpo serio alla credibilità politica e morale di Mancini e fu tra le cause del suo lento declino. Ma ciò che gli venne imputato molti anni dopo era cosa ben diversa dal coinvolgimento – presunto, intendiamoci – in un sistema tangentizio dal quale era attossicata l'intera vita pubblica italiana: era la contiguità e addirittura la collusione con le cosche; addebitata a chi contro le cosche aveva sempre tuonato, esprimendo piena solidarietà all'allora procuratore di Palmi, Agostino Cordova. Le insinuazioni erano venute, nel 1993, da alcuni «pentiti» di 'ndrangheta (in breve tempo se n'era assembrata una dozzina) concordi nel sostenere che Mancini aveva garantito il suo aiuto influente ai boss mafiosi Natale Iamonte e Peppino Piromalli. «Si faceva promettere da Natale Iamonte l'appoggio elettorale della consorteria mafiosa da lui diretta – citiamo dal burocratese con cui i Pm chiesero il rin-

157

vio a giudizio di Mancini, e il suo arresto rifiutato dal Gip
– come prezzo della mediazione nei confronti dei magistrati della Corte d'Appello di Bari che avrebbero dovuto
giudicare il figlio di detto Iamonte, Giuseppe, imputato
dell'omicidio in pregiudizio di Domenico Artuso.»

Per effetto dell'incriminazione Giacomo Mancini fu sospeso dalla carica di sindaco di Cosenza, e dovette presentarsi davanti ai giudici – tre signore – del Tribunale di Palmi: dove il pubblico ebbe modo d'assistere alla rituale sfi-
lata di «collaboranti» ciarlieri. Secondo uno di loro Mancini era stato coinvolto in un attentato al ponte di Catanzaro
che doveva favorire la fuga di Franco Freda, già imputato
per la strage di piazza Fontana. Secondo un altro aveva
fatto da mediatore in un sequestro di persona. Secondo
un terzo partecipava a vertici loschi nella villa di Ludovico Ligato, l'ex-presidente delle Ferrovie poi assassinato.
Secondo un quarto consegnava denaro a emissari della
'ndrangheta o della Sacra Corona Unita in stazioni di servizio delle autostrade. Non era mancato – come poteva? –
un pentito che aveva saputo del bacio di Mancini a un notabile della criminalità. All'abbondanza dei pentiti faceva
riscontro la scarsità, per non dire l'assenza, di prove o di
riscontri: ma il concorso in associazione mafiosa non ne ha
bisogno. Inquieta piuttosto che il Pm Boemi, sostituto
procuratore antimafia di Reggio Calabria, abbia (a quanto
riferito nelle cronache) detto testualmente: «Questa inchiesta supporta quella di Palermo (contro Andreotti
N.d.A.) e da quella di Palermo è supportata». La Corte
d'Appello di Reggio Calabria ha poi cancellato, il 24 giugno 1997, la condanna di Mancini: per il motivo formale
– dietro il quale era facile intravedere una perplessità sostanziale – che né la Procura di Reggio Calabria né il Tribunale di Palmi erano competenti ad occuparsi dei fatti a
lui addebitati. Su di essi doveva invece pronunciarsi, rico-
minciando da capo, la Magistratura di Catanzaro. Per ef-

fetto di questa sentenza il «sospeso» Mancini ha riavuto la sua poltrona di sindaco. «Finalmente ho incontrato dei giudici – aveva commentato Mancini – dopo l'arbitrio, l'indifferenza, l'odio e la cattiveria espressi con un'istruttoria incredibile nei miei confronti.»

I vicendevoli supporti (per stare all'itagliese del dottor Boemi) non riguardano solo Mancini e Andreotti: in mezzo c'è Bruno Contrada il cui processo è stato dai più valutato come una «prova generale» della successiva recita andreottiana. Oltretutto i due dibattimenti sono stati affidati allo stesso presidente, Francesco Ingargiola. Al poliziotto Contrada abbiamo già dedicato alcune pagine ne *L'Italia di Berlusconi*: definendolo «bell'uomo dal piglio guascone, elegante, donnaiolo secondo le malelingue, mondano, furbo». Ma anche tenuto in grande considerazione dai suoi superiori, tanto che a due riprese (nel 1977 e nel 1979, dopo l'assassinio di Boris Giuliano) era stato messo a capo della Squadra mobile di Palermo, certo non una sinecura: e poi era diventato numero tre del Sisde, il servizio segreto civile. Ma proprio nel '79 – secondo le rivelazioni del pentito Gaspare Mutolo – Contrada s'era lasciato irretire da Cosa nostra, e tutto il suo apparente zelo inquisitorio era in realtà l'astuta copertura della collusione con i *boss*. I sospetti sfociarono in un mandato di cattura eseguito la vigilia di Natale del 1992. Contrada restò in carcere trentun mesi – se liberato, sosteneva la Procura, avrebbe potuto inquinare le prove – e il processo contro di lui si concluse il 5 aprile 1996, Venerdì Santo, dopo 168 udienze e una sfilza di testimoni: una decina, tra loro, i pentiti di vario calibro, inclusa la *vedette* della categoria, Tommaso Buscetta. Erano stati convocati dalla difesa anche prefetti, questori e politici dai quali Contrada dipendeva o con i quali aveva collaborato: tutti concordi nel riconoscergli notevoli meriti di funzionario e d'investigatore. I pentiti pluriomicidi furono ritenuti attendibili dal

Tribunale, i servitori dello Stato compiacenti o bugiardi (i loro nomi vennero infatti trasmessi alla Procura perché valutasse se esistevano indizi di falsa testimonianza). La sentenza che inflisse a Bruno Contrada, «per concorso esterno in associazione mafiosa», dieci anni di reclusione, l'interdizione per lo stesso periodo dai pubblici uffici e tre anni di libertà vigilata fu accolta con palpabile disagio. Processo basato su indizi malfermi, osservarono i più cauti, e i meno cauti sostennero che i giudici erano «condannati a condannare» perché una decisione diversa avrebbe svuotato il teorema d'accusa contro Andreotti. Il procuratore aggiunto di Palermo Guido Lo Forte replicò alle «critiche gridate» con un argomento ripetuto a tal punto da sembrare uno slogan («così la mafia si sente più sicura»): di rincalzo il Csm approvò una delibera di solidarietà ai giudici di Palermo.

Noblesse oblige: per Giulio Andreotti, grande vecchio della politica italiana, sette volte Presidente del Consiglio, innumerevoli volte ministro, autore di *bestseller*, è stato allestito uno spettacolo giudiziario raro, se non unico al mondo: due processi in contemporanea, uno in Tribunale a Palermo che lo vede imputato d'associazione mafiosa e uno in Corte d'Assise a Perugia che lo vede imputato di complicità in omicidio: e lui, curvo, sommesso, attento, sornione, ironico è in perpetua *tournée* insieme ai pentiti. Una sorta di «compagnia di giro» che recita copioni scritti in un'infinità di verbali ingialliti, ma che di tanto in tanto si concede siparietti e battute estemporanei. Il più importante tra i due processi – dei quali non s'intravede, mentre scriviamo, la fine – è quello di Palermo dove Andreotti figura come unico e indiscusso protagonista. Per anni e anni, secondo il procuratore capo Caselli e i suoi sostituti, avrebbe aiutato la mafia: l'avrebbe aiutata anche quando, come Presidente del Consiglio, dava l'impressione di combatterla. Fumo negli occhi. Il suo referente in Sicilia era

Salvo Lima, assassinato nel marzo del 1992 e indicato – benché nessuna sentenza abbia mai consacrato questa tesi – come patrono e amico dei *boss*: i quali gli si sarebbero rivoltati contro, ordinandone l'uccisione, perché ormai li serviva male, o non li serviva più. A compenso della complicità «zio Giulio» (così si vuole fosse confidenzialmente chiamato dai «picciotti») e Lima avrebbero ottenuto un vigoroso appoggio elettorale per la corrente andreottiana della Dc. Qualcosa di analogo a ciò che era stato attribuito a Mancini: ma in peggio per la maggiore statura e autorità del senatore a vita.

Dapprima ad Andreotti era stata mossa, come a Mancini e come a Contrada, l'imputazione di «concorso esterno» in associazione mafiosa. Ma solo per lui il concorso era diventato associazione vera e propria: lo esigeva quanto di terribile era emerso sui suoi comportamenti, secondo i Pm; lo esigeva il rischio che la competenza a giudicarlo passasse da Palermo a Roma, secondo la difesa. Il concorso non è impedito dalla lontananza, anzi, e se Andreotti avesse favorito la mafia come Presidente del Consiglio e come ministro, avrebbe dovuto occuparsene il Tribunale dei ministri. Lo si trasformò invece in un mafioso a tempo pieno, inserito stabilmente nell'organizzazione: ossia domiciliato, come mafioso, a Palermo. Questo l'impianto logico dell'accusa, sorretto dalle dichiarazioni d'un battaglione di pentiti e dissociati: alcuni di loro affermati e noti, nell'universo collaborazionista, altri piuttosto anonimi. Tra i primi il solito Tommaso Buscetta, Balduccio Di Maggio che vide Andreotti baciare Totò Riina nell'appartamento di Ignazio Salvo, Francesco Marino Mannoia che seppe d'incontri tra Andreotti e capicosca tra i più temibili.

Non vogliamo qui ripercorrere l'iter d'una inchiesta su cui abbiamo indugiato nel precedente volume della Storia d'Italia: per non incorrere anche noi in uno dei vizi capitali delle cronache giudiziarie italiane, che è la rifrittura del già detto e già scritto come se fosse – ogni volta che riaffiora – una novità. Basterà osservare che la valanga di pentiti s'è andata ingrossando a dismisura con il procedere dell'inchiesta, e che i ricordi sono via via migliorati; che di norma le rivelazioni dei pentiti hanno avuto come unico riscontro le parole di altri pentiti; che smemoratezze e contraddizioni evidenti non sembra abbiano turbato la Procura. Valga d'esempio una delle pochissime testimonianze dirette, non per «sentito dire» o per «saputo da altri»: è quella di Balduccio Di Maggio sul famoso bacio di Andreotti a Riina. Di Maggio ha un ricordo fotografico dell'appartamento in cui Andreotti posò le sue labbra (si fa per dire) sulla guancia di Riina, ma non è in grado di precisare né il giorno né il mese né l'anno né la stagione dell'abbraccio: eppure il vedere Andreotti non doveva essere per lui un'esperienza consueta. La Procura ordina una spasmodica ricerca sui viaggi di Andreotti in Sicilia, affastella dati e testimonianze per dimostrare che poteva andarci quando voleva e senza nessun controllo; quindi s'affanna a spiegare come durante una Festa dell'amicizia a Palermo, il 20 settembre 1987 Andreotti, ospitato nell'albergo Villa Igiea insieme a centinaia d'altre personalità e tra nugoli di poliziotti, avesse potuto svignarsela inosservato per alcune ore. Allora quello fu il dì del bacio? Piano, la Procura non vuole rischiare: «Una delle possibili date dell'incontro tra Andreotti e Riina...» ecc. ecc. Tutto il riscontro sta nella descrizione dei mobili: a proposito dei quali, osserva la difesa, il pentito potrebbe essere stato imbeccato a dovere.

In un processo costruito a questo modo e avviato nel settembre del 1995 i colpi di scena sono colpetti ad effetto. Erano stati arrestati, nel maggio del 1996, i fratelli Enzo e Giovanni Brusca, biechi figuri di San Giuseppe Jato. Il minore, Enzo, presto ammesso allo *status* di «collaborante», ha un fardello criminale modesto, in confronto ad altri: sette omicidi appena. D'altro rango Giovanni, che di omicidi ne ha sulle spalle varie decine (nemmeno lui lo sa con esattezza, tra cinquanta e cento) e che azionò il telecomando della strage di Capaci. Di buon accordo i due fratelli avevano poi strangolato il figlio dodicenne del «pentito» Santino Di Matteo, disciogliendone il corpo nell'acido. «Ma lo trattavamo bene – ha voluto sottolineare Giovanni – non gli mancava niente, tute nuove, la Tv, giornali, gli compravamo pure la pizza...» Giovanotti di cuore. Giovanni detto «u' verru», il maiale, ha dovuto guadagnarsi con più fatica la promozione a «collaborante». Lo si è tenuto a lungo nel limbo dei semplici «dichiaranti». Era per i Pm un elemento infido: pretendeva addirittura, nelle sue deposizioni iniziali, di non sapere nulla sul coinvolgimento di Andreotti in trame mafiose. Il nome del senatore era stato subito fatto, invece da Enzo: «La notizia dell'incontro tra Riina e Andreotti la apprese mio padre, in carcere, da mio fratello Emanuele... Quando poi Emanuele, a cose fatte, gli raccontò che 'u zi' Totò aveva pure baciato Andreotti mio padre commentò: "Invece di vasarisillu, picchì nun ci stuccava 'u coddu"» invece di baciarlo perché non gli staccava il collo? (come alle galline). Il pentito Toni Calvaruso stava un giorno davanti alla televisione insieme al *boss* Leoluca Bagarella quando apparve sul teleschermo Andreotti. «Gli chiesi se anche lui era dei nostri. Bagarella mi guardò e rispose: "Si sta comportando come un vero uomo d'onore".»

Quando i due fratelli hanno testimoniato, a fine luglio del 1997, nel dibattimento di Palermo anche Giovanni aveva tuttavia rotto gli indugi. Raccontò d'aver voluto, le prime volte che i Pm l'avevano ascoltato, screditare Balduccio Di Maggio: così «quando Andreotti alla fine avesse vinto la causa Di Maggio sarebbe stato denunciato per calunnia, cosa che ci avrebbe giovato nei nostri processi dove Di Maggio può rendere dichiarazioni». Dicendosi finalmente redento e sincero, Giovanni Brusca spiegava inoltre come si fosse prestato a inguaiare Luciano Violante sostenendo d'essere stato da lui avvicinato e d'avere avuto la promessa di future protezioni se avesse detto d'aver visto Andreotti e Totò Riina insieme. Della «favola» aveva informato, spacciandola per vera, il suo avvocato d'allora, Vito Ganci, che ne era entusiasta, e che a Roma aveva buoni agganci, in particolare il figlio e il genero di Andreotti. A proposito del quale la verità – la nuova verità – era che lo zio Giulio nelle faccende di Cosa nostra c'era dentro fino al collo (si fa per dire). «Di Giulio Andreotti ne sento parlare in prima persona da mio padre e Riina... E sento parlare dei Salvo, di Lima: e Andreotti. Parlavano di "loro", Badalamenti, Bontade, Inzerillo, Michele Greco, i cugini Salvo, Lima e anche Andreotti come fossero una sola persona.» Però del «bacio» non sapeva nulla. Ne era però informato il fratello Enzo che in aula, puntuale, ha portato altri mattoni all'edificio d'accusa. L'incontro con Riina, ha raccontato, era stato voluto da Andreotti, non dal *boss* dei *boss*. «Capii che l'appuntamento era da una persona sottoposta ad arresti domiciliari» (i Salvo lo erano). Preso lo slancio Enzo Brusca ha speso qualche parola anche per Martelli. «Con Martelli ci sono stati accordi finalizzati a sostegni elettorali. Mio fratello Emanuele sa tutto e vorrei che collaborasse.» Almeno il pentito Leonardo Messina non s'è accontentato di ricucinare i soliti nomi e i soliti episodi. Giulio Andreotti e Licio Gelli furono, secondo il Messina, i padri ispiratori (ancorché occulti) della Lega. Lui, Messina, avrebbe voluto accoppare Bossi, ma il suo capomafia lo dissuase: era una creatura del senatore a vita. Non sono mancati – né a Palermo né come vedremo a Perugia – gli infortuni e le retromarce di testimoni. Ma almeno a Palermo nulla sembra scuotere la fiducia dell'accusa di far condannare Andreotti come mafioso in servizio permanente effettivo.

Eppure la maggioranza degli italiani – è risultato da un sondaggio – non crede all'ipotesi di Andreotti mafioso, e non ci credono politici di rango: alcuni provenienti dalle file democristiane – e su di loro potrebbe influire una nostalgia di schieramento e un senso di colleganza – ma alcuni di estrazione opposta. Tra i perplessi, per non dire increduli, era anche Romano Prodi. Lo ha ammesso pubblicamente lasciandosi intervistare – in occasione del suo cinquantottesimo compleanno – da Enzo Biagi che quello stesso giorno di anni ne compiva settantasette. «Mi è estremamente difficile – aveva detto – immaginare un Andreotti che appoggia la mafia ed è mandante di omicidi. Non posso esprimermi su processi in corso, ma questa faccenda mi toglie il sonno.» Non potendosi esprimere s'era espresso: e Caselli non gliel'ha lasciata passare. È passato al contrattacco spiegando che, fosse o no nelle sue intenzioni, il Presidente del Consiglio contribuiva a creare «un clima di minore serenità per i testimoni». «Questo – martellava Caselli – non è un processo politico. È un processo a una persona specifica che di mestiere faceva il politico, per fatti specifici e riferibili esclusivamente a quella persona. È l'imputato che per cinque volte ha incontrato dei capimafia per discutere dei processi da aggiustare e per esaminare questioni... Si tratta di incontri per i quali l'accusa ha portato testimonianze oculari non soltanto di pentiti ma anche di testimoni veri e propri.» Gli indizi concreti che Caselli rivendica con perentoria autorevolezza sono parsi – anche a chi s'è presa la briga d'esaminare i famosi «faldoni» – nebulosi e contraddittori. Prodi non doveva dire la sua? Forse, a voler essere puntigliosi: e a volerlo essere in un Paese dove tutti – incluse le più alte cariche dello Stato – esprimono apprezzamenti non solo su processi in corso, ma su processi di là da venire – bastano gli avvisi di garanzia per scatenare la rissa – e su sentenze cui dovrebbe essere tributato rispetto. Come la sentenza che aveva concesso la libertà a Priebke, o come la sentenza (definitiva) per l'omicidio del commissario Calabresi. Siamo nella sostanza d'accordo con i dubbi di Prodi: quello di Palermo è un processo politico travestito da processo penale: perché solo la sua essenza politica legittima lo sforzo investigativo, e i costi, che sono stati affrontati per accertare fatti remoti, e privi d'ogni influenza sull'attività attuale della mafia. Un processo che mira a riscrivere la storia d'Italia nel dopoguerra, e che vuol sostituirsi alla doverosa e impietosa indagine degli storici. A loro spetta e spetterà di valutare le responsabilità di Andreotti per il degrado della vita pubblica italiana e anche per gravi contiguità della politica – non quella andreottiana e nemmeno quella democristiana unicamente – con le ramificazioni di Cosa nostra. Si pretende invece che questo compito sia delegato ai Buscetta, ai Brusca, ai Balduccio Di Maggio, e tramite loro alla Procura di Palermo.

La Corte d'Assise di Perugia non è alle prese soltanto con vaghe ombre mafiose e con un imputato «eccellente» solitario ed enigmatico: è alle prese con un assassinio di vecchia data ma non per questo meno autentico, con dei presunti assassini, con dei presunti mandanti. Il 20 marzo 1979 Mino Pecorelli, spregiudicato editore e direttore d'una pubblicazione (*OP, Osservatorio Politico*) che viveva di rivelazioni, di mancate rivelazioni, e di sovvenzioni non disinteressate, fu finito con quattro colpi di pistola, a Roma, mentre saliva sulla sua automobile. La rivista, fitta di informazioni comprometenti e di insinuazioni mirate, pareva fatta apposta per esporre Pecorelli a vendette. I moventi insomma si sprecavano, e i sospettabili anche. Ma la prima lunga fase dell'inchiesta sfociò in un nulla di fatto. La Magistratura romana, che aveva ipotizzate responsabilità di Licio Gelli e della banda della Magliana (un'organizzazione criminale romana legata ad ambienti eversivi di destra e alla mafia), non venne a capo di nulla: e nel novembre del '91 archiviò la vicenda. Toccò all'onnipresente Tommaso Buscetta di riproporla all'attenzione della Magistratura con una dichiarazione del 26 novembre 1992, il cui succo era questo: Buscetta aveva saputo dal *boss* mafioso con cui aveva maggiore dimestichezza, Gaetano Badalamenti, che sia Pecorelli sia il generale Carlo Alberto Dalla Chiesa erano stati uccisi perché in possesso di segreti sul caso Moro la cui rivelazione avrebbe danneggiato Andreotti. Don «Tano» e Stefano Bontade, altro pezzo da novanta, avevano commissionato l'esecuzione di Pecorelli su richiesta dei cugini Salvo (l'accusa li vuole intimi di Andreotti che nega perfino d'averli mai conosciuti). Buscetta precisò che, quando Badalamenti gliene aveva accennato, lui ignorava l'esistenza del giornalista Pecorelli, e aveva creduto alludesse a Pecorella, un ragazzino eliminato dai corleonesi un anno prima.

Con la nuova inchiesta fu disegnata questa trama delittuosa: Pecorelli infastidiva lo «zio Giulio»: e Claudio Vitalone – magistrato, democristiano dichiarato e andreottiano fervente – s'era rivolto ai Salvo perché provvedessero. I Salvo avevano contattato Badalamenti e Bontade i quali avrebbero a loro volta trovato i soggetti adatti per il truce incarico: il «picciotto» Michelangelo La Barbera e l'estremista di destra Massimo Carminati, inserito nella banda della Magliana. Badalamenti, che è detenuto negli Stati Uniti e che sarebbe stato la fonte delle informazioni di Buscetta, lo smentisce su ogni punto.

L'ipotesi che il Pm Fausto Cardella sostiene a Perugia – dove il processo Pecorelli è stato spostato non appena vi comparve come indagato Vitalone, magistrato a Roma – è per alcuni aspetti verosimile. Le punture di *OP* potevano ben esasperare quanti ne fossero vittime: Andreotti era del numero, e in prima fila. Buscetta insiste sulle carte di

Moro e sulle manomissioni od omissioni che avrebbero subito. Come movente questo è in verità poco plausibile benché sulla fine di Moro e dei suoi memoriali siano state architettate trame tenebrose. Una pubblicistica in voga vorrebbe addirittura indurci a credere che in realtà Aldo Moro sia stato ucciso non per volontà sanguinaria delle Brigate rosse, ma per volontà bieca d'una parte della Democrazia cristiana, e siamo al ridicolo. O saremmo ad un ridicolo da non prendere nemmeno in considerazione se non ci fosse, per riscattarlo, l'oracolo Tommaso Buscetta: il quale ha sostenuto d'essere stato sollecitato dai *boss* Inzerillo e Bontade, mentre era nel carcere di Cuneo, a negoziare la vita di Moro con i brigatisti detenuti. Il tentativo abortì, Cosa nostra non volle immischiarsi, e un paio d'anni dopo Pippo Calò ne spiegò a Bontade il motivo: «Stefano, ma ancora non l'hai capito, uomini politici di primo piano del suo partito non lo vogliono libero». Andreotti infame, dunque, per avere sostenuto (con il totale consenso, o meglio con l'impulso determinato di Enrico Berlinguer) la strategia della fermezza verso i terroristi. Dalla sua tremenda prigione Moro, pover'uomo, gli scriveva infatti supplicandolo: «Questa nuova fase politica, se comincia con un bagno di sangue non è apportatrice di bene né per il Paese né per il governo». Perciò, suggeriva Moro, si doveva trattare e procedere a uno scambio di prigionieri. Sì, pover'uomo: che nell'angoscia d'una situazione spaventosa dimenticava, o fingeva di dimenticare, che il bagno di sangue c'era già stato con lo sterminio della sua scorta. Se la logica ha un senso – e per Andreotti l'ha senza dubbio – il ruolo da lui avuto in un momento tragico per il Paese non avrebbe dovuto essere motivo di preoccupazione.

Altri motivi erano invece seri e *OP*, per dirlo in romanesco, ci marciava. Alla giustizia italiana Andreotti risulta, per quanto concerne il maneggio di fondi neri, illibato:

ma alcuni passaggi di denaro – in assegni – dalla Sir di Nino Rovelli a lui e alla sua corrente, e i rapporti tra la Dc e l'Italcasse potevano aver sollecitato le curiosità del curiosissimo Pecorelli: che aveva preparato – senza mai pubblicarlo – un numero della sua rivista recante in copertina la fotografia di Andreotti e il titolo «Gli assegni del presidente». *OP* era una pubblicazione semiclandestina, Pecorelli – a detta di chi lo conosceva – poteva essere convinto nel più ovvio dei modi a non insistere nei suoi attacchi. La serietà dei moventi ipotizzabili è lasciata alla libera opinione di ciascuno. Il punto è un altro. Dov'è la prova che Giulio Andreotti sia stato il mandante del delitto? Anche i pentiti – d'altro non c'è nulla – sostengono d'aver saputo che i cugini Salvo volevano fargli, eliminando Pecorelli, un favore. Gente premurosa, se fosse vero: ma da dove risulta che la «premura» sia stata richiesta?

Non è che il processo di Perugia, portato avanti a singhiozzo come quello di Palermo, abbia tenuto col fiato sospeso chi lo seguiva attraverso le cronache: anche perché è esiziale rimanere con il fiato sospeso per anni. Un'udienza emozionante la si è avuta, tuttavia, quando è stato chiamato a testimoniare il genero di Nino Salvo, Gaetano Sangiorgi: un medico analista di buon nome che è adesso in carcere per aver guidato all'interno della tenuta d'un altro Salvo, Ignazio, un commando omicida. Lo hanno incastrato due pentiti, ma – un riscontro c'è – l'ha incastrato anche una sua impronta digitale trovata sull'auto dei *killer*. Nell'aula di Perugia l'analista s'è sfogato. «Io avevo detto che non conoscevo Andreotti, e che non mi risultava che mio suocero Nino Salvo conoscesse Andreotti. Ma loro (i Pm palermitani Guido Lo Forte e Gioacchino Natoli *N.d.A.*) rispondevano che avevano la certezza che Andreotti fosse amico di mio suocero e che lo avessi invitato al mio matrimonio. "Se lei ci dice qualcosa su Andreotti torna a casa a fare il medico" mi diceva Natoli.» La protesta di Sangiorgi, ultima di una serie (anche un autista dei Salvo aveva ritrattato, e parlato di pressioni dei Pm) induceva la Procura di Palermo ad ammonire paternamente i giornalisti perché fossero «responsabilmente attenti alla realtà di quel che sta accadendo»: ossia perché non prestassero fede all'immagine d'una Magistratura tarantolata dalla voglia di mettere al tappeto gli imputati eccellenti, e d'avere così gloria e gratificazioni (per verità le Procure non avevano proprio di che lamentarsi dei giornalisti, più che disposti ad essere la loro cassa di risonanza).

Il Marcello Dell'Utri che c'interessa in questo collage d'inchieste e di processi non è quello delle false fatturazioni e delle frodi fiscali di Publitalia, polmone finanziario e organizzativo della Fininvest. Le vistose trasgressioni contabili che gli furono attribuite – e che lo portarono brevemente in carcere per ordine della Procura di Torino – appartenevano alla logica tangentizia, e al destino amaro di *manager* anche di livello superiore al suo quando la Magistratura andava a spulciare nell'intrico dei documenti sospetti e dei conti esteri privi di legittima paternità. Ci interessa il Dell'Utri che dall'autunno del 1997 viene processato a Palermo per concorso esterno in associazione mafiosa. Cinquantaseienne, bibliofilo raffinato, tifoso di calcio, questo signore compito non corrisponde al *cliché* di certi incolti berlusconiani in blazer, e ancor meno al *cliché* degli untuosi mestatori ammanigliati con la mafia. Eppure la Procura di Palermo ha tracciato, ricostruendo il suo itinerario umano e professionale, l'immagine d'un favoreggiatore di lungo corso della criminalità organizzata. Due elementi appaiono evidenti: il primo è che Dell'Utri, nato a Palermo e a Palermo cresciuto, aveva conosciuto tipi e tipacci che erano o che sarebbero stati chiacchierati, e che avrebbero molto interessato l'autorità giudiziaria; tra gli altri Gaetano Cina la cui frequentazione Dell'Utri non ha mai rinnegato. Non può essere un caso che un rapporto di polizia del 1981 lo indicasse come «amico di mafiosi». Il secondo elemento è che l'inchiesta di Palermo su Dell'Utri – divenuta anche inchiesta per mafia su Silvio Berlusconi, sia pure con una archiviazione – decollò quando il Cavaliere entrò in politica, e per luce riflessa Marcello Dell'Utri, che di Forza Italia era stato l'ispiratore e che si era molto adoperato per farne un movimento popolare, acquisì la statura di personaggio nazionale. Interpretati in chiave difensiva, questi elementi fanno dire a Marcello Dell'Utri che due sono state le sue gravi colpe: essere palermitano, ed essere uno stretto collaboratore di Silvio Berlusconi.

La memoria con cui la Procura ha chiesto e ottenuto il rinvio a giudizio di Marcello Dell'Utri segue il filo comune a tutte le inchieste riassunte in questo capitolo: una ventina di pentiti e un attento mosaico di dichiarazioni, ipotesi e anche fatti: questi ultimi suscettibili di svariate interpretazioni. Un incontro di Dell'Utri con il malfamato Cina è un indizio di traffici loschi o una rimpatriata tra conoscenti d'antica data? L'assunzione del picciotto Vittorio Mangano come stalliere ad Arcore fu un infortunio dovuto alla sicilianità o una manovra mirata per stabilire un contatto tra Cosa nostra e Dell'Utri (ossia Berlusconi)? Quando Dell'Utri e Mangano parlavano al telefono dell'acquisto d'un cavallo, intendevano dire proprio cavallo oppure il termine era usato – come sembra avvenisse tra mafiosi – nel significato di carico di droga? L'intero tessuto dell'accusa è cucito in questo modo ambivalente: e a volte – càpita – i Pm incorrono in qualche eccesso di zelo. Nel 1964 Marcello Dell'Utri entrò per la prima volta nell'orbita di Berlusconi, come suo segretario personale (tra i due esisteva un'amicizia nata nella facoltà di giurisprudenza dell'Università di Milano). Citiamo dalla *Memoria*. «Questa prima esperienza lavorativa con il Berlusconi – incomprensibilmente omessa dal Dell'Utri nei due lunghi

171

interrogatori resi a quest'ufficio – è rilevante. Infatti indagini svolte dalla Procura della Repubblica di Milano hanno avvalorato l'ipotesi che la banca Rasini (dove era impiegato il padre di Silvio Berlusconi e dalla quale erano stati allo stesso Berlusconi concessi finanziamenti *N.d.A.*) fosse crocevia di interessi della malavita milanese in genere, e nella specie di quella facente capo a Cosa nostra milanese.» Insomma, cominciava male il giovanotto Dell'Utri, affiancandosi a un Berlusconi che era vicino alla banca Rasini che era vicina alla mafia milanese. Rilevante? Incomprensibilmente omesso?

Per i pentiti valgono le osservazioni e le perplessità che questa categoria suscita (ce ne occuperemo più avanti). Un pentito tra i più in vista, Gaspare Mutolo, era stato sentito dai Pm a metà agosto del 1993 e non aveva accennato a Dell'Utri, era stato risentito il 30 marzo 1994 e ancora aveva detto di non ricordare che gliene fosse stato fatto il nome: finalmente, due anni dopo, gli si erano ravvivati i ricordi. Spiegazione: «Quando il 30 marzo 1994 mi venne domandato se il Mangano mi avesse mai parlato di Dell'Utri ebbi paura di parlare sia perché persona (il Dell'Utri *N.d.A.*) a me nota perché potente e influente a più livelli: sia perché parlare del Dell'Utri mi avrebbe portato a parlare anche del Berlusconi, persona che mi appariva ancora più potente, e potenzialmente per me pericolosa, per la sua recente "discesa in campo"». Nessuna diffidenza è stata suscitata nei Pm da un «pentito» che, disposto a sfidare le vendette dei feroci ex-compagni da lui denunciati, è invece terrorizzato da capibanda della tempra di Silvio Berlusconi e Marcello Dell'Utri.

Sarebbe ingeneroso sottovalutare la selva d'inganni e simulazioni entro la quale si muovono i magistrati che indagano sulla mafia, e sminuire gli sforzi immani che compiono per raggiungere la verità: che quando si parla di concorso in associazione mafiosa – un reato in qualche modo inventato per incastrare mafiosi notori ma capaci di trovare un varco nelle maglie larghe della legge – è elastica e adattabile. Il concorso esterno in associazione mafiosa – del quale è stata ventilata l'abolizione proprio per le sue anomalie – è un po' l'equivalente italiano delle evasioni fiscali per le quali fu imprigionato Al Capone. La giustizia americana non riusciva ad addossare al famigerato *gangster* stragi ed «esecuzioni», e se la cavò mandandolo in galera come contribuente infedele. Gli espedienti legislativi e giudiziari di questo tipo, che tornano preziosi finché vengono applicati a individui che notoriamente gravitano nell'orbita della criminalità, possono avere esiti sconcertanti se viene preso di mira chi invece gravita in tutt'altra orbita. La Procura di Palermo ha delineato con diligenza il *curriculum* a doppia faccia di Marcello Dell'Utri: non le è peraltro riuscito d'evitare ún inciampo logico grave. Ecco ancora alcune righe d'un riassunto dell'accusa: «Negli anni '90 si registrano anche rapporti del Dell'Utri con Cosa nostra catanese. Rapporti che si sviluppano a seguito di attentati commessi in danno di strutture Standa in territorio di Catania nel 1990. Ed invero nel 1990 Cosa nostra decide di attuare una strategia che viene presentata come estorsiva alla base dell'organizzazione criminale. Tale strategia riguarda i due più grandi gruppi industriali italiani, la Fiat e la Fininvest. La Fininvest dopo gli attentati... decide di scendere a patti con i mafiosi, tanto che gli attentati cessano senza che agli esecutori materiali venga data alcuna plausibile spiegazione». Gli stessi Pm che indicano Marcello Dell'Utri come antico e importante complice di Cosa nostra scrivono senza un cenno di sorpresa che nel 1990 la stessa Cosa nostra avrebbe progettato e attuato attentati alla Standa, minacciato i ripetitori Fininvest (e in precedenza avrebbe addirittura previsto il sequestro di Berlusconi e dei suoi familiari). Ma se questa era l'utilità di Dell'Utri – nello stesso tempo mafioso insigne e massimo dirigente della Fininvest – a Berlusconi sarebbe convenuto toglierselo subito di torno. Era una calamita di guai, non uno scudo. Le trattative con la mafia e i pagamenti d'un pizzo annuale per scongiurare ulteriori iatture – trattative e pagamenti affermati dalla Procura di Palermo e negati sia da Berlusconi sia da Dell'Utri – avrebbero comunque configurato una situazione classica del *racket*. Le cui vittime – tranne pochi animosi – trattano e pagano il pizzo.

Le vicende che abbiamo riassunto hanno in comune due elementi: si fondano su un reato discutibile – il pluricitato concorso esterno – e sui pentiti. Ossia sulle testimonianze di chi, inserito in una organizzazione criminale, decide di uscirne e di collaborare con la giustizia: e in segno di gratitudine lo Stato concede ai «collaboranti» – questa è la loro etichetta ufficiale – grossi sconti di pena, protezione, uno stipendio, sostanziose gratifiche. Come grimaldello per aprire varchi nelle blindature del crimine di gruppo il pentitismo ha una efficacia straordinaria. L'avevano sperimentato, assai prima che lo si facesse in Italia, gli Stati Uniti: dove la giustizia è improntata, come tutta la vita americana, a un calcolo attento di costo e ricavi, e il baratto («tu mi aiuti e io sarò indulgente») non trova troppe remore di carattere moralistico. L'ingresso vero del pentitismo nel sistema italiano avvenne con il terrorismo: sgominato anche – o soprattutto – grazie alle confessioni di chi nel terrorismo era vissuto, e vi aveva sparso sangue. La parabola umana che porta dal terrorismo al pentitismo è del resto facilmente decifrabile. Al di là della convenienza pratica – una pena scontatissima – il terrorista ideologizzato e fanatico poteva approdare, un giorno, alla consapevolezza dell'inutilità d'una battaglia cruenta e disperata. Il terrorismo politico è legato a determinati momenti della vita nazionale e della vita individuale: non è un mestiere. È lecito avere molti dubbi sulla colpevolezza di

Sofri, Bompressi e Pietrostefani per l'assassinio del commissario Calabresi, e per la pronuncia definitiva con cui la Cassazione ha convalidato la loro condanna a ventidue anni di reclusione. L'intellighenzia di sinistra s'è ribellata alla sentenza, Sofri e i suoi compagni di Lotta continua proclamano, dal carcere, la loro innocenza. Resta fermo il fatto che Leonardo Marino, il venditore di *crêpes* che ha accusato – autoaccusandosi – i tre, non è stato spinto dalla venalità, né dal desiderio di evitare una pena grave: perché nessuno gli imputava nulla. Non s'è arricchito, non è stato posto sotto protezione. Sarà magari un mitomane, non è un mentitore interessato.

Trasferito nell'ambito della criminalità comune, il pentitismo ha cambiato connotati. Nessun tormento dell'anima, nessun recupero di decenza civica – tranne forse sporadiche eccezioni da contare sulle dita d'una mano – nei «collaboranti» di mafia: che sono di norma mossi o da un semplice calcolo, quello di cavarsela a buon mercato (godendo anzi di agi e perfino di lussi), dopo che sono stati catturati; o dall'esigenza di sfuggire alla caccia degli affiliati d'una cosca rivale; o dal desiderio di prendersi, nei riguardi d'altre cosche e d'altri mafiosi, una vendetta. Alcuni pentiti esercitano – mentre lo Stato li coccola – attività malavitose. Un «collaborante», Giuseppe Ferone, avrebbe fatto fuori alcuni individui che gli erano antipatici. Un altro, Maurizio Avola, reo confesso di un'ottantina d'omicidi, è stato accusato nel maggio del 1997 d'aver rapinato una banca a Roma nello stesso periodo di tempo in cui i Pm raccoglievano le sue dichiarazioni su incontri tra Marcello Dell'Utri e il *boss* Nitto Santapaola: «Sentii dall'Ercolano e dal Tuccio che il Dell'Utri sarebbe stato portato in provincia di Messina per incontrarsi sicuramente con lo stesso Ercolano e, benché non se ne sia parlato esplicitamente, ritengo anche con Nitto Santapaola».

Nella criminalità comune la figura del pentito ha in

qualche modo soppiantato quella antica del confidente di polizia: che dava delle «dritte» agli inquirenti e otteneva in cambio che si chiudesse un occhio sui suoi trascorsi e sulle sue malefatte. Ma tutto avveniva nella zona grigia in cui la polizia aveva un margine – non ufficiale – di spregiudicata discrezionalità. Il confidente non poteva diventare testimone, nei processi arrivavano soltanto i riscontri delle sue soffiate, ossia vere e concrete prove. Il pentito è invece un testimone a tutti gli effetti, ossia un elemento di prova: in alcuni processi – come quelli indicati – è in buona sostanza l'unico elemento di prova.

Qualcuno sostiene, forse non a torto, che l'utilizzabilità piena dei pentiti – per i mafiosi «infami» – ha disabituato Polizia e Magistratura dal compiere vere e serie indagini, e l'ha indotta a cercare pentiti che avallino le affermazioni d'altri pentiti piuttosto che prove a conferma di quanto i pentiti dicono. V'è del vero in questa osservazione: ma è altrettanto vero che il pentitismo di mafia ha portato a risultati straordinari, e che i grandi processi dai quali la mafia è uscita non cadavere, però senza dubbio ferita, sono stati frutto del pentitismo. Prima di trasformarsi in un oracolo viaggiante Tommaso Buscetta aveva dato a Giovanni Falcone il bandolo di alcune matasse mafiose importanti, e l'apporto d'altri figuri come lui è stato egualmente prezioso. Suscita disagio il paradosso di assassini che assumono la veste di accusatori, e a volte, con estrema sfrontatezza, anche di moralisti. Senonché, si ripete, il fine giustifica i mezzi. Possiamo essere d'accordo. Per tutelare i pentiti, in rapida crescita numerica, è stato allestito un carrozzone burocratico che ne gestisce circa milleduecento, con cinquemila familiari: tutti soggetti agli agguati della mafia tradita, che infatti s'è accanita, con una serie impressionante di «esecuzioni» sia sugli «infami» sia sui loro congiunti. Lo Stato, che deve prendersi cura di questi testimoni a rischio, a volte lo fa con eccessi di generosità. Gli italiani hanno avuto un soprassalto di sorpresa, e d'indignazione, quando Balduccio Di Maggio – incalzato da uno degli avvocati di Andreotti – è stato costretto ad ammettere che oltre allo stipendio s'era intascata la bella sommetta di cinquecento milioni. Felice Maniero, già capo della banda del Brenta – undici omicidi – s'era vista revocare la protezione per le sue ostentazioni di lusso. Tommaso Buscetta fu sorpreso da un fotografo mentre era in crociera nel Mediterraneo con la famiglia. I pentiti se la spassano e molte loro vittime giacciono sottoterra.

I pentiti erano diventati troppi (il ministro dell'Interno Napolitano non aveva esitato ad ammetterlo): e la legislazione che li riguarda doveva essere modificata per impedire che il pentitismo diventasse una professione, e che i nomi noti della categoria si comportassero come consulenti pronti ad accorrere, e a fare rivelazioni, ogni volta che un Pm avesse bisogno d'aiuto. Tre erano i punti su cui fioccavano le critiche: i ricordi a rate, i «sentito dire», i riscontri. Non si può pretendere, osservano i Pm, che un pentito sia indotto a parlare senza un certo processo di «maturazione». Ma non si può nemmeno consentire, ribattono gli avvocati (ma anche osservatori non interessati), che la maturazione duri anni e che dai recessi della memoria affiorino ricordi scaglionati in un infinito arco di tempo. Va fissato un termine – poniamo sei mesi – entro il quale il pentito parla, nel corso dell'inchiesta: dopodiché deve tacere, e semmai confermerà o negherà o aggiungerà durante il processo. I Pm – in particolare quelli delle Procure che si battono contro il crimine organizzato – hanno difeso a spada tratta il pentitismo. Mafiologi come Pino Arlacchi sono pronti a giurare su ogni parola di Tommaso Buscetta e di Balduccio Di Maggio, e ritengono del tutto ragionevole l'entità dei quattrini che lo Stato elargisce a questi personaggi. Ma le rivelazioni prolungate per anni e sempre crescenti ispirano il sospetto che tra i pentiti e le Procure s'instauri un rapporto ambiguo, e che i pentiti – per non perdere i vantaggi della protezione – cerchino d'interpretare i desideri dei Pm e sfoderino al momento giusto un nome atteso. Questo soprattutto nei processi che coinvolgono personaggi noti. Finché racconta cose del suo ambiente criminale, il pentito offre materiale di prima mano. Quando sconfina, passa alle voci, ai pettegolezzi, alle notizie indirette. Se n'è ascoltato perfino uno che ha volonterosamente confermato i contatti tra la mafia e Andreotti. Invitato a precisare come gli risultasse ha aggiunto: «è un'opinione».

Per i pentiti occorrono limiti di tempo e limiti d'argomento. Più d'ogni altra cosa occorrono riscontri che non consistano nelle chiacchiere di altri pentiti. Nessun Pm è contro i riscontri. Tutti sostengono d'averne a bizzeffe. Un Pm del «caso Tortora», Lucio Di Pietro, aveva detto a un intervistatore: «Nessuna confessione è mai stata presa per oro colato. Su ogni circostanza abbiamo cercato riscontri, con un minuzioso lavoro di setaccio... Il collega Di Persia, io, la polizia e i carabinieri abbiamo lavorato quattro o cinque mesi. A fare cosa? A identificare ogni riscontro, a fare rilievi fotografici, a rileggere centinaia di vecchie indagini di polizia giudiziaria, rimaste senza sviluppo». La realtà, si voglia o no ammetterlo, è diversa. Alcuni processi sono costruiti sui pentiti, e soltanto su di loro: e le menzogne d'un Gianni Melluso possono costare a Enzo Tortora la condanna a dieci anni di reclusione, errore riparato dalla Corte d'Appello con l'assoluzione piena, ma la vergogna resta. I pentiti di mafia (o di camorra o di 'ndrangheta) devono essere maneggiati con cura, insomma: e senza mai dimenticare che hanno un *pedigree* da far paura, collegamenti con il mondo del crimine, interessi e obbiettivi spesso e volentieri loschi.

Il pentitismo italiano ha poi un altro risvolto anomalo: nel sistema accusatorio le prove sono portate in dibattimento, e in dibattimento esaminate, i documenti servono solo per i loro riferimenti ai fatti. Nella grafomania giudiziaria italiana questo principio s'è tradotto in mostruose piramidi di carte, le inchieste durano anni e i loro risultati sono raccolti in decine o centinaia di «faldoni». Alle Procure piace che l'indagine sfoci nel processo già consolidata e quasi immodificabile, per il peso cartaceo dal quale è gravata. Nei processi di cui ci siamo occupati la quantità mostruosa del materiale ammassato dai Pm, che dovrebbe dar forza all'accusa, ne denuncia la debolezza. Se poi l'accusa scorge un legame tra vari processi «celebri», la loro elefantiasi cresce. La Procura di Palermo ha chiesto il rinvio a giudizio – anche qui per concorso esterno in associazione mafiosa – di Corrado Carnevale, il giudice di Cassazione «ammazzasentenze» che agli ammazzamenti avrebbe proceduto non solo per formalismo ottuso e cavillosità esasperata, ma perché, vicino alla mafia, per conto della mafia aggiustava i processi. È possibile – per molti certo – che questo sia avvenuto (anche se un esame implacabile dei beni di Carnevale e dei suoi parenti e amici fino a cuginanze di terzo e quarto grado non ha accertato alcun arricchimento). Ma Carnevale è importante, agli occhi della Procura, perché lo si vuole braccio giudiziario delle manovre andreottiane: e allora, per dimostrare che era colluso, e che poteva piegare alla sua volontà altri esperti magistrati di Cassazione appartenenti alla stessa sezione della Suprema Corte, sono stati mobilitati quattordici pentiti ed è stata elaborata una «relazione» di mille e passa pagine, che poi sarebbe il sunto dell'inchiesta. Che senso ha, a questo punto, deplorare le lentezze della giustizia italiana?

La questione delle testimonianze, e della loro validità, riaffiorò nella primavera del 1997 per le modifiche – volute dal Parlamento – all'articolo 513 del Codice di Procedura penale. Nella sua stesura ultima quell'articolo consentiva che i Pm potessero portare in un processo, come elemento di prova, ciò che era stato detto a loro o alla polizia, in un'inchiesta connessa, da imputati che tuttavia si trincerassero, in aula, dietro la facoltà di non rispondere. La norma era, per riconoscimento unanime, iniqua: ammetteva in dibattimento dichiarazioni rese senza la presenza degli avvocati, e senza che gli avvocati fossero poi in grado di attaccarle, controinterrogando. Era pacifico che la correzione dovesse passare, in Parlamento: la *querelle* riguardava il periodo di transizione dalla vecchia alla nuova regola. Se – come proposto – questi testimoni-imputati dovevano tutti essere riascoltati, per confermare o no le precedenti dichiarazioni, i tempi di molti processi si sarebbero allungati a tal punto da far scattare – in particolare per i processi di Tangentopoli – la prescrizione. Inoltre la mafia avrebbe potuto esercitare le sue pressioni e le sue minacce su chi dovesse ripetere pubblicamente ciò che agli inquirenti aveva confidato. Alcuni Pm in vista delle Procure – Colombo e Davigo a Milano, Marcello Maddalena a Torino – interpretavano la modifica del 513 come un'ennesima manovra dei politici – nell'occasione concordi, destra e sinistra – per bloccare la lotta alla corruzione. A sua volta il Procuratore capo di Palermo Caselli scriveva, con enfasi drammatica, che la riforma del 513 equivaleva ad una abrogazione della mafia per legge: volendo con questo sostenere che solo una totale ignoranza del fenomeno mafia poteva consentire quello spensierato garantismo. Il Pds era lacerato tra slanci garantisti e nostalgie giustizialiste. Alla fine il 513 riformato ebbe l'approvazione del Parlamento, con l'intesa che per le inchieste di mafia sarebbe stato escogitato qualche correttivo.

CAPITOLO DECIMO

COLPITI DALLA FOLGORE

Negli anni dei quali questo libro si occupa le Forze armate italiane sono state impegnate in due importanti missioni internazionali: l'una in Bosnia, con un ruolo importante ma subordinato dei nostri militari, l'altra in Albania, e lì
è toccato all'Italia d'essere, nel bene e nel male, protagonista. Qualcuno che non ci vuole bene ha definito l'Italia
un gigante economico, un nano politico e un verme militare. Non più che una battuta sprezzante al fondo della
quale sta tuttavia, come di solito avviene, un frammento di
verità. I miracoli italiani sono stati di regola confinati in
un ambito produttivo, o culturale: ma alla straordinaria
vitalità che il Paese ha saputo attestare nella sua ricostruzione e nel suo inserimento tra i «grandi» industrializzati
non è corrisposto un adeguato peso in politica estera, e un
adeguato rispetto delle capacità militari. In politica estera
l'Italia s'è rassegnata al rango di «media potenza», come
tale esclusa – nella sostanza se non nella forma – dalle
massime decisioni. Questo atteggiamento dimesso, se non
vogliamo dire umile, ha preteso d'essere la risposta democratica alle jattanze del regime fascista: ma a determi-
narlo ha contribuito la subordinazione della politica estera italiana a quella della superpotenza «occidentale», gli
Stati Uniti. Non esisteva alternativa, ed è una fortuna che
le cose siano andate a quel modo, e che l'Italia si sia affidata alla protezione dell'Alleanza Atlantica, del Pentago-
no, del Dipartimento di Stato (e in seconda battuta
dell'Europa comunitaria). In fin dei conti gli atteggiamenti da grande potenza della Francia, e le sue bizze na-

zionaliste, miravano a nascondere una realtà molto simile all'italiana.

Per le Forze armate – e senza che si voglia arrivare all'insulto «verme militare» – l'Italia era in condizioni peggiori. Lo era – è inutile volerselo nascondere – per un retaggio storico, ossia per le vicende d'una guerra mondiale – la seconda – che è stata perduta male, con straordinari lampi individuali d'eroismo ma anche con patenti dimostrazioni d'inefficienza dei comandi, riverberate nel comportamento dei soldati. La catastrofe dell'8 settembre 1943 aveva di fatto suggellato, con un avvilente «tutti a casa», la guerra di Mussolini: che era stata però la guerra dell'Italia (i combattimenti, dopo l'8 settembre, di reparti regolari affiancati agli Alleati anglo-americani furono un'onorevole ma poco significativa appendice). Questo passato s'era tradotto, per la classe politica postfascista, in un rifiuto non tanto della guerra – lo si può capire e approvare – ma in un rifiuto di tutto ciò che alla mentalità militare tradizionale si collega. Da lì l'esaltazione iperbolica della Resistenza, lotta di popolo contrapposta alle guerre dei generali. In quel contesto le Forze armate trovavano collocazione solo se somigliavano il più possibile a forze disarmate.

Si continuò a fare assegnamento sulla leva obbligatoria, ma con una serie d'ammorbidimenti che avvicinavano i soldati alla casa, ed equiparavano l'uniforme a una tenuta di lavoro (ammesso che il lavoro ci fosse). Dopodiché tutti in abiti civili. La struttura militare mantenne il suo apparato burocratico, indistruttibile al pari d'innumerevoli altri; fu per molti uno stipendificio, per di più infiltrato dalla corruzione. Le ristrettezze d'un bilancio avaro – e di gran lunga inferiore a quello dei maggiori alleati – colpivano in primo luogo i mezzi e l'addestramento. Dalla stagnazione impiegatizia si salvavano alcune unità e reparti d'*élite* che potevano essere considerati veramente operativi: e che sono stati infatti utilizzati quando s'è trattato di assolvere impegni internazionali. Quei reparti avevano caratteristiche semiprofessionali anche se includevano ragazzi di leva: perché chi chiedeva di appartenere ad essi aveva vero spirito militare, e sapeva che il servizio sarebbe stato tutt'altro che una sinecura, e nemmeno il «faticoso ozio» del luogo comune. Quale che fosse la missione – il Libano o la Somalia o il Mozambico o la Bosnia o l'Albania – sempre a quei pochi ma buoni si doveva fare appello mentre il grosso del contingente di leva se ne stava nei dintorni della città d'origine (o magari aveva svicolato nel servizio civile).

«Balcani polveriera d'Europa» dicevano i nonni, e non avevano torto. La definizione si addice perfettamente, ancor oggi, alla Bosnia, piaga del continente: magari cicatrizzata ma non guarita. La Jugoslavia era una creazione politica multietnica e multireligiosa che, disintegrandosi, ha generato alcuni Stati con una identità nazionale chiara o chiarificabile: è il caso della Slovenia, della Serbia, della Croazia. Tra Serbia e Croazia il contenzioso territoriale ed etnico era aspro, con travasi di popolazione dall'una all'altra parte dei confini, ed ha generato conflitti ed atrocità. Ma si poteva supporre che i croati di Serbia trovassero rifugio in Croazia, e i serbi di Croazia in Serbia (la Slovenia è per sua fortuna omogenea). La Bosnia-Erzegovina era invece, all'interno della federazione multietnica e multireligiosa, un microcosmo a sua volta multietnico e multireligioso, con gli appartenenti ai vari gruppi sparsi a pelle di leopardo su tutta la sua superficie. Nella Bosnia i musulmani sono la maggioranza, ma devono fare i conti con presenze significative di serbi e croati. Mentre per i musulmani l'indipendenza bosniaca era l'unico mezzo per affermare la loro identità, i serbi e i croati guardavano alle patrie esterne più che alla patria interna. Un groviglio inestricabile: dal che i Paesi che contano sono stati indotti, quando hanno deciso di non tollerare ulteriori massacri e ulteriori scempi di vite umane e di beni, ad una sorta di rassegnazione attiva. Citiamo da uno studio di Ezio Bonsignore: «La posizione della comunità internazionale consiste non già nel cercare di eliminare o risolvere le cause del conflitto, bensì nel negarle a priori bloccando, si spera, a tempo indefinito il conflitto stesso. L'obbiettivo politico finale consiste nel riprendere il modello di Stato multietnico e multireligioso, clamorosamente e sanguinosamente fallito a livello di Jugoslavia, e di garantirgli invece una nuova validità a livello di Bosnia-Erzegovina. Gli unici ad avere qualche serio interesse ad uno Stato del genere sono i musulmani».

Non vogliamo ripercorrere esaurientemente, in un capitolo che è dedicato alle missioni militari italiane, le varie fasi dell'intervento in Bosnia: con un accordo tra l'Onu e la Nato per un totale embargo delle forniture di armi ai belligeranti, poi con le azioni aeree dissuasive e punitive. A quel punto i serbi di Bosnia, imbaldanziti dall'inazione o dalla azione prudente delle istituzioni internazionali, osarono catturare militari dell'Onu cui era affidata la protezione dei convogli umanitari e usarli come scudi umani per proteggere gli obbiettivi militari. La risposta fu pronta. Venne formata una forza di reazione rapida che contava all'inizio dodicimila uomini, francesi, britannici e olandesi, ma che andò crescendo fino a una consistenza di sessantamila uomini circa. L'Onu rinunciò a ogni responsabilità per le operazioni militari, lasciate in esclusiva alla Nato. Il generale americano William Crouch assunse il comando dell'operazione, dapprima denominata Ifor (Implementation Force, ossia forza incaricata di dare esecuzione agli accordi di Dayton in cui era stata delineata la strategia cui attenersi per la crisi bosniaca) e poi Sfor (Stabilisation Force). L'Italia si inserì con un certo ritardo nell'impresa, e fece ricorso ai soliti reparti noti: in primo luo-

go la Folgore – il cui comandante generale, Luigi Cantone, fu posto a capo del contingente – la brigata Garibaldi,
e formazioni speciali. In tutto poco più di duemila uomini, inseriti in una divisione multinazionale a comando
francese. Il più grave tributo di sangue durante lo svolgimento della missione bosniaca l'ha subito l'Aeronautica
militare, per gli abbattimenti – causati dal fuoco dei serbi
o di cecchini non identificabili – di un elicottero sul quale
avevano preso posto quattro militari italiani e un francese,
e di un G-222 che portava rifornimenti per la popolazione di Sarajevo e che si schiantò al suolo con i quattro
componenti l'equipaggio. Un altro morto e sei feriti italiani – il 24 gennaio 1996 – erano stati investiti dallo scoppio
d'un ordigno che un sottufficiale portoghese maneggiava
nella caserma di Sarajevo occupata dal suo reparto e da
soldati della brigata Garibaldi: due portoghesi erano rimasti anch'essi straziati. Perdite dolorose, ma minori di
quanto gli italiani potessero temere avventurandosi in
quel campo di battaglia dove imperversavano massacratori e stragisti emuli delle più fosche nefandezze hitleriane e
staliniane. La Bosnia non è stata riassestata, perché il riuscirvi è impresa sovrumana: ma è stata ingessata, che era
lo scopo della comunità internazionale. Fu perfino possibile svolgere, il 14 settembre del 1996, le elezioni che l'accordo di Dayton prevedeva. Ogni etnia votò per il suo uomo rappresentativo, che era infallibilmente un nazionali-
sta acceso: i musulmani per Alija Izetbegovic, i serbi per
Momcilo Krajisnik, i croati per Kresimir Zubak. Sempre
in esecuzione di quanto concordato a Dayton Izetbegovic,
il più votato, fu il *primus inter pares* nella presidenza a tre.
Un partito che enunciava l'obbiettivo d'una convivenza
serena tra le etnie restò in sconfortante minoranza.

Nel passaggio dalla dittatura ferrea ad una democrazia
claudicante e cialtrona l'Albania ha avuto travagli peggiori d'ogni altro Paese comunista, e si capisce perché. Il re-

gime quarantennale di Enver Hoxha aveva tenuto il Paese in un isolamento oscurantista e poliziesco: al confronto un Gierek, un Kadar, perfino un Honecker faceva figura di saggio e aperto governante. Morto nel 1990 Hoxha (e non rimpianto), crollato il comunismo sotto il peso dei suoi insuccessi, la nuova dirigenza della piccola Repubblica – ancora formata da notabili del regime che era defunto insieme al suo *leader* – proclamò la volontà d'avviarla verso la democrazia e il mercato. Come avveniva contemporaneamente in Russia – ma con degenerazioni ancor più vistose – la democrazia ebbe piuttosto i caratteri dell'anarchia associata all'autoritarismo, e il «mercato» i caratteri d'una pirateria praticata dai furbi e dai violenti a scapito dei deboli e degli ingenui. Il Partito comunista aveva lestamente abbandonato gli antichi idoli ed era diventato «socialista»: ma s'era trovato di fronte un cardiologo non ancora cinquantenne, Sali Berisha, che era stato (come tutti) iscritto al Pc. Si mormorava addirittura che fosse stato tra i medici curanti di Enver Hoxha.

Berisha, un tipo massiccio e imperioso, cavalcò la protesta scatenata dagli studenti contro i residuati della dittatura, fondò il Partito democratico, e nel 1992 fu eletto una prima volta Presidente. Sulla regolarità del voto c'era parecchio da ridire, e più ancora ce ne fu sull'azione di Berisha come Capo dello Stato. Gli oppositori finivano in carcere, con i più svariati pretesti: ci era finito anche Fatos Nano, già primo ministro nel dopo-Hoxha e *leader* dei socialisti: l'avevano incriminato, e arrestato, sostenendo che nel 1991 s'era appropriato di 700 mila dollari concessi dall'Italia come aiuto alla nuova Albania. All'estero Berisha aveva tuttavia molti estimatori: ne aveva negli Stati Uniti, ne aveva in Italia. Logorato ma non domo, questo furbo maneggione venne confermato nella carica con le elezioni politiche del 26 maggio e 2 giugno 1996 (due turni). Ma ai brogli s'era fatto ricorso, nella replica, con accresciuta spregiudicatezza rispetto alla prima rappresentazione, e i 120 seggi parlamentari toccati al partito di Berisha (su un totale di 140) parvero a tutti gli osservatori neutrali uno sproposito. Nonostante questo, o proprio per questo, Berisha riteneva d'essere saldo in sella. Non immaginava quanto il suo cavallo, benché stremato e con redini corte, fosse facile a imbizzarrirsi. Forse Berisha fidava troppo sull'appoggio incondizionato che gli veniva dai montanari della sua terra nel Nord (è impossibile capire gli avvenimenti albanesi se non si tiene conto della divisione del Paese in clan, e della mentalità feudale che in quelle roccheforti personali tuttora vige).

Il botto che alla fin fine disarcionò Berisha non venne dalle sue spregiudicatezze di governante: venne dagli imbrogli delle «finanziarie» che, cresciute e moltiplicate in Albania come funghi tossici, avevano rastrellato gli onesti risparmi o i guadagni loschi d'una infinità di persone promettendo interessi da capogiro (e all'inizio pagandoli, grazie al denaro fresco che continuamente affluiva). Quando, nel gennaio del 1997, la prima grossa finanziaria dichiarò bancarotta fu dapprincipio il panico, poi la rivolta di piazza, e Berisha, con la sua cricca, fu posto sul banco degli imputati. Era impensabile – si sosteneva a ragione – che l'immane truffa, dilagante in un piccolo Paese, fosse sfuggita a chi aveva l'obbligo istituzionale di controllare le iniziative di carattere bancario e finanziario, e di salvaguardare i risparmiatori Tanti sospettarono che nel colossale scippo fosse stato coinvolto – per concedere alle finanziarie il permesso d'operare o per lucrare sui loro incassi – lo stesso Berisha: o se non lui personalmente, qualcuno dei suoi fidi di sicuro. La pressione delle folle urlanti e minacciose divenne nel febbraio del 1997 rivolta aperta, e fece deflagrare altri focolai di rabbia che covavano sotto la cenere. Le caserme vennero invase e saccheggiate, le armi depredate – aggiungendosi a quelle di cui quasi ogni albanese era già munito –, le carceri furono aperte, dovunque si sparava e tra il Nord e il Sud – ossia, per semplificare, tra Tirana e il territorio che da Valona si estende fino alla frontiera greca – si creò una frattura che era insieme politica, di ordine pubblico, e religiosa (all'estremo Sud la minoranza dei cristiani ortodossi è molto forte). Caporioni intraprendenti, i Salvatore Giuliano d'una Albania lacerata, avevano formato bande che scorrazzavano impunemente: era insomma il caos.

Volendo porvi in qualche modo rimedio l'Organizzazione per la sicurezza e la cooperazione in Europa (Osce) propose e ottenne ai primi di marzo che i due maggiori partiti albanesi collaborassero in un governo di riconciliazione nazionale. Berisha dovette accettare d'avere accanto a sé come Primo ministro – era una coabitazione di tipo francese – il giovane esponente socialista Bashkom Fino. Sia Berisha sia Fino concordavano sulla necessità d'una presenza militare internazionale. Il 29 marzo il Consiglio di sicurezza dell'Onu deliberò il formale mandato per la missione, il 15 aprile 6500 soldati di dieci Paesi cominciarono ad insediarsi in Albania. Il coordinamento e il comando generale della spedizione – battezzata Alba – era italiano, e affidato al generale Luciano Forlani: così come italiana era la maggioranza delle truppe impiegate. Obbiettivi essenziali di questa forza erano il ristabilimento d'un minimo d'ordine e di convivenza nel Paese, e la garanzia d'un normale svolgimento di nuove elezioni politiche, fissate per il 29 giugno e da Sali Berisha accettate *obtorto collo*. Formalmente le elezioni concernevano il Parlamento e non la Presidenza della Repubblica, ma Berisha dovette impegnarsi a sgombrare il campo, nell'eventualità d'una sconfitta. Tutto sommato il dispiegamento dei reparti fu attuato, in condizioni critiche, con celerità e senza seri intoppi. Prodi riuscì ad evitare una figuraccia perché, quando il Parlamento fu chiamato ad approvare la missione, il Polo prestò i voti che Bertinotti gli fece mancare.

I guai furono d'altro genere. Due tra essi non potevano che essere addebitati alla Marina militare. Per contrastare l'afflusso di immigrati illegali – decine e decine di migliaia di disperati, ma anche tanti pericolosi delinquenti cui erano state spalancate le porte della galera – navi da guerra italiane pattugliavano, con il consenso di Tirana, il braccio di mare tra l'Albania e l'Italia. Il 28 marzo 1997 la corvetta *Sibilla* avvistò un'imbarcazione malconcia e stracarica, e le intimò di invertire la rotta e di puntare verso un porto albanese. Chi era al timone dello sgangherato natante non obbedì, ed è probabile lo facesse intenzionalmente: se vengono raccolti a bordo di unità italiane, i clandestini pretendono poi d'avere asilo. Vi fu una collisione e la navicella s'inabissò portando con sé a ottocento metri di profondità una novantina di sventurati. Secondo i marinai della *Sibilla* l'incidente era stato provocato dalle manovre errate dell'imbarcazione albanese.

Per fortuna nessuna vittima, nemmeno un contuso – tranne il prestigio della Marina – in un successivo episodio. A poche centinaia di metri dal litorale di Valona l'incrociatore *Vittorio Veneto*, nave ammiraglia e orgoglio della flotta, andò a fine aprile ad incagliarsi su un banco di sabbia, e ci volle una muta di rimorchiatori per liberarlo dopo decine d'ore di sforzi. Non proprio un capolavoro di tecnica della navigazione: oltretutto un'unità militare ausiliaria, la *San Giorgio*, era tempo prima andata a urtare contro un relitto sommerso mentre procedeva all'evacuazione di civili dall'Albania. Nell'ambito militare, l'abbiamo visto, non tutto era filato liscio, anzi. Nell'ambito politico-diplomatico non andò liscio quasi nulla: gli errori e le *gaffes*, che s'inanellarono in travolgente sequenza, non erano casuali. Alla loro origine stavano le divergenze dei vertici italiani sulla valutazione del nodo albanese: conveniva puntare su Berisha, pur fiaccato dalle sue leggerezze (per essere eufemistici) e dalle manifestazioni di piazza, o conveniva puntare sui «socialisti»? Dini, e la Farnesina con lui, erano piuttosto per Berisha, il Pds era contro Berisha, Prodi era come sempre per Prodi, ossia perseguiva una tattica che gli desse il massimo di raccolto politico con il minimo di rischio.

Il torneo delle cantonate fu aperto dal pidiessino Piero Fassino, sottosegretario agli Esteri, che dal suo incarico sarebbe stato tenuto a una assoluta discrezione, e che fu tradito da una frase confidenziale colta da un microfono indiscreto. Fassino lasciò trapelare il suo desiderio che la missione albanese avesse per risultato la defenestrazione di Berisha: il che, nella prospettiva di elezioni e mentre Berisha era al potere, non meritava una medaglia d'oro al valore diplomatico. Allo svarione fu posto bene o male rimedio: del resto gli albanesi, cui premeva l'aiuto economico italiano, non ne fecero un «caso». Sulla scia della *gaffe* di Fassino ne sopravvenne un'altra, di segno opposto, dell'attivo e ambizioso ambasciatore a Tirana, Paolo Foresti. Galeotto fu questa volta non il microfono ma il telefono: l'università italiana delle intercettazioni aveva trovato promettenti allievi al di là dell'Adriatico. Un quotidiano d'opposizione a Berisha, l'*Indipendent*, pubblicò il testo d'una conversazione tra Foresti e Tristan Shehu, braccio destro del Presidente. In succo, Foresti suggeriva che il governo albanese non accettasse, o almeno non accettasse subito, le proposte dell'austriaco Franz Vranitzky mediatore ufficiale dell'Osce, ma temporeggiasse per consentire un intervento di Prodi, cui sarebbe stato accreditato il buon esito del negoziato. Le smentite che Foresti oppose alle «rivelazioni» furono imbarazzate e parziali: le dichiarazioni carpite non erano frutto di fantasia, e infatti Dini s'affrettò a spiegare che credeva nei dinieghi di Foresti, ma che comunque la linea di Roma era diversa da quella che l'intercettazione lasciava intendere. Anche questa volta l'Albania ufficiale preferì non affondare il dito nella piaga: la tempesta che si abbatté su Foresti era piuttosto italiana, e gli costò il posto. In vece sua fu designato ambasciatore a Tirana, con provvedimento fulmineo, Manfredo Incisa di Camerana (nome blasonato e brillante carriera) cui il precedente di Foresti avrebbe consigliato di tenere la bocca cucita: al telefono e a maggior ragione parlando ai giornalisti. In un'intervista a *Repubblica* l'ambasciatore bis espresse invece critiche al suo predecessore, alla Farnesina, e – in maniera sfumata – alla designazione del generale Franco Angioni come coordinatore degli aiuti all'Albania: designazione voluta da Prodi che pareva fatta apposta per ingenerare uno di quei conflitti di competenze in cui s'attorciglia spesso e volentieri l'amministrazione italiana. Incisa di Camerana aveva tra l'altro sottolineato la sua volontà d'essere neutrale nei riguardi delle fazioni albanesi, dal che si deduceva che non lo fosse stato Foresti. Via anche il chiacchierone numero due che, ammise Dini, non si era mostrato all'altezza della situazione. La feluca che – si spera – era all'altezza fu trovata in Marcello Spatafora, proveniente dall'Australia.

Sulla farsa era calato il sipario (intanto i soldati italiani facevano egregiamente il loro dovere). Ripresero la scena le cose serie, ossia l'esigenza di ristabilire l'ordine pubblico, sempre molto travagliato ma in lieve miglioramento, e di portare il Paese ad elezioni decenti. Per le elezioni il compito di Alba fu assolto brillantemente. Dalle urne uscì vincitore, secondo pronostico, il *leader* socialista Fatos Nano: uno dei tanti trionfi postcomunisti che le cronache hanno registrato, e che trovano spiegazione nell'infuriare, durante la fase di transizione dalla dittatura alla democrazia, d'una spietata e iniqua legge della giungla economica. Nel duello s'inserì, portandovi una nota anomala e un tantino pittoresca, il figlio di re Zog, Leka, che l'Albania l'aveva lasciata insieme alla famiglia fuggiasca quando era nato da pochi giorni (1939) e che era riuscito a raccogliere una insperata messe di consensi. I monarchici, che contestavano i risultati del voto, avevano inscenato dimostrazioni di piazza, contrastate dalla polizia, nelle quali uno dei loro era stato ucciso. Berisha tergiversò qualche giorno, prima di liberare la sua poltrona, ma a fine luglio cedette. Seduta stante il Parlamento di Tirana designò come presidente Rexhep Mejdani, un docente universitario di fisica cinquantaduenne, e Mejdani affidò la carica di Primo ministro a Fatos Nano. Per i comandi militari l'avventura albanese si chiudeva – con il rimpatrio del contingente italiano – in modo tutto sommato positivo.

Non si chiudeva invece per il governo il problema albanesi, inserito nel più vasto problema dell'immigrazione extracomunitaria, legale e clandestina. Gli albanesi accolti in Italia, e avviati a campi di raccolta, si volatilizzavano presto, e parecchi andavano ad ingrossare la folla degli sbandati e la militanza delle mafie etniche: con un moltiplicarsi d'episodi di violenza e d'indecenza, e con un crescendo di proteste dei cittadini italiani: alcuni dei quali tuttavia non esitavano ad assoldare con salari da fame il clandestino albanese o nordafricano o curdo o indiano o singalese. Prodi e Napolitano nutrivano fiducia, a parole, ma erano sballottati tra le invocazioni di rigore – con espulsione immediata dei clandestini – del centrodestra e della Lega e i commossi appelli solidaristici della sinistra col cuore in mano. Comunque sembrava contare poco con chi stesse il governo – del resto si faticava a capirlo – perché ogni conato d'inflessibilità si perdeva nel labirinto delle leggi. Contro i decreti d'espulsione era possibile presentare ricorso entro quindici giorni: regolarmente utilizzati dagli extracomunitari non per presentare ricorso ma per far perdere le proprie tracce. Nemmeno il patetico espediente di dare una mancia di qualche centinaio di migliaia di lire agli albanesi disposti al rimpatrio era stato efficace. I pochi che avevano accettato s'erano imbarcati promettendo di tornare presto. Non era impressionante, in Italia, il numero degli immigrati – Francia e Germania ne hanno molti di più – era ed è invece impressionante l'incapacità di controllarli, e di agire contro i molti, i troppi, intruppati nella delinquenza. Dopo crimini atroci – come quello del pastore macedone che sulla Maiella aveva aggredito tre ragazze in gita, uccidendone due e ferendo la terza – s'è scoperto che gli assassini o i rapinatori avevano precedenti penali, erano stati processati e condannati: ma in carcere erano rimasti poco, e una volta fuori nessuno aveva provveduto ad espellerli. Non c'è di che stupirsi: la giustizia italiana è imparziale, non funziona né quando si tratta di cittadini italiani né quando si tratta di stranieri indesiderabili.

Mentre veniva avviata a conclusione l'operazione Alba si annunciava bonaccia, dopo tante burrasche, per la Farnesina e per i comandi militari: senonché di burrasca «il destino cinico e baro» (avrebbe detto Saragat) ne aveva in serbo un'altra, tanto imprevista quanto violenta, che all'Albania era estranea. Il primo piano toccava questa volta alla Somalia. Nel maggio del 1997 il settimanale *Panorama*, che sotto la direzione di Giuliano Ferrara inseriva in una linea politica complessivamente moderata soprassalti di contestazione al «sistema» (e infatti annoverava tra i suoi collaboratori Adriano Sofri), pubblicò una serie di servizi su gravi abusi dei militari italiani in Somalia. I fatti denunciati risalivano agli anni (1993 e 1994) durante i quali le Forze armate italiane avevano partecipato all'operazione internazionale *Restore Hope*, restituire la speranza: che era un'operazione – nella nostra terminologia militare battezzata Ibis – il cui scopo era appunto di portare aiuti umanitari a un Paese dilaniato dalle faide dei «signori della guerra», e di ripristinarvi la pace. Dopo la fuga del dittatore Siad Barre da Mogadiscio (gennaio 1991) la Somalia era stata preda delle convulsioni d'una feroce guerra civile. Nell'intento di risollevarla dall'abisso in cui era sprofondata, l'Onu aveva approvato l'invio di 36 mila uomini messi a disposizione da venti Paesi diversi, e coordinati da un comando degli Stati Uniti. A capo del contingente italiano s'erano succeduti i generali Giampiero Rossi, Bruno Loi e Carmine Fiore. Nel maggio del 1993 la responsabilità dell'impresa – la cui etichetta era diventata *Continue Hope* – passava direttamente all'Onu, senza che per questo ne crescesse l'efficacia. Poi fu il «tutti a casa», e il contingente italiano abbandonò Mogadiscio il 20 marzo 1994, lo stesso giorno in cui fu assassinata la giornalista Ilaria Alpi del Tg3. *Restore Hope* aveva forse lenito sofferenze materiali, ma non pacificato né ripristinato un tollerabile contesto d'istituzioni democratiche. Insomma poco meno che un disastro: del quale non poteva essere chiamata a rispondere l'Italia, coinvolta in un'impresa fallimentare voluta e organizzata dagli Stati Uniti. I reparti italiani avevano pagato un prezzo di sangue (con una dozzina di morti) per la loro presenza, e altri morti s'erano avuti, in quell'imperversare di banditi e di fazioni sanguinarie, tra giornalisti, fotografi, cineoperatori. Carmen Lasorella era scampata a un agguato nel quale aveva perso la vita il suo operatore Marcello Palmisano, in un altro agguato era stata uccisa, come s'è accennato, Ilaria Alpi. Quelle tragedie erano ormai passate all'archivio, nella coscienza del Paese.

A riesumarle – ma assegnando ai nostri soldati il ruolo dei cattivi – provvide appunto *Panorama*: che s'era assicurata – pagandola alcuni milioni – la testimonianza d'un caporalmaggiore in congedo del 185mo Reggimento artiglieria paracadutisti Folgore, Michele Patruno. Questi ha raccontato che nel 1993 alcuni suoi commilitoni avevano infierito su somali catturati, nel campo di Johar, sottoponendoli a torture (scariche elettriche sui genitali), «incaprettandoli» (ossia legandoli in modo tale che ogni movimento risultasse doloroso), lasciandoli senza cibo e così via. Il carattere gratuitamente sadico di quel trattamento apparteneva, secondo Patruno, a un atteggiamento mentale: e infatti uno spregevole giuoco di quei parà – avente per vittime poveri animali – consisteva nel far passare veicoli sempre più pesanti su tartarughe presenti in gran numero nella zona, e nello scommettere sulla resistenza della loro corazza, prima che cedesse. Teatro dello spettacolo era il perimetro del comando di Mogadiscio. A conforto delle sue affermazioni il Patruno – che ha adesso ventisei anni e campa facendo il rappresentante di commercio in Puglia – ha consegnato a *Panorama* alcune fotografie che lasciavano adito a pochi dubbi. Queste le prime rivelazioni: cui ne seguirono altre, ancora con fotografie tristemente eloquenti. Una torma di soldati s'era accanita (e divertita) a violentare una ragazza somala terrorizzata, usando come strumento una bomba illuminante cosparsa di marmellata, perché penetrasse più agevolmente. Da quel momento, come di regola accade, l'alluvione di testimonianze più o meno spontanee, più o meno gratuite, fu incessante. D'una di esse, dovuta a un ex-parà che mirava a incassare qualche milione, fu accertata la totale falsità. Questo cumulo d'accuse poté ingenerare la sensazione che l'Italia avesse mandato in Somalia migliaia di criminali impegnati a compiere orrori, anziché a soccorrere.

Le rivelazioni del Patruno non erano una sorpresa, per chi avesse seguito gli avvenimenti somali. Già v'erano state denunce giornalistiche di fatti analoghi nel 1993, e la Procura militare se n'era interessata, nella persona del Pm Antonino Intelisano, giungendo tuttavia alla conclusione che si trattasse d'operazioni per mantenere l'ordine forse troppo brutali ma non tali da assumere la qualifica di reato. Un'inchiesta più severa – d'una severità magari analoga a quella dallo stesso Intelisano usata per imbastire il processo contro Erich Priebke, relativo ad avvenimenti atroci ma non proprio attualissimi – avrebbe probabilmente evitato strascichi umilianti. Soldati d'altre nazionalità avevano commesso abusi ed erano stati tempestivamente processati, senza clamore. In un Paese che dell'archeologia giudiziaria ha fatto un rito lo scandalo a scoppio ritardato ebbe una risonanza enorme. Dopo la testimonianza del Patruno e l'apertura – o riapertura – del «caso» il mondo politico si divise, nel valutarlo, in due schieramenti: con i più intransigenti a chiedere lo scioglimento della Folgore e provvedimenti contro i generali Loi e Fiore; e i più indulgenti a osservare che le trasgressioni vanno punite ma che è comodo trinciare giudizi sulle situazioni d'emergenza con il metro della normalità, e standone fuori. «Perché non ci vanno i politici in queste missioni?» chiedeva un parà che è stato ferito e decorato. Qualcuno sottolineava che il soprassalto morale dal quale Patruno era stato indotto a spifferare tutto arrivava con un ritardo di quattro anni, e dietro compenso. Per di più lo stesso Patruno, una volta preso il congedo, aveva scritto una lettera con espressioni toccanti d'affetto e di gratitudine al suo colonnello, senza accennare ad ignominie delle quali fosse stato testimone.

Rifondazione comunista e i Verdi erano tra i più accaniti nel chiedere lo scioglimento della Folgore, cui s'opponevano Forza Italia e Alleanza nazionale. Scalfaro, Prodi e il ministro della Difesa Andreatta manifestavano la loro indignazione e promettevano provvedimenti rapidi e rigorosi: ma sottolineavano che la condotta indegna di qualcuno non doveva infangare l'intero contingente. La tragedia somala finiva nei sottoscala della politica. Prese l'avvio l'inchiesta, o piuttosto le inchieste: che in Italia sono sempre plurime, negli eventi che fanno scalpore, e di rado concordanti nelle conclusioni. Per fortuna non fu varata una commissione parlamentare pur invocata. La Magistratura militare procedeva, parallelamente procedeva la Magistratura ordinaria. Arrivarono i primi «avvisi di garanzia» e fu nominata una commissione militare presieduta dal generale Gianfranco Vannucchi: che senza perder tempo deplorò le «esagerazioni» dei testimoni e dei mezzi d'informazione. Il governo varò una sua commissione, affidata all'ex-presidente della Corte costituzionale Ettore Gallo, che includeva i generali Antonino Tambuzzo e Cesare Vitale, Tullia Zevi, presidente dell'Associazione delle comunità ebraiche italiane, e infine Tina Anselmi, che delle inchieste era una veterana (aveva presieduto la Commissione parlamentare d'indagine sulla P2, e condiviso la certezza che la loggia di Gelli avesse avuto un ruolo eversivo nella vita pubblica italiana. Di parere opposto la Magistratura, secondo le cui sentenze la loggia segreta era in definitiva un comitato d'affari e di torbidi favori). Per non causare impaccio alle indagini, e anche per poter meglio scagionarsi e prendere le difese dei loro reparti e dei loro uomini, i generali Bruno Loi e Carmine Fiore diedero le dimissioni dagli incarichi che occupavano (rispettivamente il comando dell'Accademia militare di Modena e la direzione del IV reparto allo Stato Maggiore della Difesa). Ai somali non parve vero di poter colpevolizzare i militari che tentavano di placare le loro sanguinarie faide, e di chiedere (oltre a un'eventuale Norimberga africana) risarcimenti in denaro.

In tempi che per una inchiesta italiana erano straordinariamente brevi la commissione Gallo rese note, ai primi di agosto 1997, le sue conclusioni. Essa aveva accertato che alcuni degli episodi di violenza denunciati da *Panorama* e suffragati da testimonianze attendibili erano veri. «Sì – disse Gallo in una conferenza stampa – ci sono stati casi di tortura che hanno toccato l'ultimo livello della civiltà. Quando si tortura il somalo prigioniero con gli elettrodi ai testicoli, quando si fa oggetto di risa, di divertimento e di scherno l'atroce penetrazione d'una giovane con una bomba da fucile vi è al fondo un degrado culturale razzista.» Parole pesanti. «Ma – aggiunse Gallo – le responsabilità sono rimaste a un grado molto basso con la divertita condiscendenza di alcuni ufficiali subalterni.» I comandi, e i generali Loi e Fiore in particolare, erano scagionati.

Gli episodi che Patruno e altri hanno rivelato e che *Panorama* ha pubblicato sono vergognosi. In un certo senso più grave, per la viltà di branco, lo stupro della ragazza che non la minaccia di tortura a un prigioniero: che era, secondo il maresciallo Valerio Ercole (il sottufficiale fotografato mentre teneva in mano i fili elettrici da applicare ai genitali), un malvivente recidivo dal quale si voleva sapere dove i suoi complici tenevano i loro arsenali. La ragazza era – si afferma – una prostituta, e inoltre era – si aggiunge – consenziente. Ma era una creatura umana. Detto questo – e dettolo con chiarezza – bisogna ricordare che in circostanze eccezionali i comportamenti di tutti gli eserciti, in tutti i tempi, sono soggetti a degenerazioni e trasgressioni. I confini tra il lecito e l'illecito diventano molto più sfumati. Questo, per strano che sembri, non diminuisce con la professionalità dei soldati, a volte addirittura cresce. I soldati italiani di Somalia, anche se di leva, potevano essere apparentati, lo ripetiamo, ai professionisti: chi sceglie la Folgore, una delle unità d'*élite* delle Forze armate, con il suo addestramento duro e anche pericoloso, e poi chiede d'andare in Somalia (o in Bosnia o in Albania) ha vocazione militare e voglia di guadagnare: il soldo è, per i militari delle missioni internazionali, piuttosto allettante. Questa specie d'uomini ha in sé una carica particolare, che nei migliori si chiama patriottismo, senso del dovere civico, voglia di servire la comunità: ma che in alcune frange è aggressività, desiderio di far valere la propria forza, la propria violenza, e talora il proprio piacere di causare sofferenza. Un terreno come quello somalo, con le sue insidie e i quotidiani esempi di disprezzo per la vita dati dai locali, può attizzare gli istinti più bassi. La caserma ha le sue grandezze e le sue miserie. Basta pensare al nonnismo, ossia alle vessazioni cui le reclute sono assoggettate dagli anziani. I soprusi vengono stroncati dalla implacabilità – preventiva e repressiva – della disciplina. Per questo molti dei discorsi ascoltati dopo lo scandalo della Somalia ci sono parsi un'accozzaglia di demagogia, di buonismo, d'intenzioni virtuose e sterili (s'è preteso che l'immissione massiccia di donne nelle Forze armate scongiurerebbe le trasgressioni); per questo ci lascia perplessi, anzi del tutto scettici, l'invito della commissione Gallo a corredare i nostri corpi di spedizione, se dovessimo mobilitarne altri, di un magistrato che «in ipotesi di commissione di illeciti penalmente rilevanti possa nell'immediato coordinare e dirigere le operazioni di polizia giudiziaria». Un rimedio che ci sembra peggiore del male. Fatti tutti i conti abbiamo più fiducia nei nostri soldati che nei nostri magistrati.

Noi vorremmo un esercito di mestiere non perché vi mancherebbero i potenziali trasgressori, ma perché in un esercito dove si va per propria scelta il rigore della disciplina, durissima, è preordinato e accettato. Nelle Forze armate di leva gli ordinamenti si sono andati invece adeguando sempre più all'idea che l'ordinare sia quasi prevaricare e che la bonarietà accomodante sia preferibile a regole precise e inflessibili. S'è perseguito il criterio che la vita militare debba il più possibile somigliare alla vita civile, che è il criterio peggiore per formare e governare reparti utilizzati in missioni belliche, in senso lato. Chiunque sappia qualcosa – magari per esperienza cinematografica – delle tecniche d'addestramento negli Stati Uniti o in Gran Bretagna (dove le Forze armate sono composte da volontari), si rende conto di quanto quella concezione sia diversa dall'italiana. Conforti materiali, tanti. Indulgenze disciplinari, nessuna. Guardiamoci dal dare agli episodi somali una valenza morale – e civile – eccessiva. Ci siamo crogiolati per decenni nella leggenda degli italiani «buoni» da contrapporre – come insegna una valanga incessante di film e di trasmissioni televisive – ai tedeschi «cattivi», e un bel momento ci siamo scoperti cattivi anche noi, tutti. Non è così. Ma bisogna pur ammettere che i ventenni andati in Somalia venivano dalle famiglie e dalla scuola italiane: come i ventenni «bene» della borghesia che, rimasti in Italia, irrompono nelle case altrui per saccheggiarle, quando non fanno di peggio. Anche a loro un po' di disciplina seria servirebbe, e invece non si è fatto altro che predicare il contrario.

CAPITOLO UNDICESIMO

VENETO TANK DISTRUTTORE

Il pronunciamento della Lega in favore del semipresiden-zialismo, durante i lavori della Bicamerale, era stato un esempio da manuale della tattica di Umberto Bossi: colpi di mano, «ribaltoni», irrigidimenti, ammorbidimenti, di-serzioni, irruzioni. Un repertorio sterminato di sorprese, un «fattore B» che con sistematicità mandava all'aria – grazie a un artefice in apparenza così rustico e *naïf* – i sot-tili calcoli dei più scafati professionisti. La tattica era volu-bile fino alla stravaganza, la strategia aveva una sua sot-terranea coerenza. Secessione, indipendenza, o qualcosa che alla secessione e all'indipendenza somigliasse il più possibile. Gli accenni di Bossi agli armati delle vallate ber-gamasche e la sua predilezione per l'uniforme paramilita-re delle camicie verdi erano temperati di norma da di-chiarazioni distensive: nessuna violenza, la via alla seces-sione doveva essere pacifica e democratica. In effetti l'Umberto ha sul tamburo «scomunicato» gli otto mattoidi che la sera del 9 maggio 1997 erano riusciti a impadro-nirsi, come avanguardia spericolata d'un Veneto Serenis-simo Governo, del campanile di San Marco, e che ne sono stati sloggiati piuttosto rudemente da un *commando* della Digos. Il gruppo di esaltati, ha detto il *senatur*, non ha nul-la a che vedere con la Lega e con i suoi ideali. Massimo D'Alema s'è detto d'accordo, anche perché non voleva compromettere lo sforzo di portare Bossi nella Commiss-sione bicamerale ossia – sono parole sue – «ad una parte-cipazione combattiva ma piena alla vita democratica del Paese». Ma i più hanno visto negli otto conquistatori del nulla – i monumenti sono quanto di più indifeso può esserci in Italia – un frutto attossicato del nordismo spaccone, una scheggia militante e demente della predicazione padana. Dopo la secessione l'ultrasecessione: se il Nord non vuole Roma ladrona il Veneto Serenissimo non vuole il resto del Nord che considera un intruso nella lotta per l'indipendenza.

L'impresa di questi secessionisti da sbarco, che s'erano impadroniti d'una motonave lagunare per raggiungere il loro obbiettivo e che disponevano d'armi per fortuna non utilizzate e d'un artigianale mezzo blindato (Vtd ossia Veneto Tank Distruttore, più colloquialmente tanko, o tanketo) ha scosso l'Italia e interessato il mondo. L'azione di guerriglia incruenta s'era svolta nello scenario più suggestivo e solenne che si potesse immaginare, e i richiami alla gloriosa Repubblica dominatrice dei mari, ai dogi, a un cattolicesimo integralista di tipo vandeano, erano fatti apposta per ispirare romantiche fantasticherie e nostalgie. Accantonate le quali gli assaltatori e i loro complici apparivano solo l'espressione di confusi risentimenti e di grossolane velleità politiche: il tutto tradotto in un *blitz* vernacolo da «Se no i xe mati no li volemo». Gente modesta gli incursori e – fuori da questa parodia del Chiapas – onesta e tranquilla: ma ubriacata – oltre che dalla grappa – dalla predicazione del professor Miglio, ad altissimo tasso d'alcol ideologico, da letture male assimilate e da trascorsi storici male adattati all'attualità. Dapprima questi fanatici da bar s'erano limitati al disturbo di trasmissioni televisive della Rai, e intanto preparavano i mezzi e le armi per l'attacco ad un simbolo famoso della venezianità.

I risvolti goliardici della spedizione hanno sollecitato l'estro di cronisti e commentatori. Gli autodidatti dell'insurrezione erano provvisti – oltre che d'ordigni bellici pericolosi soprattutto per chi si fosse azzardato ad impiegarli, nonché di bevande tra le quali non figurava l'acqua

– anche di biancheria pulita per il caso che dovessero subire un assedio di lunga durata. Ma il ministro dell'Interno Napolitano, personaggio alieno da violenze anche verbali, ha dato – ci scommettiamo a malincuore – l'ordine di usare le maniere forti. Come ogni evento italiano di qualche importanza anche questo ha i suoi misteri: si mormorava che le forze dell'ordine avessero intercettato il traghetto sequestrato mentre con i corsari verdi a bordo navigava verso piazza San Marco; ma non c'era stato nessun altolà, e loro, i corsari, erano riusciti a proseguire, a raggiungere il campanile, e ad issarvi il vessillo della antica e gloriosa Repubblica. Una volta arrestati, e affidati alla giustizia, i carristi da operetta hanno però capito d'essersi messi in un grosso guaio. La sventagliata di reati che è stata loro contestata dal Pm Rita Ugolini era tale da far quasi sfigurare i bucanieri che andavano per la maggiore e che, se i galeoni di Sua Maestà cristianissima il Re di Spagna riuscivano a catturarli, finivano alla forca. Sequestro di persona (per avere costretto l'equipaggio del natante a condurli dove volevano), dirottamento, fabbricazione e uso di un «blindato con potente lanciafiamme», porto di fucile, interruzione di pubblico servizio, occupazione e danneggiamento del campanile, attentato alla sicurezza dei trasporti, minacce a pubblico ufficiale. L'intera gamma di trasgressioni penali veniva poi posta sotto l'aggravante delle finalità eversive.

La prima udienza del processo per direttissima alla Corte d'Assise di Venezia, 21 maggio 1997, fu rinviata per dar modo ai difensori d'avere miglior conoscenza dell'inchiesta, la seconda fu contrassegnata da un assalto di autonomi alla piccola folla di leghisti ammassata all'esterno dell'aula bunker di Mestre, con cariche di polizia e feriti. L'inchiesta intanto s'allargava, e coinvolgeva presunti complici, presunti favoreggiatori, presunte connessioni internazionali. Insomma – stando alle indiscrezioni – una possente struttura che aveva per scopo un colpo mortale all'unità dello Stato. In effetti in un *floppy disc* scoperto nelle perquisizioni s'era trovato un progetto di costituzione e un programma d'azione per il futuro del Veneto indipendente. Un Doge presidente eletto dal Maggior Consiglio, ministri con il nome antico di Provveditori, una Serenissima Armata con forze terrestri, aeree e navali. La Serenissima Repubblica avrebbe dovuto negoziare un Concordato con la Chiesa, e prevedere nella sua *Magna Charta* la proibizione dell'aborto e dei matrimoni misti oltre che delle associazioni di parte, dalla Massoneria ai Sindacati. Da ciò che gli incursori avevano fatto, e da ciò che i loro mandanti o simpatizzanti si proponevano era derivata – come è norma nei processi celebri – una dilatazione della vicenda francamente spropositata, se posta a confronto con la levatura culturale, economica e politica degli imputati. Ma tant'è: la legge, lenta a muoversi, una volta avviata diventa anch'essa un «tanko» o «tankone», e poco sembra importarle che si tratti di schiacciare un bisonte o una formica.

Il 9 luglio (1997) la Corte d'Assise di Venezia presieduta da Graziana Campanato lesse la sentenza di primo grado: sei anni di carcere ai più anziani e più autorevoli membri del *commando*, Gilberto Buson, Flavio Contin, Fausto Faccia, Antonio Barison; quattro anni e nove mesi – con la concessione degli arresti domiciliari – per i ventenni Moreno Menini, Christian Contin, Luca Peroni e Andrea Viviani. I giudici s'erano attenuti alla ragionevolezza: avevano mantenuto ferma l'impostazione dell'accusa – e dato credito alle finalità eversive dell'assalto – ma avevano anche tenuto conto del goliardico dilettantismo al quale l'assalto stesso era stato ispirato. Restava spazio per altre attenuazioni in appello. Fu questa la valutazione del sindaco di Venezia Massimo Cacciari: «I quattro ragazzi sono a casa, per gli altri la detenzione potrà essere rivista». Ma il presidente della Regione Veneto era meno accomodante: «Persone condannate per una sciocchezza mentre Felice Maniero fa la bella vita nei *night* e Toni Negri si fa intervistare dai giornali». (Toni Negri, condannato come istigatore del terrorismo, eletto deputato e scarcerato grazie a Pannella, esule a Parigi, s'era consegnato alla giustizia italiana che esigeva da lui l'espiazione d'un residuo di pena. Anche dal «caso» Negri, oltre che dal «caso» Sofri, aveva preso spunto un dibattito sull'opportunità – o la non opportunità – di cancellare con un'amnistia i vecchi reati di terrorismo.) Risoluto Roberto Maroni, «presidente del governo provvisorio della Padania»: «Non appena arriverà la Padania i ragazzi di Venezia saranno liberati con tutti gli onori». E Bossi? Tonitruante e fumoso: «Hanno punito otto sprovveduti caduti in una trappola, travolti da un giuoco terribile, ben più grande di quanto potessero pensare. Non è stato celebrato il vero processo, quello contro i generaloni che hanno organizzato questa barzelletta. Avevano bisogno di una messinscena, di un teatrino per lanciare un messaggio chiaro al Nord: guai a chi mette in discussione lo Stato oppressivo. Gli otto imputati sono sostanzialmente innocenti, i veri colpevoli in aula non c'erano».

All'eventualità che una siffatta armata clandestina – ma vogliosa di notorietà – fosse in grado di spiantare lo Stato, sia pure uno Stato poco incline a dimostrarsi tale, si deve dare scarso credito. Non verrà dai predatori di campanili il segnale rivoluzionario che sfascerà l'Italia unita. Tutte le caratteristiche del *blitz*, dalla caratura umana dei suoi arditi alla tartarinesca megalomania degli scopi, induce al sorriso piuttosto che al timore, tanto meno al panico. La riduttiva serenità con cui Napolitano – allergico per temperamento ai toni allarmistici – valutava l'episodio era condivisibile. Talune invocazioni a non abbassare la guardia di fronte al pericolo secessionista sapevano di ritualità antifascista, democratica, resistenziale e via dicendo, sul terreno stucchevole dell'ovvio. Eppure un qualche motivo di inquietudine c'era, se si poneva mente a passate sottovalutazioni d'altri fenomeni: come i fermenti sessantottini e post-sessantottini che erano una parodia di rivoluzione ma che avevano generato – ammantandosi d'ideali «rossi» – la stagione del terrorismo. Le potenzialità insidiose di carnevalate come quella di Venezia potevano essere dedotte senza eccessive forzature da un dato certo dell'attualità: dal dato cioè che i movimenti ribelli e terroristici più duraturi e più difficili da domare sono, nel mondo, quelli ispirati da particolarismi etnici e regionali; l'Eta in Spagna, l'Ira nell'Irlanda del Nord, il crogiuolo bosniaco. E se vogliamo allargare lo sguardo ad altri continenti, i Tamil nello Sri Lanka e i conflitti tribali in Africa. Un paragone tra l'Italia e Paesi remoti è, sia chiaro, insostenibile. Restiamo in Europa: per ricordare che ai governi spagnoli è riuscito di sgominare il Grapo, che era l'equivalente locale delle Brigate rosse: le fiammate rivoluzionarie fondate sull'ideologia hanno durata limitata, perché i credenti del verbo sono pochi, senza una vasta base popolare. Ma l'Eta, radicata nel territorio, e in quel territorio sorretta da un notevole consenso, resiste e continua a insanguinare la Spagna.

Queste considerazioni, che non vorremmo inducessero in equivoci, vanno molto al di là del modesto ruggito d'alcuni spelacchiati leoni di San Marco senza unghie: attorno ai quali – dopo la cattura e l'incriminazione – si è raggrumata una solidarietà diffusa di gente del Nordest, con offerte di denaro (anche del Life, Liberi imprenditori federalisti europei) per la difesa e per le famiglie: e con operai che lodavano l'assalto al campanile come «uno sciopero ben riuscito» perché «se non fai niente quelli di Roma non ci pensano proprio a smuovere le acque». La vigilia del combattimento quale l'avevano vissuta i *kamikaze* serenissimi avrebbe meritato la penna d'un Goldoni. Rusteghi sciocchi, indotti a imbracciare il fucile e a tentare di rendere agibile il tanketo – impresa impossibile – da cattivi maestri.

E qui il discorso ritorna, gli piaccia o no, a Bossi. Poco importa, in quest'ottica, che il Veneto non si consideri Padania e che la Liga sia cosa diversa dalla Lega e anzi la rinneghi, considerandola concorrente e quasi nemica. Nell'ambito nazionale il profeta della secessione è Bossi, i numeri elettorali lo gratificano – là dove Bossi conta – molto più di quanto gratifichino altre forze politiche che pure si comportano da protagoniste, e fiondano su Prodi i loro *diktat*. Bossi è la spia sguaiata e astuta d'un malessere diffuso: e ha reso chiara l'esigenza che a quel malessere si rispondesse con misure che ne vanificassero i germi. Un problema politico, ma forse ancor più un problema d'amministrazione. Quel malessere deriva soprattutto dall'inerzia arrogante del leviatano burocratico.

I comportamenti del *senatur* impongono a chi voglia seguirli e interpretarli ostacoli logici e labirinti linguistici d'impervia decifrazione. Ma, lo ripetiamo, la sua strategia sembra ormai – o forse è meglio usare il condizionale? – d'una chiarezza abbagliante. Gli inserimenti nel Palazzo romano, le alleanze e i sostegni a questo o quel governo – prima Berlusconi, dopo il «ribaltone» Dini – appartengono al passato. In Parlamento i leghisti ci stanno di malavoglia, come spettatori o intrusi, perché quello è un Parlamento altrui, non il loro. Una perdita di tempo la Bicamerale, una truffa le promesse di federalismo. Secessione, e solo secessione, è la parola d'ordine. Se i sindaci del Nordest si riuniscono l'11 maggio 1996 sotto la presidenza di Massimo Cacciari – primo cittadino di Venezia – per chiedere il federalismo entro sei mesi, e sottolineano i rischi di secessione e di disobbedienza civile (quel monito, lanciato un anno prima dell'assalto a San Marco non fu abbastanza ascoltato) questo è per Bossi solo fumo negli occhi. Infatti proprio l'indomani di quel convegno Mantova, capitale della Padania, fu sede di un'assemblea in cui venne proclamato il «Governo del Nord», affidato a Giancarlo Pagliarini: che con la sua aria da sacrestano non pare tagliato per essere il condottiero – *pardon*, il vicecondottiero – della rivolta antiromana. Bossi procedeva imperterrito con la consapevolezza che, nel bene e nel male, solo lui era la Lega, e che i frondisti o transfughi o dissidenti – come Irene Pivetti, fondatrice d'un partitino per pochi intimi – finivano tra gli oggetti smarriti della politica: e alternava periodi di quiete mugugnante a subitanee minacce. Ironizzasse pure il presidente del Senato Nicola Mancino sulla Padania: «Che cosa è, questa Padania? Chi ne ha tracciato i confini? Chi l'ha distaccata dal resto del Paese? Bossi sa bene che l'80 per cento dei suoi elettori non vuole la secessione: figuriamoci poi gli elettori che non hanno votato la Lega. Bossi corre dietro alle farfalle d'una secessione costituzionalmente impossibile».

Farfalle o no, Bossi insisteva. Nell'agosto del 1996 esprimeva a mezza bocca l'intenzione di far saltare in aria i ripetitori della Rai al cui vertice s'era insediato il nuovo Consiglio d'amministrazione, e poi chiedeva alla Commissione di Bruxelles quali procedure dovessero essere seguite perché la Padania potesse entrare nel l'Unione europea; in settembre celebrava gli aneliti d'indipendenza con una *kermesse* di tre giorni lungo le rive del Po e infiammava i fedeli con vaticini indipendentisti e con il progetto d'una Guardia nazionale padana. Il 15 dello stesso mese leggeva con roca solennità, presenti i «ministri» del suo governo ombra, la dichiarazione d'indipendenza della Repubblica federale della Padania, e pronosticava negoziati con il governo usurpatore di Roma nel 1997. L'*escalation* verbale di Bossi era incontenibile ma ripetitiva. Alla vigilia d'un congresso della Lega (14 febbraio 1997) avvertiva che i *leaders* degli altri partiti ne sarebbero stati esclusi perché «se venissero dovremmo stare attenti al portafogli». In un'altra occasione avvertiva truculento che «l'esecutivo padano deciderà se la polizia del Nord sfilerà a Venezia con il mitra in spalla». Organizzava una «marcia del sole», dieci camper con bandiere padane (fiore verde a sei petali) che da Pontida muoveva per attraversare le regioni del Nord e diffondere il verbo umbertino. Avvistava le trame d'un terrorismo romano pronto a colpirlo: «I servizi sono ritornati a fare il loro lavoro, si sono schierati, pensano che il regime si sia consolidato attorno a D'Alema che ha sostituito Craxi. Il nemico da battere ora è la Lega, che vuole il cambiamento... Un gioco molto pericoloso, ci può scappare il morto». Alcune Procure esaminavano le parole del *senatur* per ravvisarvi, e non era difficile, ipotesi di reato (istigazione alla secessione, attentato all'unità dello Stato), la sede milanese della Lega veniva perquisita dalla polizia con inusuale spiegamento di forze e con svenimento di «Bobo» Maroni, ma il *senatur* non si lasciava intimidire: «I padani devono essere giudicati da magistrati padani. È ora di smetterla con i processi politici fatti da chi non è padano. La Lega smaschererà questi signori con la camicia nera e li indicherà per quello che in realtà sono: delinquenti razziali. Da "mani pulite" in poi le Procure e i Tribunali hanno agito solo per fini politici». Rimproverava all'ex-sindaco di Milano Formentini, singolare apostolo del secessionismo-unitario, d'essere stato troppo buono con i meridionali. Però l'Umberto inseriva nella sua strategia apocalittica segnali di compromesso: così riincontrava Berlusconi, dopo un lungo gelo, ad Arcore. E ammoniva, quasi paterno, gli «amici romani»: «Voi dovete fare un monumento alla Lega perché ha razionalizzato delle spinte emotive che, se lasciate a se stesse, vi avrebbero già spazzato via».

Nell'attesa che i padani decidessero con un voto «vero»

del loro destino, Bossi aveva indetto per il 25 maggio 1997 un *referendum* dimostrativo e autogestito: in undicimila «gazebo» allestiti un po' dovunque – al Nord s'intende – il popolo leghista o simpatizzante aveva potuto deporre una scheda che attestasse la volontà d'indipendenza. Quattro milioni e 815 mila i votanti – proclamò in una conferenza stampa il *senatur* – e solo una quarantina d'imbroglioni aveva deposto più d'una scheda. L'affluenza – davvero notevole se le cifre diffuse erano genuine – gli aveva dato la carica. «Domenica il popolo ha girato le carte, è ribellione. Se fossimo stati quattro gatti ci avrebbero già messo in galera.» Invece le schede furono impacchettate con la speranza di poterle un giorno affidare alle mani del segretario generale dell'Onu (inutile congetturare su ciò che il segretario dell'Onu ne avrebbe fatto). In un'intervista al risorto *Borghese* (diretto da Daniele Vimercati che di Bossi era stato il biografo e il *ghost writer*, insieme avevano firmato più d'un libro) l'Umberto aveva rincarato la dose: «Il potere romano deve decidere, o il *referendum* decisionale o la guerra civile... Contro di me ci sono centinaia di processi, voglio proprio vedere se il regime intende proseguire sulla strada della repressione. Se è così si accomodi: io porto centinaia di migliaia di persone davanti ai Tribunali e allora finisce davvero male. La mano corre alla fondina». Dopo che l'Ansa ebbe diramato una sintesi dell'intervista la Roma ufficiale insorse, invocando misure immediate contro il (presunto) pistolero: che si affrettò a smentire mentre una solida amicizia andava in frantumi. «Queste frasi sono di pura fantasia e rientrano nel linguaggio immaginifico spesso utilizzato da Vimercati, magari nel tentativo d'incrementare le vendite di un giornale che non vende.» Dura la replica di Vimercati: «Confermo il contenuto dalla prima all'ultima parola. Aggiungo anzi che in alcuni passaggi il linguaggio di Bossi è stato anche più crudo».

La smentita dei politici alle interviste che suscitano un putiferio appartiene ai riti del Palazzo e non ha in generale molto credito. Tanto meno ne ebbe questa volta, perché Vimercati era stato durante anni un trascrittore accurato dei detti bossiani, e perché «la mano alla fondina» non era gran che diversa da precedenti espressioni dell'Umberto. Infatti lo scenario da *western* padano che Bossi aveva – ma lui negava – prefigurato fu preso molto sul serio. Le Alte Autorità della Repubblica – a cominciare da Scalfaro che ha un repertorio inesauribile d'appelli alla concordia nazionale e di deprecazioni per chi vuole infrangerla – strigliarono Bossi. Con ripetute omelie il Capo dello Stato – cui i *lumbard* riservavano, nelle più paludate cerimonie, salve di fischi e d'insulti – incitò la Magistratura a non essere spettatrice indifferente di comportamenti illegali. Sotto le grandinate accusatorie Bossi ha l'aria d'essere a suo pieno agio, come un *labrador* nell'acqua. Ci ha fatto l'abitudine. Lo volevano incriminare? E lui prometteva «elezioni padane» per il 26 ottobre del 1997, istituiva sei banchi per il cambio delle lire in «scudi padani» e creava un posto di frontiera simbolico tra il prato di Pontida e «il resto d'Italia». Non risparmiava, nei suoi sfoghi provocatori, nemmeno Giovanni Paolo II, «il papa polacco che ha investito nel potere temporale, nello Ior e nei Marcinkus, che ha investito nella politica dimenticando il suo magistero di spiritualità e di evangelizzazione». Ben altra tempra, nel Bossi-pensiero, quella di Giovanni XXIII (non per niente un *lumbard* purosangue) che «dichiarava la neutralità vaticana dalla politica». Subissato di critiche, Bossi aveva attenuato e chiarito (si fa per dire) senza davvero ritrattare.

Oltretutto il *senatur*, sboccato ma furbo, coglieva in alcune delle prediche che gli venivano rivolte ambigue profferte d'alleanza: e capiva che, se ad una qualsiasi alleanza si fosse deciso, sarebbe diventato – per chi lo voleva al suo fianco – non più un eversore e un terrorista *in pectore*, ma un esuberante profeta che aveva anticipato alla sua maniera spigolosa i futuri sviluppi della politica italiana. Il reprobo era tale per tutti finché rimaneva arroccato nel suo orgoglioso isolamento. Nei cori d'indignazione era facile cogliere una nota ipocrita, e alcuni osservatori – tra essi Sergio Romano – l'avevano denunciato. Se uno si prende la briga di ripercorrere l'itinerario politico di Bossi ne coglie con facilità i contorcimenti: ma con facilità ancor maggiore coglie i contorcimenti di chi gl'impartisce lezioni di patriottismo e di coerenza. Questo discorso vale anzitutto per Berlusconi che non è uno sprovveduto e dunque sapeva con chi si metteva quando sancì, nell'imminenza delle «politiche» dalle quali uscì trionfatore, il patto Forza Italia-Lega. L'uomo del tricolore non esitò a prendersi come compare il secessionista. «Dette il principale ministero della Repubblica – ha scritto Romano – a un suonatore di jazz (gli Interni a Roberto Maroni *N.d.A.*) e promosse alla presidenza della Camera, la terza carica dello Stato, una giovane novizia, volonterosa ma inesperta (Irene Pivetti *N.d.A.*).» Per il Cavaliere Bossi era – almeno stando alle esternazioni, cosa ne pensasse nel suo intimo è impossibile sapere ma agevole supporre – un roccioso e affidabile compagno di strada. Berlusconi lo vedeva dunque in positivo, e l'opposizione di sinistra, con ovvia logica speculare, in negativo: Bossi era un incolto e pericoloso razzista, una mina vagante che metteva a repentaglio la democrazia nata dalla Resistenza. Alle celebrazioni milanesi del 25 aprile 1994 – enfatizzate a dismisura dai «progressisti», benché non si trattasse d'un anniversario «tondo», in odio al Cavaliere – Bossi non poté sfilare in corteo: i *pasdaràn* dell'antifascismo lo cacciarono con lanci di monetine e vociferazioni ingiuriose.

Poi sopravvenne il «ribaltone» (o nella dizione berlusconiana il «tradimento» di Bossi) che ebbe gli elogi di Massimo D'Alema e di Rocco Buttiglione, temporaneamente associati per far cadere il governo. D'improvviso i difetti di Bossi sbiadirono a sinistra – e anche sul più alto colle di Roma, dove vennero pronunciate parole d'elogio nei suoi riguardi – e parvero intollerabili al centrodestra. D'Alema ravvisò nella Lega – ma ravvisò per poco – una costola della sinistra. Anche le teste d'uovo dell'intellighenzia – alcune delle quali avevano manifestato il proposito d'emigrare da un Paese in mano alle destre e ai leghisti – scoprirono che nel *senatur* c'era del buono, un *leader* venuto dal popolo, un autentico antifascista, un riformatore. (Il 25 aprile del 1995, mezzo secolo giusto dopo la Liberazione, Bossi poté avere la sua dose d'applausi e d'abbracci nell'imponente comizio milanese.) I tecnici del governo Dini, quintessenza del centralismo burocratico romano (che è la bestia nera di Bossi) non avvertivano particolare insofferenza per le posizioni della Lega (e a sua volta Bossi pareva non notare che quel governo era in antitesi con tutta la sua predicazione). La Lega sosteneva Dini, e Dini – impegnato strenuamente a sua volta nel sostenere Dini – non aveva troppo da ridire sugli atteggiamenti della Lega. S'è infatti visto, all'inizio di questo libro, come il guardasigilli Filippo Mancuso fosse stato in pratica zittito, nel Consiglio dei ministri, perché pretendeva che la Magistratura s'interessasse delle trasgressioni di Bossi. *Gaffeur* instancabile e rompiscatole fazioso, Mancuso aveva molte colpe: ma la sua più dirompente iniziativa sarebbe stata gratificata, solo che l'avesse ritardata d'alcuni mesi, da battimani scroscianti. Arrivata la stagione dell'Ulivo, al Bossi che s'era messo in proprio e che tuonava di non volerne più sapere di parentele politiche toccò il ruolo incontrastato di grezzo *vilain* della scena pubblica italiana. il malvagio dal ghigno bieco che tutti gli spettatori dovrebbero odiare e che magari finiscono per preferire a protagonisti per benino (Bertinotti è invece il cattivo alla cipria e al *cachemire*, un cocco dei salotti).

Ma sospettiamo che basterebbe un niente, un accordo sottobanco, per riscattare Bossi agli occhi dell'uno o dell'altro schieramento. E quel niente è stato ipotizzato proprio dal *senatur* in vista d'una tornata di «amministrative» (autunno 1997). Pur distinguendo tra Forza Italia – frequentabile – e An («con i fascisti mai») Bossi s'è detto disponibile a un accordo per la designazione del candidato a sindaco di Venezia, e magari anche ad accordi più estesi e duraturi. Poneva al Polo quattro condizioni perché l'intesa si realizzasse: doveva dire sì al *referendum* per l'autodeterminazione della Padania, all'abolizione dell'ergastolo per chi attenta all'unità dello Stato, all'elezione dei magistrati e all'abolizione della trattenuta in busta-paga per i sindacati. Ma aggiungeva, sornione: «Capisco che nella pratica chiedo cento per portare a casa cinquanta, ma è evidente che ormai il processo è avviato. Per ottenere il cambiamento sono pronto a trattare anche col diavolo» (e il diavolo potrebbe essere il Milan ossia Berlusconi). È bastato questo perché generali e colonnelli dell'opposizione spiegano, con pudiche riserve e arzigogoli protettivi, che la Lega era una costola della destra, e che non andava sprecata l'occasione di recuperare un elettorato i cui voti sono stati posti da Bossi nel *freezer*. Toccava all'Ulivo, adesso, di fare la faccia feroce, ammonendo che con i secessionisti non si dialoga, e che lo zotico Bossi non aveva diritto d'accesso al salotto buono della democrazia.

Nessuno vuol negare che la questione politica posta da Bossi sia seria. L'Italia ha una maggioranza popolare moderata e una maggioranza parlamentare di sinistra. Giusto sottolinearlo, ma non occorre un Tocqueville per accorgersene. Questo dato di fatto non cancella tuttavia le intemperanze secessioniste di Bossi, così come non le cancellava il suo sostegno al governo Dini. Senonché – l'abbiamo detto e ridetto – basta una viratina di Bossi, a destra o a sinistra, perché a destra o a sinistra lo si mondi (quasi) d'ogni peccato, o si proceda a sottili *distinguo* tra Lega e leghisti. L'incombere perenne di revisioni politiche e storiche degne dell'Enciclopedia Sovietica e dei suoi aggiornamenti inquina i sermoni di tutti i fustigatori del Palazzo, e le loro scomuniche.

CAPITOLO DODICESIMO

FORESTIERI NEL MUGELLO

«Io non ci sto più»: così si è ribellato Antonio Di Pietro quando, nel luglio del 1997, un'ennesima colata rovente d'insinuazioni l'ha investito: e le sue parole erano pressoché identiche a quelle pronunciate nel novembre del 1992 da uno Scalfaro infuriato per i tentativi di coinvolgerlo nell'«affare Sisde». Non era, quella di Tonino, la rituale espressione di fiducia nella giustizia «che farà il suo corso», ma una dichiarazione di guerra al sistema – giudiziario e politico – che consentiva questo tiro al bersaglio. Uno scoppio d'ira provocato dal riaffiorare, in una nuova e lunga testimonianza del costruttore Antonio D'Adamo, di accuse già emerse in parte nei vari *dossiers* che addebitavano all'ex-Pm frequentazioni dubbie e comportamenti leggeri: accuse riattizzate dalle torrenziali e spesso oscure intercettazioni telefoniche che avevano come protagonista il finanziere Pacini Battaglia (con la famosa disputa su uno «sbancato» che poteva essere «sbiancato») . La lettera con cui Di Pietro respinse le insinuazioni aveva – al pari d'altri suoi interventi e documenti – il tono della perorazione emotiva piuttosto che quello della confutazione. «Non so e non voglio nemmeno sapere cosa abbia riferito l'ingegner D'Adamo ai magistrati di Brescia e se effettivamente abbia potuto spingersi fino al punto di inventarsi di aver ricevuto miliardi da Pacini per dividerli con me! Se così fosse (ma ne dubito, tanto sarebbe assurdo, a meno che non si trovi sotto la pressione economica o il ricatto di qualcuno) ne risponderà davanti a Dio e, forse, alla giustizia umana. Per quanto mi riguarda si è appena concluso – con l'ultimo appello – il mio primo calvario giudiziario. La miriade di assoluzioni e di archiviazioni conseguite dimostrano incontrovertibilmente l'attività calunniosa posta in essere nei miei riguardi in questi anni di vendette. Il prezzo pagato per aver fatto solo il mio dovere (si badi bene, anche nei confronti di coloro che conoscevo e questo, fino a prova contraria, dovrebbe essere un merito) è – a questo punto – davvero troppo alto, ed io non ci sto più.» Erano particolarmente significativi, in questa prosa toccante, due punti: quello in cui Di Pietro manifestava, con un «forse» pesantissimo, il suo scetticismo sulla possibilità che la legge punisse chi propalava falsità; e quello in cui, pur senza nominarlo, indicava chiaramente in Silvio Berlusconi l'istigatore e il «ricattatore» dell'ingegner D'Adamo. Un ennesimo incrociar di lame nel duello infinito tra il Cavaliere e Di Pietro.

Al ritorno in scena della pittoresca compagnia d'amici o ex-amici di Antonio Di Pietro si era arrivati dopo un prologo sconcertante (ma sconcertante è tutta la «giudiziarizzazione della politica», secondo la definizione coniata da un dottor sottile, o politicizzazione della giustizia, che sono le due facce della stessa medaglia). Nel maggio del 1997 aveva sbalordito i cittadini, e gettato nella costernazione i carabinieri, l'arresto del colonnello Michele Riccio: a lui e ad alcuni suoi collaboratori era stata mossa dalla Procura di Genova l'accusa di «associazione per delinquere finalizzata allo spaccio di stupefacenti». Riccio non era un ufficiale qualsiasi. Il generale Dalla Chiesa l'aveva avuto al suo fianco, come uomo fidatissimo e coraggioso, era il capo indiscusso del Ros ligure (Raggruppamento operativo speciale dei carabinieri), s'era meritata una medaglia d'argento al valor militare, aveva concluso operazioni brillanti contro i mafiosi e in particolare contro gli spacciatori di stupefacenti. Un pentito, e infiltrato, del quale Riccio s'era assiduamente servito era il chimico Angelo Veronese: un esperto che, schiavo a sua volta della droga, era capace quanto pochi di raffinarla e di trovare i canali giusti per lo smercio e per arrivare nei santuari dei *boss*. Stipendiato come «collaborante», rifornito di cocaina dal suo protettore con le stellette, ma insoddisfatto e mugugnante, il maestro dei doppi e tripli giochi Angelo Veronese s'è messo a un certo punto contro il protettore: ed ha addebitato a Riccio metodi d'indagine disinvolti fino alla millanteria e alla menzogna. Per cogliere allori ed encomi il colonnello non avrebbe esitato a «costruire» alcuni dei suoi successi e a distribuire droga «trattata» con abilità, per rivitalizzarla, dal Veronese: il che avveniva in un locale della caserma genovese dei carabinieri. Poiché la situazione economica del Riccio è stata esaminata al microscopio, senza che vi si trovasse traccia d'arricchimenti sospetti, sembra proprio che il colonnello fosse un trasgressore della legge ma non un corrotto, uno che maneggiava e smerciava cocaina per avvicinare e sgominare, con metodi da trafficante, i trafficanti. Azzardiamo queste ipotesi su un'inchiesta in corso, attingendo ai segreti di Pulcinella – che possono essere fuorvianti – delle carte custodite negli uffici giudiziari. Ogni sentenza definitiva è sospesa, e del resto anche le sentenze definitive sono nella consuetudine italiana soggette a valanghe di dubbi.

Il «caso» Riccio sarebbe stato ricordato con disagio nell'Arma, e con amarezza fuori – ma non più di questo – se nell'ambito dell'Arma fosse rimasto. Due propellenti lo issarono invece in un'orbita politica. Il primo consisteva nella partecipazione di Tiziana Parenti, come sostituto procuratore a Savona verso la fine degli anni Ottanta, alle indagini della squadretta di Riccio. Dopo quell'esperienza la Parenti ne aveva avuta un'altra – breve e burrascosa – nel *pool* di «mani pulite», ed era successivamente passata tra i sostenitori di Forza Italia: candidata nelle liste berlusconiane aveva conquistato un seggio alla Camera e, lasciata definitivamente la toga, s'era messa in vista per il grintoso attivismo e per le frecciate insistenti al suo capo d'un tempo, Francesco Saverio Borrelli, e all'ex-collega Antonio Di Pietro. Proprio ai trascorsi savonesi della Parenti Angelo Veronese aveva fatto ampi riferimenti nelle sue rivelazioni di pentito del pentitismo: insieme a lei immischiando nei ricordi Ilda Boccassini, che con Borrelli aveva avuto aspre divergenze ma che al *pool* era poi tornata da figliola prodiga, o meglio da primadonna. Nella tela del Veronese le due «rosse» – per il colore dei capelli e per matrici ideologiche: anche la Parenti viene dalla sinistra – si fronteggiavano fiere e impudenti. Tiziana Parenti – ripercorriamo per sommi capi la versione fornita dal piccolo chimico della mala – avallava le iniziative del colonnello, e non si limitava a questo: legata affettuosamente a un maresciallo che di Riccio era allievo, non rifuggiva da qualche sniffata nel suo ufficio. Quanto alla Boccassini, nulla era per lei eccessivo se si trattava d'inguaiare l'odiata Parenti. E così, avvicinato il Veronese in un corridoio del Palazzo di Giustizia di Milano, l'aveva sollecitato a non andar troppo per il sottile nel dare addosso alla ex-collega. Avrebbe perfino promesso al Veronese un compenso di mezzo miliardo, qualora avesse «lavorato» a dovere la Tiziana.

Non vogliamo inseguire tutti i risvolti dell'intrigo, con le immancabili smentite e querele: ci limitiamo ad accennarne alcuni. Le «pressioni» della Boccassini su Angelo Veronese erano state confermate dal colonnello Riccio, il quale aveva tuttavia sminuito, riducendola ad una battuta, l'offerta di denaro. Secondo il colonnello, Veronese aveva voluto soltanto ricordare il premio di mezzo miliardo concesso a un altro e più noto pentito, il Balduccio Di Maggio del processo Andreotti. Era poi divampata, tra boccassiniani e parentani, la *querelle* del *tailleur*. Descrivendo l'abbigliamento della Boccassini il giorno in cui s'erano incontrati, Veronese aveva parlato d'un *tailleur* giallo, e Borrelli – che senza esitare s'era schierato con Ilda – l'aveva beccato: un *tailleur* di quel colore la Boccassini non l'aveva nel suo guardaroba. Ma nei verbali pubblicati dai quotidiani del *tailleur* non v'era traccia, come mai Borrelli ne era al corrente? Niente di strano, ribatté lui: essendovi delle ombre su un Pm del suo *pool* aveva voluto compiere una verifica e si era messo in contatto con la Procura di Genova, titolare dell'indagine. La spiegazione non appagò i critici, anzi li aizzò: per avere agito in modo analogo – ossia per aver chiesto a Milano se Renato Squillante fosse indagato – il povero Coiro era stato messo in croce, tanto che, volendolo sottrarre a umilianti indagini, Flick l'aveva nominato direttore delle carceri, e in quell'incarico era morto: e il Pm Misiani era stato trasferito. Forza Italia, che cavalcava con ardore la tigre antiboccassiniana, aveva stigmatizzato anche una frase del Procuratore capo di Genova Vito Monetti cui era stato chiesto se le dichiarazioni di Angelo Veronese non danneggiassero l'immagine della Parenti. «È più danno all'immagine questo che il passare dalla sinistra a Berlusconi?» aveva ironizzato incautamente il magistrato. Nella mischia s'era buttato Antonio Di Pietro riproponendo in versione aggiornata un proverbio contadino del suo Molise: «Meglio una Boccassini che cento Parenti». Anche lei in proverbiese – ma d'impronta pisana – Tiziana aveva replicato: «Meglio un morto in casa che un Di Pietro fuori dall'uscio». Piacevolezze tra ex-magistrati.

Mentre Angelo Veronese sparlava a Genova delle due rosse, una vecchia conoscenza di Tangentopoli, ossia l'ingegnere Antonio D'Adamo, usciva a Brescia dal riserbo prudente cui s'era per lungo tempo attenuto – davanti ai Pm aveva invocato la facoltà di non rispondere – e arricchiva di particolari inediti il copione che potrebbe avere per titolo «le tentazioni d'un giovane povero». Il giovane povero è Di Pietro già impegolato – l'abbiamo raccontato – in rapporti pasticciati con l'assicuratore e malversatore Gorrini: e chiamato in causa – sia pure con successive affannate ritrattazioni – da Pacini Battaglia. Come Gorrini, anche D'Adamo avrebbe prestato a Di Pietro un centinaio di milioni – restituiti dopo qualche anno – e inoltre gli avrebbe dato in uso un centralissimo attico a Milano, un'automobile, un telefonino. Briciole, anche queste, in confronto alla famosa storia dei 15 (o 12) miliardi con cui Pacini Battaglia aveva foraggiato D'Adamo le cui imprese erano in serie difficoltà. Si sospettava insomma che Pacini Battaglia desse a D'Adamo perché D'Adamo era intimo amico di Di Pietro, che proprio a Di Pietro D'Adamo avesse passato una parte del gruzzolo, e che questo ingente passaggio di quattrini fosse legato a favori giudiziari. La vecchia costruzione d'accusa contro Di Pietro non mutava sensibilmente, con i mattoni portati dall'ingegner D'Adamo, se non per un elemento rilevante: questa volta la testimonianza non veniva da uno – come Silvio Berlusconi o Cesare Previti – che avesse il dente avvelenato con il *pool* di «mani pulite» in generale e con Di Pietro in particolare, e nemmeno da un affabulatore scaltro come Pacini Battaglia: veniva da uno che era stato nella cerchia delle persone più vicine all'ex-Pm; cerchia che includeva il sindaco e cognato di Craxi Paolo Pillitteri (per lui Di Pietro era Nini), il gesticolante avvocato Geppino Lucibello, l'«elemosiniere» della Dc milanese Maurizio Prada e il capo dei vigili urbani di Milano (e patito delle corse di cavalli) Eleuterio Rea.

In questa occasione si formò attorno a Di Pietro un quadrato che tuttavia era, come mai in precedenza, scarso d'organici. Le frasi di Borrelli in sua difesa sottolineavano il distacco tra chi – come il Procuratore capo di Milano – ha della giustizia una concezione sacrale trasmessagli dagli avi e chi, come Di Pietro, ne ha una concezione casereccia, buon senso cucinato alla molisana. Di Pietro, ammise Borrelli, aveva amicizie imprudenti. «Credo che si spieghino – aggiunse un po' sprezzante – anche con la sua storia personale, con il lavoro che faceva prima di diventare magistrato. Per un poliziotto è possibile che i livelli di prudenza siano diversi, che certi rapporti disinvolti siano considerati normali, perfino che facciano parte in qualche modo del mestiere. Altra cosa però è affermare che Di Pietro abbia preso dei soldi per influenzare in un senso o nell'altro il corso delle indagini. Io a questo non credo.» Il docente di Castellanza scadeva, in questa lucida e perfida diagnosi, al livello d'un capace questurino all'antica. Altro che simbolo di «mani pulite». Ancor più duro Antonino Caponnetto, padre nobile del *pool* antimafia di Palermo: «Un servitore dello Stato non può accettare nulla, mai. Di Pietro avrebbe dovuto rifiutare qualsiasi offerta. Per un magistrato anche un prestito è inammissibile». Ne aveva saputo qualcosa il Pm di Asti Aldo Ferrua, condannato in primo grado a due anni di reclusione – e in appello assolto con formula piena – perché il proprietario indebitato e prossimo alla bancarotta d'un autosalone gli aveva venduto un'Alfa 33 al prezzo ridotto di 14 milioni e mezzo (anziché i venti milioni e rotti di listino). Scagionato, ma dopo due anni che gli hanno segnato l'esistenza, Ferrua aveva qualcosa da ridire sulla diversità dei metri di giudizio usati per lui e per Di Pietro.

Era un Di Pietro con le ali piuttosto impiombate – ma la sua popolarità sembra inossidabile – quello della nuova estate dei veleni. Su di lui s'avventò Silvio Berlusconi asserendo che in base alle prove da lui spiattellate alla Procura di Brescia un comune cittadino sarebbe finito in galera. Il Cavaliere si gloriò anche d'aver convinto D'Adamo a vuotare il sacco. Su questa ammissione piuttosto sfrontata s'innestò un'ennesima disputa tra oppositori e sostenitori di Tonino: i primi accaniti nell'esigere che si facesse luce su quanto Gorrini, e Pacini Battaglia, e D'Adamo avevano dichiarato; i secondi interessati piuttosto ai mezzi dei quali Silvio Berlusconi s'era servito per trasformare un sodale di vecchia data dell'ex-Pm – quale era D'Adamo – in un delatore (e, si sottintendeva, in un delatore bugiardo). Con il che si torna alla lettera di Antonio Di Pietro che abbiamo trascritto all'inizio del capitolo («pressioni economiche» e/o «ricatto»). D'Adamo, magnate dell'edilizia assillato dai debiti e disperatamente bisognoso d'aiuto, s'era dovuto piegare a quanto Berlusconi gli dettava. In realtà le due posizioni contrapposte non erano inconciliabili: era verosimile, anzi probabile, che l'ingegnere fosse diventato un «pentito» in stato di necessità: per la quasi totalità dei pentiti le cose stanno così. Ma restava insoluto il punto fondamentale: pentendosi, raccontava la verità o raccontava frottole? Non si può dire che sotto questo aspetto la sdegnata risposta di Di Pietro sia stata esauriente. Avrebbe potuto semplicemente negare che il prestito di D'Adamo, o l'appartamento, o l'auto, o il telefonino gli fossero mai stati offerti, e mai fossero stati accettati. S'era limitato a negare d'aver intascato una qualsiasi parte o briciola dei miliardi di Pacini Battaglia, e bisogna aggiungere che gli sviluppi successivi dell'inchiesta confortavano questa tesi. Ma le vicende di Tonino sono tutte così, su di esse plana – si tratti delle dimissioni dalla Magistratura o dei «favori» impropri o dell'ingresso in politica – un velo d'ambiguità, o di reticenza oracolare, infranta poi con tempismo straordinario da colpi di scena.

Il soccorso miliardario a D'Adamo apparteneva alla «Pacini Battaglia *story*», ossia a un viluppo di conti esteri e di operazioni d'alta ingegneria finanziaria sul quale la Magistratura ha appuntato in varie sedi la sua attenzione: ma chissà se e quando ne verrà a capo. Di sicuro molto dopo la pubblicazione di queste pagine. Sentito a più riprese dai Pm di Brescia Pacini Battaglia scagionò risolutamente

223

Antonio Di Pietro, dal quale ebbe un attestato di correttezza: sapeva, questo sì, dell'ottimo rapporto tra D'Adamo e l'ex-Pm. Ma i miliardi che avevano preso il volo erano stati versati in vista d'un colossale contratto – novemila miliardi – con la Libia: contratto poi sfumato. Anche D'Adamo negava che a Di Pietro fosse toccato qualcosa dei miliardi di «Chicchi», ma era meno reciso nell'escludere che Di Pietro fosse ignaro dell'operazione. Proprio in questi frangenti Di Pietro in difficoltà diede prova delle sue risorse e della sua capacità di recupero. Lo si voleva prigioniero in un cerchio di fango e inservibile, almeno momentaneamente, come primattore della politica: nella politica attiva e militante entrò invece d'impeto – con la prospettiva d'un seggio in Senato – grazie ad uno stratagemma che non si sa bene a chi debba essere accreditato: ma che aveva un tocco d'ingegnosità birbona.

Il collegio senatoriale di Firenze-Mugello era vacante perché il suo titolare, Pino Arlacchi, aveva ottenuto l'importante incarico di vicesegretario generale dell'Onu con competenza sulla lotta alla criminalità. Diventava perciò necessaria una elezione supplettiva da tenersi nel novembre del 1997. Chi candidare? Chiunque va bene, da quelle parti, se lo sponsorizza la sinistra: all'Ulivo era andato, l'ultima volta, il 67 per cento dei voti. Ma nel modesto appuntamento elettorale D'Alema e Di Pietro videro un'opportunità insperata. Tonino aveva un provvidenziale biglietto d'ingresso in Parlamento senza dover attendere la fine della legislatura. In una cena il *leader* del Pds e l'oggetto del suo desiderio formalizzarono, a metà luglio (1997) l'intesa. «Coerentemente con l'impegno già assunto a suo tempo nel governo – scrisse Di Pietro in una lettera – dichiaro la mia disponibilità a riprendere la collaborazione col centrosinistra, accettando la candidatura con l'Ulivo al fine di consolidare e rafforzare l'ala moderata dello schieramento.» Di Pietro aggiunse che avrebbe rinunciato se fosse stato deciso il suo rinvio a giudizio: rinvio a giudizio, precisò a scanso d'equivoci, che poteva avere un unico significato: «Vorrà dire che in questo Paese c'è un gruppo di delinquenti che costruisce false accuse per fermare le persone per bene». Se costretto a rinunciare, l'avrebbe fatto come vittima d'un complotto.

Berlusconi, e altri di Forza Italia, insinuarono che Di Pietro volesse indossare, grazie ai voti del Mugello, quella corazza giudiziaria che è l'immunità parlamentare: ma il sospetto era poco attendibile. L'immunità parlamentare è stata molto ridimensionata, nel 1989: i magistrati non possono procedere all'arresto d'un deputato o d'un senatore, o intercettarne le telefonate, o ordinare perquisizioni senza l'autorizzazione delle Camere, ma per il resto hanno mano più libera che in passato. Ben altra era la posta della partita tra Di Pietro e i suoi «nemici». Fu anche sottolineato che Di Pietro infrangeva, con la candidatura, molte passate promesse, vennero riesumate alcune sue solenni dichiarazioni. 21 febbraio 1995: «Io sono un uomo di istituzioni, non entro in politica e non entro in nessuna competizione elettorale». 30 gennaio 1996: «Signori politici, fate il vostro gioco. Io in questa mano non ci sarò né direttamente né indirettamente: non mi candiderò e non sponsorizzerò nuovi movimenti». 3 luglio 1997: «Non salgo su alcun carro». Invece saliva. Ma queste evoluzioni appartengono alla storia d'ogni personaggio pubblico, e se ne son viste di ben più stupefacenti. Il moralismo dà legna al fuoco delle polemiche, ma aiuta poco a interpretare la politica: e Di Pietro era ormai un soggetto politico di primo piano. Il colpo di mano aveva tramortito il Polo e scosso l'Ulivo. La gente del Mugello aveva mugugnato – quel decisionista di destra non corrispondeva proprio all'*identikit* del suo senatore ideale – ma si sapeva che al momento di deporre le schede nell'urna i malumori sarebbero stati dimenticati dai più.

Fastidiose ma non pericolose erano per D'Alema le critiche all'interno del Pds. Alessandro Natta osservava che «ai miei tempi questo calciomercato non c'era», Claudio Petruccioli riteneva che Di Pietro avrebbe dovuto aspettare l'epilogo delle sue traversie giudiziarie, Ingrao e Occhetto erano perplessi, ma si trattava di battitori liberi della sinistra. Più rilevanti erano, politicamente, altri no o altri ni. Contro, senza esitazioni, s'era subito detto Fausto Bertinotti: «Una scelta insensata». Rifondazione comunista non avrebbe votato per lui. Contro, dopo un dibattito interno che aveva visto prevalere la linea dell'intransigente Manconi, anche i Verdi. Disponibili ma a disagio i Popolari e i diniani. Quel Tonino che dichiarava di voler rafforzare il centro moderato dell'Ulivo poteva farvi razzia – i sondaggi lo attestavano – e ridurre al lumicino i piccoli partiti che nel centro erano accasati. Per placare le ansie dell'inquieto Marini, D'Alema gli aveva spiegato che imbarcando Di Pietro l'Ulivo poteva disinnescarne le potenzialità esplosive. (Noncurante invece il veterano Ciriaco De Mita: «Di Pietro decide di entrare in politica dalla porta di servizio. Lui ormai non è più un Ronaldo, è come Baggio. Somiglia a quei ciclisti che partono per vincere e che durante la corsa vengono raccolti dall'ambulanza. Finirà come Dini».) Nel centrodestra – dove le lacrime del vedovo inconsolabile Mirko Tremaglia, che avrebbe voluto Di Pietro al posto di Berlusconi, portavano una nota patetica – fioccavano sarcasmi venati di costernazione. Secondo Berlusconi la mascherata era finita. Divertente Fini: «Disse che il suo cuore era con noi. Glielo avranno trapiantato». Un elogio al cianuro arrivava a Di Pietro da Francesco Cossiga: «Questa di Tonino è una decisione naturale, coerente, chiarificatrice. Da tempo lo spingevo ad entrare in politica... D'altronde era un politico anche quando faceva il Pm... Io vorrei che si candidassero anche gli altri magistrati del *pool* che hanno acquisito un'analoga legittimazione politica».

Le sorprese non erano finite, anzi erano appena cominciate. Con una tecnica mutuata da quella dei presidenti calcistici – se l'Inter compra Ronaldo il Bologna compra Baggio – Fausto Bertinotti escogitò, per neutralizzare la trovata di D'Alema, una contromossa di sicuro impatto sui *media*, se non sui disorientati elettori del Mugello. Il Pds voleva Di Pietro senatore? Ebbene, Rifondazione comunista gli avrebbe opposto Sandro Curzi: un comunista indelebile, in terra comunista, contro il reazionario dell'Ulivo, spregiatore del Parlamento e dei partiti. La sortita bertinottiana – che suonava come uno schiaffo a D'Alema – anticipava successive e ben più dirompenti iniziative del segretario rifondatore. Ma si stentava a capirlo, mentre l'Ulivo svettava sul panorama politico. Si pensò anche questa volta, equivocando, a una lizza salottiera, la rivoluzione del *cachemire*.

All'ombra di falce e martello Curzi era rimasto durante tutto il suo lungo percorso politico e professionale. Il debutto giornalistico l'aveva fatto nell'immediato dopoguerra, imperando Stalin, a Radio Praga: dai cui microfoni si raccontava agli operai e ai contadini italiani quanto fossero sfortunati dovendo vivere in un Paese capitalista e senza le inestimabili gratificazioni del «socialismo reale». Rientrato in Italia era stato giornalista dell'*Unità* e poi della Rai: e aveva svolto una intensa attività sindacale nella categoria. Era, secondo copione, antidemocristiano e antiamericano, e vaticinava sconfitte e lutti per il capitalismo. In un congresso della stampa s'era lanciato in una appassionata esaltazione del tricolore insidiato dalle sagome minacciose delle unità navali statunitensi incrocianti nel Mediterraneo. Questo dogmatico che Guareschi avrebbe definito trinariciuto era però dotato d'intelligenza flessibile e di capacità organizzative eccellenti. Metten-

227

dolo a capo del Tg3 – quando la terza rete era stata appaltata ai comunisti – il Pci aveva fatto un *en plein*. Il telegiornale di Curzi – Telekabul secondo i detrattori – non lasciava indifferente nessuno. Lo si amava o lo si odiava, ma se ne parlava, e l'effetto Telekabul divenne travolgente quando il populismo di Curzi si sommò al populismo di Michele Santoro, con le ruggenti piazze televisive di *Samarcanda*, le folle meridionali che invocavano pane e lavoro, gli studenti che esaltavano la rivoluzione e volevano una poltroncina burocratica.

Di tanto in tanto Curzi si presentava ai telespettatori in prima persona. Il suo opinionismo non era raffinato, la sua pronuncia romanesca – con i rituali appelli alla «ggente» – non era impeccabile, ma la calvizie e la rotondità del volto, che ricordavano sia il tenente Kojak sia l'omino di burro di Pinocchio, ne avevano fatto un personaggio. Il Tg3 era diventato un fortino di sanculotti pronti a tutto, se il capo ordinava: e questo lo rendeva poco maneggevole per la sinistra ufficiale. Abbandonata la Rai, Curzi era stato assunto da Cecchi Gori, un direttore scomodo per un padrone anche lui scomodo. Infatti durò poco. Ma non gli erano mancate da ogni parte – finita malamente la parentesi Cecchi Gori – le offerte per esibirsi in diagnosi televisive degli avvenimenti, anche se le sue passate diagnosi non erano state proprio azzeccate: e i quotidiani l'interpellavano spesso. L'uomo, abile e a modo suo coerente, era rimasto insomma sulla cresta dell'onda, e Bertinotti ne aveva profittato. Chi meglio di Curzi poteva insidiare Di Pietro? Curzi – iscritto al Pds e non a Rifondazione – aveva spiegato che la sua candidatura era provocatoria, voleva restituire alla politica moralità e coerenza: se Di Pietro rinunciava, avrebbe rinunciato anche lui. Ma D'Alema non poteva scaricare Di Pietro dopo aver impegnato, per candidarlo, il suo prestigio. Infatti Tonino non si mosse dal Mugello: né fece sensazione, dopo l'accavallarsi di sospetti, d'indagini, di assoluzioni, il parziale voltafaccia di Eleuterio Rea che, in un ennesimo interrogatorio a Brescia, aveva accennato a un possibile trattamento di favore usato da Di Pietro, oltre un decennio fa, a Sergio Radaelli, un *manager* coinvolto in un'inchiesta sulle mazzette all'Atm, l'azienda milanese dei trasporti pubblici.

A Di Pietro e a Curzi doveva aggiungersi, nel Mugello, almeno un altro candidato serio. Era impensabile – anche se di stranezze ne abbiamo viste tante – che il Polo in odio a Di Pietro convogliasse i suoi elettori sull'uomo di Rifondazione. Poiché la gara era, per chiunque portasse i colori del centrodestra, disperata, si supponeva che la scelta del Polo sarebbe caduta su uno scialbo e onesto signor nessuno. Chi la pensava a questo modo – ossia quasi tutti – non aveva fatto i conti con la fantasia del Cavaliere: che alle trovate di D'Alema e di Bertinotti seppe opporre una malandrinata delle sue. Altro che signor nessuno: per i colori di Forza Italia avrebbe corso Giuliano Ferrara. Pochi giorni prima di quest'annuncio Ferrara aveva lasciato la direzione di *Panorama:* se n'era andato, chiarì, non per dissidi con l'editore o con la redazione ma per stanchezza: e inoltre per il desiderio di seguire assiduamente la sua creatura prediletta, *Il foglio*. La stanchezza era passata d'incanto quando Berlusconi gli aveva proposto, con una telefonata, d'affrontare Di Pietro: e lui, Ferrara, prometteva d'incalzare Tonino – e quando incalza, con la sua stazza fisica e polemica, è temibile – sui soliti e inesauribili temi dei cento milioni, delle Mercedes, delle pessime amicizie. La *troupe* elettorale del Mugello, così completata, era perfetta per uno *show* televisivo. I tre protagonisti erano diventati famosi grazie al piccolo schermo, la battaglia non era d'idee ma di video; il risultato appariva largamente scontato ma ciò che importava era lo spettacolo. Al grottesco della recita non si faceva caso. Eppure la bandiera della sinistra è impugnata dalla mano d'un Di Pietro che delle sue simpatie per la destra non ha mai fatto mistero, e la bandiera del Polo dalla mano d'un Ferrara che fu un comunista duro in una famiglia d'intellettuali comunisti. Togliatti l'aveva tenuto sulle ginocchia, era stato consigliere comunale del Pci a Torino. Poi era passato a Craxi, e da Craxi – mai da lui rinnegato, e gli fa onore – a Berlusconi: che l'aveva nominato ministro per i Rapporti con il Parlamento del suo governo. Giri di valzer: del decisionista moderato prestato all'Ulivo e del comunista pentito prestato al Polo.

Nonostante Curzi, nonostante Ferrara, l'ingaggio di Antonio Di Pietro è stato per l'Ulivo un colpo grosso – dal punto di vista dei consensi – almeno fino al momento in cui scrivevamo queste ultime pagine del libro. La sua immagine resiste in maniera prodigiosa all'usura del tempo e degli avvenimenti, il suo partito ne surclasserebbe altri dal glorioso blasone, il suo apporto consente all'Ulivo di pronosticare, anche senza Rifondazione, futuri successi: garantiti dall'ammucchiata straripante che abbracciando i postcomunisti socialdemocraticizzati, gli ex-democristiani scampati alla fornace di «mani pulite», gli ex-socialisti redenti, il sindacato ragionevole, gli imprenditori comprensivi o attendisti, gli gnomi di Bankitalia e l'uomo nuovo d'impronta peronista, coprirebbe tutte le articolazioni importanti della società italiana. L'accorrere italiano in soccorso del vincitore farebbe il resto. Una strategia astuta, forse anche sapiente, senza dubbio disinvolta quella di Massimo D'Alema: anche se più adatta al buonismo omnicomprensivo di Romano Prodi che alla «cosa 2», ossia al disegno d'un unico partito della sinistra, così come è il *labour* in Gran Bretagna e come è la socialdemocrazia in Germania. Di Pietro è una forza, che rischia di diventare una forza eccessiva e ingombrante. Alcuni osservatori pessimisti – o realisti – hanno prospettato l'ipotesi inquietante che un Ulivo così allargato possa instaurare una forma morbida di regime, una riedizione della Dc pigliatutto. «Gli altri partiti sono inutili – aveva sentenziato un giorno Mario Missiroli – nella Democrazia cristiana ci sono già tutti, dai fascisti ai comunisti.» Lo strapotere delle coalizioni è di norma scongiurato in Italia – fortuna o disgrazia che sia – dalle loro risse interne: era accaduto nello scudo crociato, è accaduto in un Ulivo al quale Di Pietro porta, insieme ai voti, un'ulteriore zavorra di contraddizioni: sulle quali saprebbe far leva, per trasformarle in fratture insanabili, un'opposizione robusta, compatta. Tutte qualità che dalla vittoria dell'Ulivo al gran passo di Tonino erano mancate al centrodestra. Dove Berlusconi, *leader* d'un partito che si richiama agli ideali liberali, che in alcuni suoi esponenti di spicco liberale è senz'altro, ma che conserva troppe connotazioni aziendali e personali, ha dovuto subire condizionamenti estranei ad una lotta politica genuina; dove Fini è insieme un alleato e un concorrente, e per compiacere il suo elettorato deve concedere molto al dirigismo, allo statalismo, all'assistenzialismo; dove i due tronconi postdemocristiani del Ccd e del Cdu portano nel Dna le tentazioni del trasformismo e dell'assistenzialismo statalista; dove, con l'appannarsi del carisma berlusconiano, le tentazioni centriste e centrifughe insieme diventano sempre più forti. L'Ulivo ha il suo grande elettore in Bossi, che puntando sulla secessione e sull'isolamento, ghettizza una quota decisiva di voti sottratti all'area moderata, alla quale fisiologicamente appartengono.

A far pronostici si sbaglia facilmente, soprattutto in Italia. Ci sembrava tuttavia certo, prima della crisi di governo con la cui cronaca chiuderemo queste pagine, che il seggio senatoriale potesse diventare per Di Pietro il trampolino di lancio che gli era indispensabile in vista delle prossime elezioni presidenziali, ossia dell'elezione popolare diretta di chi andrà al Quirinale dopo Scalfaro. Il congegno delle candidature presidenziali, quale è stato delineato dalla Bicamerale, rende difficile l'entrata in lizza d'un comune cittadino. L'intoppo sarà superato grazie al Mugello. Allora, a bocce ferme – ferme per noi che dobbiamo pur scrivere la parola «fine», nella realtà le bocce sono in continuo movimento – Di Pietro potrebbe essere, e in cuor suo sicuramente ritiene d'essere, il candidato naturale dell'Ulivo alla massima carica dello Stato. Sempre allora – in una riproposizione politica del duello giudiziario sul quale abbiamo troppo dovuto insistere – Berlusconi rimarrebbe forse, benché malconcio, il suo naturale antagonista.

Sarebbe, ammettiamolo, una curiosa sfida. Nessuno dei contendenti – l'ha rilevato Eugenio Scalfari – esce bene dalla singolar tenzone tra il Cavaliere del biscione e il Grande Moralizzatore di Tangentopoli. Non ne esce bene Silvio Berlusconi che s'è improvvisato paladino del garantismo, ed ha fatto della giustizia un tema essenziale delle sue battaglie politiche. Non ci sarebbe nulla da obbiettare se Berlusconi non fosse coinvolto in una serie di procedimenti penali in cui lo si accusa di aver concorso nell'alterazione dei bilanci societari, di aver autorizzato la consegna di denaro alla Finanza, di aver finanziato illecitamente alcuni partiti. Sono, queste, disavventure dalle quali nessun imprenditore di rango è esente, e la Fiat – ce ne siamo occupati – vi è invischiata. Nulla dunque di straordinario in una Italia dove la mazzetta e i foraggiamenti erano – meglio scrivere «sono» – pane quotidiano. Oltretutto la Magistratura ha cominciato a riconoscere – in contrasto con la tesi del *pool* di «mani pulite» e della Procura di Torino – che le aziende dovevano soddisfare le richieste dei potenti insaziabili e dei finanzieri infedeli, perché se le avessero respinte sarebbero state sottoposte a una vera persecuzione: erano, almeno in alcuni casi, vittime d'una concussione, non colpevoli di corruzione. Quand'anche le cose stessero in questi termini, rimane sconcertante il ruolo d'un elargitore di tangenti che s'improvvisa sacerdote della legalità. Né Gianni Agnelli né Romiti osano farlo. Romiti protesta per un tormentone d'inchieste che considera vessatorio, ma senza atteggiarsi ad apostolo del diritto. Il nonsenso della posizione berlusconiana è apparso evidente anche ad esponenti di spicco d'Alleanza nazionale. Il «conflitto d'interessi» che impaccia ogni mossa del Cavaliere non è un'invenzione maligna, è un fatto. Allo stesso modo è un fatto che molti milioni d'italiani vedono in Berlusconi un uomo nuovo, risoluto, creativo, generoso – un vero imprenditore, non un cinico affarista – e per queste qualità sono disposti a sorvolare sul conflitto d'interessi. Ma sorvolare non equivale a cancellare, soprattutto se l'assedio al Cavaliere – politico, mediatico e giudiziario – è incessante, e rinfresca le memorie.

Per Di Pietro il conflitto non è d'interessi, è d'immagine: l'immagine dell'intrepido nemico e flagellatore dei corrotti che mal si concilia con l'altra d'un magistrato-poliziotto, abile, attivo, ambiziosissimo, ma immerso in una fanghiglia maleodorante di frequentazioni dubbie, di compromissioni sgradevoli, di leggerezze censurabili. Non ci avventuriamo in ipotesi sulla destinazione dei miliardi di Pacini Battaglia. A lume di naso esprimiamo il parere che un Di Pietro coinvolto in traffici di quell'entità non avrebbe avuto bisogno di farsi prestare cento milioni, o un'auto o un telefonino, e l'appartamento se lo sarebbe comprato. Le trasgressioni che gli vengono addebitate – e che un Gip di Brescia aveva archiviato, prima che D'Adamo rompesse il silenzio, come penalmente irrilevanti – si addicono a un giovanotto di campagna ansioso di diventare qualcuno, e di vivere come vivono i vip, non a un disonesto ammassatore di quattrini. Però la fulgida limpidezza dell'eroe è intorbidita, e non ci pare che lui abbia sempre agito al meglio per recuperarla. Le mezze frasi allusive non possono appartenere al bagaglio d'un cavaliere senza macchia e senza paura. Di Pietro, che ha perso i favori di molte «teste d'uovo» rinomate, mantiene pressoché intatti quelli del popolo indifferenziato. Assistiamo al paradosso di due personaggi ai quali l'intellighenzia va rimproverando senza requie errori e peggio e che tuttavia rimangono issati sulle vette della popolarità. Piacciono, e c'è da chiedersi se non piacciano più per i loro difetti – l'ottimismo e l'entusiasmo un po' fanfaroni ma efficaci di Berlusconi, il populismo rozzo di Di Pietro – che per le loro indubbie qualità. Di candidati seri per il Quirinale ce n'è in teoria una caterva: tutti politicamente più agguerriti di Antonio Di Pietro e di Silvio Berlusconi. Ma nessuno che abbia un paragonabile filo diretto con la «gente» o, alla Sandro Curzi, con la «ggente». Berlusconi invecchia restando, anche nel momento del suo declino, l'uomo nuovo; Di Pietro è a vita la bandiera di «mani pulite» anche se l'omonimo *pool* l'ha scaricato, sia pure con le buone maniere.

Dopo la sortita di D'Adamo i cronisti avevano domandato a Francesco Saverio Borrelli quali avrebbero potuto esserne le conseguenze per il *pool* di «mani pulite», e lui aveva replicato: «Ma noi cosa c'entriamo?». L'apparente candore di queste parole voleva sancire, con la secchezza che in Borrelli è caratteristica, la fine d'un equivoco. Antonio Di Pietro non è più riconosciuto da Borrelli come uomo simbolo del *pool*. Lo era diventato perché i suoi metodi rispecchiavano, nella fase aggressiva delle inchieste di Tangentopoli, un forte sentimento di massa, e lo era diventato perché i mezzi d'informazione l'avevano mitizzato. Questa infatuazione corale aveva messo in ombra sia Borrelli sia i colleghi di Di Pietro: non per caso era toccato a lui di leggere davanti alle telecamere un altro «non ci sto», quello del *pool* al decreto voluto da Berlusconi e dal suo ministro della Giustizia Biondi, e bollato come «salvaladri». Finita la stagione dei portenti, l'idolo degli italiani, il portabandiera della guerra alla corruzione, era diventato per «mani pulite» un ingombro, e Borrelli aveva preso le distanze perché si capisse che gli incidenti giudiziari di Di Pietro – fossero o no frutto di calunnie – riguardavano ormai lui soltanto. Deplorava l'accanimento contro il suo ex-sostituto, distinguendo peraltro tra i magistrati di Brescia – sulla cui azione non aveva nulla da ridire – e i sollecitatori di memoriali e di testimonianze d'accusa.

Senza Tonino il *pool* era stato ricondotto ad una dimensione e ad una funzione più tecnica. Non sappiamo se davvero la sua strategia comportasse – nel momento di massimo fulgore – una consapevole presa di potere, una occupazione giudiziaria della politica. Alcuni sintomi lo lasciano supporre. Se così fu, il gruppo di Borrelli agì su sollecitazione – potremmo dire su mandato – d'una pubblica opinione che, in preda a un delirio di speranze, scese in piazza per sostenere i Pm di Milano, e incitarli a non andare per il sottile nella loro crociata. E i Pm non delusero: intoccabili per il favore popolare, si posero non tanto contro quanto al di sopra della classe politica, imposero la rinuncia a provvedimenti che il Parlamento deliberava, interpretarono secondo procedure «ambrosiane» le leggi. Furono un superpotere.

La controffensiva degli interessi minacciati aveva lo scopo di mettere al passo le Procure invadenti. Dopo che i Pm sono andati a spulciare anche i bilanci del Pds e delle «cooperative rosse», individuandovi le scappatelle d'obbligo, nessuno più nel Palazzo aveva interesse a spronare i magistrati zelanti. Ma la giustizia italiana ha in se stessa, senza bisogno d'aiuti esterni, i germi della paralisi. Sono inesauribili i pretesti che alle manovre d'insabbiamento offre la babele delle nostre leggi, pascolo e santuario dell'azzeccagarbuglismo nazionale. E poi è quotidiano lo spettacolo delle risse e polemiche tra Procura e Procura, tra magistrato e magistrato, tra correnti delle toghe: e non si può pretendere che i cittadini diano credito illimitato – come hanno fatto nell'ora magica di Tangentopoli – ai sacerdoti della legge se questi si esibiscono non in riti austeri ma in liti da ballatoio. Infine – ed è la considerazione più importante – gli entusiasmi hanno da noi breve durata: dopodiché l'italica ancestrale rassegnazione al peggio riprende il sopravvento. Non c'è tenacia nel perseguire risultati seri e concreti, restano al più altri effimeri slanci emotivi. Su di essi il *pool* di «mani pulite» non può più fare assegnamento.

Non vorremmo essere fraintesi. Le Procure non hanno abdicato. Sono anzi più che mai risolute nel far valere la loro presenza e la loro influenza, ma lo fanno con strumenti diversi dall'onda di piena che le aveva portate nel cuore del potere, espellendone altre istituzioni. Hanno sostegni tuttora solidi nel mondo politico, e hanno dalla loro parte la macchina della legge. I sostegni risultarono una volta di più evidenti nella *bagarre* della Bicamerale sulla bozza Boato per la giustizia: la bozza, che aveva all'inizio il consenso di una forte maggioranza parlamentare, era però sgradita ai magistrati, e tanto bastò perché la si imbalsamasse. Volendo poi richiamare alla realtà quanti si facessero illusioni sul loro disarmo, le Procure di Milano e di Palermo svolgono indagini che conducono in alto. Nel settembre del 1997 il *pool* di «mani pulite» ha chiesto che la Camera autorizzasse l'arresto di Cesare Previti, deputato di Forza Italia. L'iniziativa dei Pm milanesi veniva molto tempo dopo l'avvio della vicenda giudiziaria nata dalle rivelazioni di Stefania Ariosto. Secondo Borrelli e i suoi sostituti la documentazione raccolta in Svizzera attestava ormai in maniera inconfutabile che Previti era stato al centro di una immane rete di corruzione, e aveva potuto contare sulla complicità dei giudici da lui foraggiati: grazie ai quali gli eredi di Nino Rovelli, il «re della chimica» (il

236

cui figlio maggiore, Felice, è stato estradato in Italia dagli Stati Uniti) avrebbero incassato una montagna di miliardi. I fatti erano vecchi, ma Cesare Previti poteva ancora, affermava il *pool*, inquinare le prove o fuggire. Dunque andava messo al fresco. La giunta per le autorizzazioni a procedere di Montecitorio non si pronunciò sulla questione per un motivo formale: l'istanza d'arresto non doveva essere presentata dalla Procura, ma dal giudice per le indagini preliminari. In attesa che il Gip decidesse, Previti – che insisteva nel sostenere di non aver commesso reati, e d'essere stato calunniato dalla «teste Omega» – ottenne di potersi difendere davanti ai Pm Ilda Boccassini e Gherardo Colombo.

La mossa della Procura di Milano provocò una serie di reazioni divergenti e in qualche misura anche trasversali. Soprattutto a destra – ma con l'adesione di alcuni garantisti della sinistra – vi fu chi si preoccupò per l'ipotesi che un parlamentare finisse in galera, a distanza di anni dai reati contestatigli e per una severità mirata: il *fumus persecutionis*. I «giustizialisti» ribatterono sottolineando l'enorme gravità della trama criminosa che – se vera – sarebbe stata tessuta da Previti e da altri, e che avrebbe portato la corruzione in uffici giudiziari di grande importanza, adulterando processi e sentenze. L'imputato Previti non aveva, come tale, molti sostenitori, anzi quasi nessuno: il punto in discussione era l'opportunità dell'arresto.

Ma ve n'era un altro, di punto, che attizzava timori nel Polo, e destava perplessità in qualche osservatore imparziale. «Non è me che vogliono, sei tu l'obbiettivo» aveva detto Previti rivolgendosi a Berlusconi. L'appello era senza dubbio interessato: buttando in politica i suoi infortuni penali, che apparivano pesanti e tutt'altro che immotivati, Previti avvertiva Berlusconi ma scagionava se stesso. Il Cavaliere era stato del resto prudente – e l'atteggiamento non gli era consueto – nel commentare l'azione del *pool* contro colui che pur aveva incautamente nominato ministro della Difesa. Ma aveva ripetuto d'essere oggetto d'offensive giudiziarie senza quartiere, a Milano e a Palermo. Lo si voleva corruttore e lo si voleva mafioso d'antica data: per raggiungere lui, diceva, ci si accaniva contro Cesare Previti e contro Marcello Dell'Utri. Le indiscrezioni – vere o false che fossero – su indagini a carico del Cavaliere per riciclaggio di denaro mafioso correvano da mesi in Sicilia dove Forza Italia faticava a trovare candidati sindaci per le amministrative d'autunno (1997): forse in vista d'immancabili sconfitte o forse, insinuava Berlusconi, per i rischi con le Procure che la candidatura comportava. Il Cavaliere è un professionista del vittimismo – come le Procure – e non conviene prendere per oro colato i suoi lamenti. Un dato è tuttavia certo: i travagli giudiziari di Berlusconi, Dell'Utri e Previti hanno avuto inizio in coincidenza con una mobilitazione imponente di magistrati e di pentiti, dopo la nascita di Forza Italia. È un dato che lascia intatta la solidità delle prove documentali raccolte per dimostrare che la corruzione aveva dimensioni impressionanti, e penetrava nei gangli vitali dello Stato. Ma è anche un dato che fa riflettere. Finito il tempo delle emozioni collettive, resta la realtà d'una giustizia che non più a furor di popolo, ma a norma di legge – e si sa quanto le leggi siano manovrabili – condiziona la vita pubblica. Previti è, per verdetto dell'opinione pubblica, indifendibile. Ma in un Paese decente non corre né l'idea che un sette volte presidente del Consiglio, romano, sia stato un notabile mafioso né l'idea che sia mafioso il capo dell'opposizione, milanese. Per quanto screditata, la politica non può essere ridotta a questo.

CAPITOLO TREDICESIMO

MORTE E RESURREZIONE

L'approssimarsi della discussione sulla legge finanziaria non preoccupava più che tanto, fino all'autunno del 1997, Romano Prodi. Il Dpef (documento di programmazione economica e finanziaria) approvato nel luglio precedente delineava i propositi dell'esecutivo: e prevedeva in particolare – consenziente Rifondazione comunista – ottomila miliardi di risparmio sulla spesa previdenziale. Inoltre la manovra – 25 mila miliardi, 10 mila di nuove entrate e 15 mila di tagli – era molto leggera se raffrontata ai quasi centomila miliardi rastrellati nel 1996 per l'acquisto del biglietto d'ingresso in Europa. Era una manovra che aveva le caratteristiche delle precedenti: i tagli erano a volte generici e sempre elastici, le entrate si basavano in parte su valutazioni ottimistiche di cespiti prossimi venturi. Il bisturi per gli interventi risanatori era stato reso meno affilato nella trattativa tra il governo e i grandi sindacati che, pur essendo ben disponibili e assennati come forse mai in passato, qualche concessione dovevano pur strapparla: e infatti la mutilazione della spesa previdenziale era passata da ottomila a cinquemila miliardi. L'opposizione era rassegnata ad una nuova dimostrazione di forza della maggioranza, magari con qualche punzecchiatura di emendamenti e di critiche che salvasse la faccia dei neocomunisti. D'improvviso, in un ottobre infuocato anche meteorologicamente, l'attesa manfrina delle proteste declamatorie e dei voti a favore si trasformò in un inatteso e autentico dramma politico.

Dopo brontolii cupi il 28 settembre, in un'intervista

all'*Unità*, il segretario di Rifondazione aveva detto con durezza che i suoi deputati non avrebbero votato la finanziaria di Prodi. Il giorno successivo Cossutta rincarava la dose con un «inevitabile la rottura della maggioranza, ci vorrebbe un miracolo»; e il 30 settembre Bertinotti tornava alla carica in tono apocalittico: «Solo Dio può salvare il governo» («Ma Dio ha altro da fare» ribatteva Clemente Mastella). Bertinotti faceva sul serio, il governo dell'Ulivo, che si considerava ormai al riparo da colpi di mano, era in pericolo. Tra i parlamentari rifondatori s'avvertivano dissidenze (palese e netta quella di Ersilia Salvato) ma il grosso seguiva i due *leaders*. Nonostante tutto molti rimasero scettici sulla serietà degli *ultimatum* neocomunisti: e attribuirono lo scatto d'ira di Bertinotti all'idillio tra governo e sindacati (Cofferati aveva perfino accettato l'immediata discussione del sistema pensionistico la cui intoccabilità era dogma per Rifondazione). Antonio Martino, esponente autorevole del Polo, promise addirittura di sottoporsi al più avvilente degli interventi chirurgici se gli annunci di guerra fossero stati seguiti dai fatti (a crisi dichiarata tergiversò e fece bene perché in definitiva l'epilogo della crisi gli diede ragione). Prodi aveva dapprima glissato, con la sua tattica prediletta, sul problema, e s'era detto «non preoccupato». Ma di fronte a un cannoneggiamento di *niet* ammise che preoccupato lo era, e parecchio. «Questa è la crisi più pazza del mondo» lamentò, aggiungendo a beneficio di quanti l'esortavano a trattare: «Faccio fatica a parlare con chi mi prende a calci». Scese in campo – e in campo rimase costantemente, da quel momento in poi – Oscar Luigi Scalfaro, schierato senza riserve con Prodi: che del resto aveva dalla sua parte la quasi totalità dell'informazione, e senza dubbio la grande maggioranza del Paese (inclusa la Confindustria). «È incosciente chi mette i bastoni tra le ruote del Paese per seguire interessi di parte» sentenziò il Capo dello Stato in una delle sue veemen-

240

ti prediche. Bertinotti *versus* Scalfaro: duello non solo di idee, ma di erre mosce.

La maggioranza era andata in pezzi sulla legge che era la trave portante della politica governativa e l'opposizione, sorpresa e deliziata insieme per il gentile omaggio, chiese un dibattito parlamentare in cui fossero verificate le condizioni di salute della maggioranza. Prodi disse immediatamente di sì, la seduta alla Camera fu fissata per martedì 7 ottobre. Quali erano i motivi dichiarati della disputa tra Rifondazione e l'Ulivo? Il primo è che Cossutta e Bertinotti non s'appagavano delle possibili modifiche da apportare, cammin facendo, alla finanziaria. Pretendevano che essa fosse ritirata, e ristrutturata. Da come era – ossia, a loro avviso, una finanziaria che privilegiava i ricchi e penalizzava i poveri – doveva diventare una vera finanziaria di sinistra. Dunque nessun taglio alla spesa sociale, un impegno per la diminuzione dell'orario di lavoro a 35 ore a partire dal duemila, l'abolizione dei ticket a carico dei malati cronici, non il decesso ma anzi la rivitalizzazione dell'Iri: che avrebbe dovuto procedere all'assunzione di trecentomila giovani per lavori non precisati di pubblica utilità. E ancora uno stop alle privatizzazioni e la rinuncia a qualsiasi forma d'aiuto finanziario alla scuola privata. Nel discorso con cui avviò il dibattito di Montecitorio, Prodi si cimentò nell'impresa di salvaguardare la finanziaria – almeno nei suoi pilastri – e d'andare incontro alle richieste dei neocomunisti. Fu largo di riconoscimenti a Rifondazione per il contributo dato all'azione del governo, insistette sui ritocchi alle cifre, sottolineò grave e risoluto il danno enorme che una crisi avrebbe arrecato all'Italia proprio nel momento in cui i parametri di Maastricht venivano raggiunti, e il traguardo dell'Europa era a un passo. Nessuno di questi argomenti persuase Bertinotti che non poteva prestar fede – asserì – agli affidamenti generici («anche la Dc faceva finanziamenti a pioggia per l'occupazione: i 600 mila posti di lavoro di questa finanziaria somigliano al milione di posti promessi da Berlusconi»). «Almeno dateci qualcosa» invocava Bertinotti, quasi che non gli fosse stato dato niente. Tra l'Ulivo e Rifondazione era tutto un ping pong d'evocazioni d'operai, cassintegrati e pensionati in angustie: che secondo l'Ulivo aspettavano con ansia che la finanziaria andasse in porto, e secondo Bertinotti ne temevano come la peste le conseguenze. La Borsa non aveva dubbi: la caduta del governo sarebbe stata una jattura. Infatti le quotazioni scendevano a precipizio quando la rottura era data per certa, e risalivano ad ogni sintomo di schiarita, ma il saliscendi lasciava del tutto indifferente Rifondazione. Nerio Nesi, il suggeritore economico di Bertinotti, aveva detto: «La Borsa sta andando giù? Non me ne può importare di meno. Ho totale disprezzo per la Borsa italiana con tutti i suoi alti e bassi. Tanto lì dentro ci sono solo speculatori». Opinione sconcertante ma legittima, se non fosse che Nerio Nesi era stato nominato presidente della Banca Nazionale del Lavoro (quella dello scandalo, in nessun modo collegato a lui, di migliaia di miliardi per la filiale di Atlanta): e come tale aveva perorato nel 1984 l'ingresso della Bnl in borsa.

Insieme al no di Bertinotti affiorarono nella discussione di Montecitorio l'alternativa secca di D'Alema («o passa la finanziaria o si va a votare») e la proposta compromissoria di Berlusconi che trovava eccellente ascolto nei piccoli partiti (ma non in Fini): per il bene del Paese si poteva varare un governo di larga maggioranza che votasse la finanziaria e garantisse le scadenze dell'Euro. Al termine degli interventi Prodi avrebbe dovuto replicare: prese invece tempo – tra le proteste del Polo – riservandosi di riproporre l'indomani al Senato la sua posizione e di tornare a Montecitorio il 9 ottobre. Era un modo per rinviare lo *show down* finale e consentire ai volenterosi mediatori – ce n'era una caterva – di lanciare le loro esche.

L'8 ottobre parve che un'intesa fosse vicina. Bertinotti accennava a un patto di stabilità che vincolasse, per un anno, le due ali della maggioranza. Prodi era disposto a esonerare da ogni decurtazione le pensioni degli operai, e a trasformare l'Iri in una agenzia di coordinamento per le iniziative in favore dell'occupazione nel Sud. Arrivato il giorno della verità, Prodi seppe essere, nella sua replica ritardata, malleabile e dignitoso insieme. Elencò puntigliosamente ciò che il governo era disposto a concedere, nel solito disorientante balletto di miliardi. Su un punto fu tuttavia intransigente: la finanziaria non sarebbe stata ritirata né la sua stesura ridotta a una copia irriconoscibile dell'originale. Tra le dichiarazioni di voto una sola contava veramente, quella di Rifondazione comunista affidata al copogruppo dei deputati, Oliviero Diliberto. Con il gesto del «pollice verso» Nesi aveva anticipato, entrando in aula, il no del suo partito: successivamente articolato da Diliberto in argomentazioni prevedibili. Prima che s'arrivasse a un voto di sfiducia Prodi, pallido e calmo, si alzò per pronunciare poche parole: «Dopo la presentazione della risoluzione da parte di Rifondazione comunista con la quale questa forza ha sancito la crisi della maggioranza politica espressa dagli elettori il 21 aprile, mi recherò dal Capo dello Stato e presenterò le dimissioni». Il gioco d'anticipo di Prodi non aveva nulla d'impulsivo. In mancanza d'una formale sconfessione parlamentare il Presidente del Consiglio poteva essere rimandato davanti alle Camere, dopo le consultazioni del Quirinale, per essere definitivamente bocciato o promosso.

L'ondata d'anatemi, insulti, deprecazioni dalla quale Rifondazione fu sommersa dopo la sua azione di killeraggio era più che comprensibile. Con qualche eccesso, forse, negli elogi al governo Prodi, dipinto come il realizzatore d'una favolosa età dell'oro, e qualche eccesso d'autoincensamento nell'Ulivo. Prodi ha messo a segno risultati economici importanti, come li hanno messi a segno – non tra i Paesi «virtuosi» dell'Unione europea, ma tra gli spensierati del suo «ventre molle» – prima González e poi Aznar in Spagna, e Simitis in Grecia. I governi si sono comportati bene perché le regole e le scadenze dell'Unione monetaria non potevano essere eluse. Ma le cifre dei conti pubblici italiani erano lì ad attestare progressi enormi. A questa strategia Rifondazione comunista opponeva soluzioni breznieviane e peroniste insieme, la conservazione plumbea del «socialismo reale» e le fantasie consolatorie dell'economia di piazza. Lo Stato non doveva risparmiare su nulla (tranne che su qualche caso scandaloso di pensioni privilegiate), e invece doveva dare tutto: essere imprenditore di non si sa cosa (ma con valanghe d'assunzioni) ed elargitore d'aumenti. Problemi come la competitività industriale erano estranei a questa visione, una legge che riducesse l'orario di lavoro e l'Iri dispensatore di posti erano quanto occorreva per accrescere l'occupazione. Tutto questo era stato sperimentato numerose volte, in numerose versioni, e sempre aveva fatto fallimento. Ma Bertinotti e Cossutta sapevano dove trovare i quattrini necessari per le loro iniziative, erano nei duecentomila o trecentomila miliardi di evasione fiscale. Bastava recuperarli, e problemi non ce n'erano. Che è come dire: perché l'amministrazione italiana funzioni a dovere basta che ogni dipendente pubblico lavori con zelo, onestà e competenza. Già, ma come ci si arriva?

L'infantilismo e il pressappochismo evidenti delle tesi di Rifondazione nascondevano tuttavia i problemi reali d'una sinistra divisa nella quale una delle sue due «anime», la pidiessina, aspirava all'egemonia, e l'altra, la neocomunista, voleva preservare la sua identità, il suo mordente, il suo elettorato. Rifondazione sapeva che il peso dei lavoratori manuali diventa, nella società italiana, sempre minore, che i proletari della vulgata marxista non esistono quasi più: e allora puntava sul mondo studentesco con fremiti sessantottini, sugli emarginati, sui disoccupati intellettuali del Sud, sugli immigrati. Le aspirazioni che Rifondazione deve interpretare sono profondamente diverse non solo da quelle del ceto medio (che anche nell'Ulivo ha un ruolo determinante) ma da quelle degli operai che nella Cgil votano per Cofferati. Stavano inoltre in sottofondo questioni – come le riforme istituzionali e la riforma elettorale – che per Rifondazione significano pressapoco la sopravvivenza: con il maggioritario secco Rifondazione sarebbe ridotta al lumicino. Cossutta e Bertinotti sono una strana coppia. Cossutta è un *apparatchik* di matrice sovietica, Bertinotti ha le sue radici ideologiche nel socialismo di Riccardo Lombardi: che era intelligente e di un'onestà cristallina: ma covava la voluttà dello sfascio, era contento come una pasqua se gli riusciva di mettere a soqquadro un governo, o il suo partito, o la sua corrente. Quell'insegnamento Bertinotti non l'ha dimenticato. Il male oscuro del governo Prodi veniva dunque da lontano, dalle desistenze che erano utili ma piuttosto disoneste, e da una maggioranza che di quelle desistenze era il frutto: e che metteva insieme gli inflessibili contabili di Bankitalia e gli sbarazzini inventori dell'occupazione per decreto. Pare che all'estero Bertinotti sia piaciuto: è piaciuto anche Dario Fo, insignito del Nobel mentre Prodi annunciava il suo congedo dopo 514 giorni a Palazzo Chigi e mentre Silvio Berlusconi rinunciava ad essere candidato *premier* per il Polo nell'eventualità di elezioni ravvicinate, riservandosi i compiti di regista della coalizione di centrodestra. Bertinotti, Fo, anche Bossi sono, a modo loro, divertenti. L'Italia seria lo è molto meno.

Gli italiani rividero in televisione, con malinconia, lo stanco rituale delle consultazioni di Scalfaro, mentre anche nelle fabbriche e nelle piazze montava la rabbia contro Bertinotti. Fu fischiato ad Assisi (proprio in quei giorni colpita duramente dal terremoto) dove partecipava a una marcia per la pace. Le tanto evocate tute blu si materializzarono a Roma quando una delegazione di metalmeccanici bresciani chiese perentoria che le due sinistre la smettessero di litigare. Allora gli italiani appresero con nauseato stupore dalla bocca stessa di Bertinotti che lo spazio per un «compromesso» esisteva ancora, bastava un po' di buona volontà del governo. A dare una mano a Bertinotti era sopraggiunto, provvidenziale, il Primo ministro francese Lionel Jospin sbandierando la proposta d'un disegno di legge per la settimana lavorativa di 35 ore, in Francia, già dal duemila (si trattava per lui d'onorare una piuttosto sconsiderata promessa elettorale). In atteggiamento di bonaria rampogna Bertinotti – alla cui resipiscenza sembra abbia dato forte impulso Cossutta, che vorrebbe addirittura Rifondazione al governo – diceva all'Ulivo: vedete, m'avete imputato deliri utopistici, avete sostenuto che la riduzione dell'orario va ottenuta con lo strumento dei contratti e non per legge, e invece la Francia ci dà una lezione. Adeguatevi a Jospin sull'orario, e potremo ricucire lo strappo. (Per verità siamo bravissimi, noi italiani, nello sbagliare da soli, senza imitare altri.) Oltre che Cossutta, premevano su Bertinotti quei dirigenti periferici del suo partito e del Pds che in vista delle amministrative d'autunno già si adoperavano con alacrità per nuove alleanze tra Rifondazione e Ulivo, e dunque per nuove scandalose rinunce alla coerenza nel segno della poltrona.

Fu molto apprezzabile la freddezza con cui Prodi reagì all'*avance* bertinottiana ripetendo che la finanziaria era blindata, o prendere o lasciare (avremmo anzi preferito che l'avesse blindata prima, senza tante tortuosità e cedimenti): freddezza sottolineata da un lungo incontro con Di Pietro, che era anche un avvertimento a Rifondazione:

badate, con un collettore di voti come «Tonino» di voi non ci sarà più bisogno, se si andrà alle urne. Bertinotti, che aveva voluto mettere definitivamente al tappeto il governo – e un colpo duro l'aveva assestato – era adesso nell'angolo. Non toccava più a Prodi di limare, correggere, rinunciare. Toccava a lui di mascherare, alla meglio, la capitolazione: debitamente registrata da un soddisfatto Scalfaro. L'accordo, cui era assegnata la durata d'un anno abbondante – era l'idea di Bertinotti – prevedeva che: a) la finanziaria fosse approvata da Rifondazione così come Prodi l'aveva illustrata alla Carnera prima della crisi; b) l'orario di lavoro fosse ridotto, nel 2001, a 35 ore, con modalità fissate di concerto dai sindacati e dalle aziende; c) dal previsto giro di vite pensionistico fosse escluso il lavoro operaio e quello equivalente. E poi una agenzia per il Sud – c'è da rabbrividire se si pensa alla Cassa del Mezzogiorno e alle varie Agensud, Insud, Fime – con il compito di coordinare gli interventi e gli incentivi. La maggior concessione spuntata da Bertinotti era la riduzione dell'orario di lavoro, subito deplorata dalla Confindustria e accolta con mugugni dai moderati dell'Ulivo. «Ci sarebbe da preoccuparsi – scriveva scettico, e perciò ottimista, un commentatore – se non fosse che nessuna legge, e tanto meno una dichiarazione programmatica, ci potrà impedire, fra tre anni, di ripensarci.»

La vittoria di Prodi – e di Scalfaro – era evidente, altrettanto evidente la sconfitta di Bertinotti che era stato incapace di valutare non solo gli umori del Paese – «non gliene poteva importare meno», per usare l'espressione di Nesi – ma quelli della sua base. L'Italia poteva entrare in quell'Europa che a Rifondazione proprio non va a genio e che è stata la scommessa di Prodi, il governo non aveva abdicato né sconfessato i sindacati. Quella di Bertinotti era tuttavia una sconfitta, non una disfatta. Era riuscito a far mettere agli atti – l'aveva rilevato Paolo Franchi sul

Corriere della Sera – che non si governa e non si legifera senza o contro i comunisti, ed aveva messo una zeppa nell'ingranaggio delle riforme istituzionali e della riforma elettorale, da lui considerate una minaccia. Significativo era, nel documento che sancì la pace, l'accenno a una «consultazione sistematica tra il governo dell'Ulivo e Rifondazione comunista... relativamente ai passaggi politicamente significativi della stessa azione di governo». Ossia, in soldoni: non doveva più accadere che Prodi s'accordasse con i sindacati scavalcando Rifondazione, e dandone per scontato l'assenso. Prodi ha negato che vi sia stato uno spostamento a sinistra della maggioranza: resta tuttavia la mina dei «diversi» che nella maggioranza sono inclusi e che può essere neutralizzata per un breve periodo, non disinnescata. S'è perpetuata l'anomalia di questa stagione della politica italiana: l'opposizione che il governo deve tenere a bada non è quella ufficiale, è quella interna alla maggioranza. L'anomalia durerà – quale che sia lo schieramento al potere – finché dureranno in Italia non solo regole imperfette avvolte da una giungla di cavilli, ma un costume politico bizantino, allergico alla chiarezza. Un costume che ci propina le quasi-crisi, le quasi-maggioranze, le quasi-riforme. E non c'è rimedio.

POSCRITTO
di Indro Montanelli

Questo volume segna il capolinea della nostra Storia dell'Italia contemporanea. Mario Cervi, di parecchi anni più giovane di me, potrà, se vorrà (e io spero che lo voglia) continuarla da solo. Io debbo prendere congedo dai nostri lettori. E non soltanto per ragioni anagrafiche, anche se di per sé abbastanza evidenti e cogenti. Ma perché il congedo l'ho preso negli ultimi tempi dalla stessa Italia, un Paese che non mi appartiene più e a cui sento di non più appartenere.

È stato proprio l'impegno profuso nella stesura di questi volumi, nei quali la Storia si confonde con la testimonianza diretta, anche questa condivisa pienamente da Cervi, a rendermi consapevole che quello nostro era qualcosa di mezzo tra il resoconto d'un fallimento e l'anamnesi di un aborto. Uno dei primi volumi usciti dalla nostra collaborazione, nonostante il titolo *L'Italia della disfatta*, reca i segni della speranza e delle illusioni con cui ne avevamo vissute le drammatiche ma esaltanti vicende. Credemmo che l'Italia avesse liquidato, sia pure a carissimo prezzo e grazie a forze altrui (ma questo è il *Leitmotiv* della nostra Storia non soltanto di questo secolo), un regime che le aveva impedito di essere se stessa. Ed invece gli eventi che abbiamo seguito passo passo coi volumi successivi ci dimostravano che non era affatto cambiata col cambio del regime. Erano cambiate le forme, ma non la sostanza. Era cambiata la retorica, ma era rimasta retorica. Erano cambiate le menzogne, ma erano rimaste menzogne. Erano soprattutto cambiate le mafie del potere e della cultura, ma erano rimaste mafie.

Al *referendum* istituzionale del 2 giugno '46, Cervi ed io ancora non ci conoscevamo, e ci trovammo su posizioni opposte. Cervi si pronunciò per la Repubblica, io per la Monarchia. Ma entrambi eravamo convinti che quella fosse la data d'inizio di una «vita nova», molto diversa da quella che avevamo vissuto, o meglio subìto; e di questa grande speranza fummo entrambi (anche se io forse un po' meno di Cervi) partecipi. Essa ci sostenne, e in certi momenti forse anche ci esaltò, fino agli anni del «miracolo», che furono i primi Cinquanta. Poi...

Noi questo *poi* lo abbiamo vissuto da giornalisti militanti, entrambi al *Corriere della Sera*. Entrambi assistemmo e fummo i cronisti della rapida degenerazione della democrazia in partitocrazia, cioè in un oligopolio di camarille e di gruppi che esercitavano il potere in nome della cosiddetta «sovranità popolare»; in realtà nel solo interesse di quei gruppi e camarille, che d'interesse ne avevano uno solo: che il potere restasse «cosa nostra», come infatti per quasi cinquant'anni è stato, e come seguita ad essere anche ora che ha cambiato titolari, ma sempre restando «cosa nostra».

In questo sistema abbiamo visto corrompersi tutto, a cominciare dallo Stato. Lo Stato che il fascismo aveva trovato quando assunse il potere non era gran che. Però una categoria di funzionari abbastanza onesti e ligi ad un certo rigore e decoro di comportamenti, nei pochi decenni di Storia unitaria si era formata. E Mussolini la rispettò. Ne mise tutto il personale in camicia nera, ma non ne toccò i posti, le carriere e le competenze. Anche in periferia, il Prefetto, organo dello Stato, prevalse sempre, o quasi sempre, sul Segretario federale, organo del Partito. E questo atteggiamento fu particolarmente visibile nel campo della giustizia. Per perseguire il delitto di opinione, il regime dovette istituire una sua Magistratura di partito perché quella ordinaria si rifiutava di considerare l'opinione un delitto, e il regime rispettò questo rifiuto.

Anche la Repubblica, «nata dalla Resistenza», com'era d'obbligo chiamarla, riconobbe ed anzi enfatizzò l'indipendenza della Magistratura dal potere politico. E per meglio garantirla, la dotò di un organo di autogoverno, il Consiglio superiore della magistratura, riservandosene però una componente «laica», cioè di non magistrati nominati a quei posti dal potere politico, e per esso dai tre maggiori partiti, che se lo contendevano, o meglio se lo spartivano. Ma la contaminazione non si era fermata qui. Aveva investito tutta la Magistratura dividendola in «correnti» – ognuna delle quali faceva capo ad un partito o ad un'area.

È questo che spiega l'impunità con cui le forze politiche poterono compiere la loro opera di corruzione, che non consisteva soltanto nel prelievo dei pedaggi imposti a tutte le attività economiche pubbliche e private – le famose «tangenti» – ma anche nell'annessione e addomesticamento di tutti quegli organi di controllo – Corte costituzionale, Corte dei Conti, Consiglio di Stato, Ragioneria generale – che alla corruzione avrebbero dovuto porre un freno e che invece ne diventarono lo strumento.

La corruzione non è un fenomeno soltanto italiano. Clemenceau diceva che non c'è democrazia che ne sia al riparo. Ma quella che aveva sotto gli occhi lui, in Francia, si limitava alla classe politica, forse non molto migliore della nostra. Ma a sbarrarle la strada c'era uno Stato che dai tempi di Colbert era servito da una vera e propria casta di *commis*, di funzionari rigorosamente selezionati in scuole speciali ed alla corruzione impermeabili. La burocrazia italiana non disponeva di un personale di altrettanto livello e non oppose resistenza al potere politico che se l'annesse distribuendo favori soprattutto di carriera agli arrendevoli e castighi a chi non si adeguava. I due milioni di miliardi e passa di debito pubblico non si possono spiegare che come il frutto di un reticolo di complicità fra classe politica e classe amministrativa che rese del tutto vano il disposto costituzionale secondo cui lo Stato non poteva procedere a spese che non fossero coperte da adeguate entrate. Gli organi cui era affidata l'osservanza di questa regola ne avallarono tutte le contravvenzioni, richieste, ed anzi imposte da un potere politico che badava soltanto a sopravviversi distribuendo favori e indulgenze.

Di questo processo di corruzione potrei citare infiniti altri casi con prove e dettagli. Ma lo ritengo non solo superfluo, visto che è sotto gli occhi di tutti, ma anche fuorviante in quanto può rafforzare nel lettore la convinzione che sia dovuto soltanto alla classe politica. Non è così. Che la classe politica che ha esercitato il potere negli ultimi trenta o quarant'anni sia stata, nel suo insieme, corrotta e corruttrice, è vero. Ma è altrettanto vero che al potere è sempre rimasta col nostro voto. Perché, si usa dire, l'unica alternativa erano i comunisti che avrebbero fatto dell'Italia una succursale dell'Unione Sovietica. Ed anche questo è vero. Ma i voti ai comunisti, chi glieli dava? Ed ora che l'incubo del comunismo (piaccia o non piaccia al «compagno» Bertinotti) è finito, forse che le cose sono cambiate e la classe politica è migliorata?

L'anagrafe mi ha consentito, o forse mi ha condannato, a partecipare a tutte le grandi speranze di questo secolo italiano. Studente negli anni Venti, ho sognato, come tanti, quasi tutti i miei coetanei, di contribuire a fare del fascismo una cosa seria, e automaticamente ce ne trovammo emarginati. Ci schierammo con le poche forze liberaldemocratiche della Resistenza, e ce ne ritraemmo vedendola trasformata in uno strumento di partito e ridotta a grancassa della sua propaganda col consenso – o la sottomissione – della maggioranza degl'italiani. La speranza di contribuire a qualcosa di buono si riaccese subito dopo la Liberazione sotto la guida di pochi vecchi uomini del prefascismo, presto anch'essi emarginati dalle nuove leve di mestieranti della politica, abilissimi nei giuochi di potere, ma soltanto in quelli. E da allora cominciò la degenerazione mafiosa della democrazia sotto gli occhi indifferenti, o ipocritamente indignati, di una pubblica opinione alle mafie assuefatta da secoli.

Oramai sono giunto alla conclusione che la corruzione non ci deriva da questo o quel regime o da queste o quelle «regole», di cui battiamo, inutilmente, ogni primato di produzione. Ci deriva da qualche virus annidato nel nostro sangue e di cui non abbiamo mai trovato il vaccino. Tutto in Italia ne viene regolarmente contaminato. Se ci danno la democrazia, la riduciamo a partitocrazia, cioè ad un sistema di mafie. E la cultura, da cui avrebbero potuto e dovuto venirci moniti ed esempi, si è adeguata, come del resto volevano le sue origini.

La cultura italiana è nata nel Palazzo e alla mensa del Principe, laico o ecclesiastico che fosse, e non poteva esser altrimenti, visto che il Principe era, in un Paese di analfabeti e quindi senza pubblico mercato, il suo unico committente. Mentre la Riforma aveva sgominato l'analfabetismo facendo obbligo ai suoi fedeli di leggere e d'interpretare i testi sacri senza la mediazione del Pastore autorizzato a dare solo qualche consiglio; la Controriforma, che faceva del prete l'unico autorizzato interprete delle Scritture, dell'analfabetismo era stata la fabbrica, che lasciava l'intellettuale alla mercé (in tutti i sensi) del suo patrono e protettore. Il quale naturalmente se ne faceva ripagare non solo con la piaggeria, ma anche con la difesa del sistema su cui si fondavano i suoi privilegi.

Così si formò quella cultura parassitaria e servile, che non è mai uscita dai suoi circuiti accademici per scendere in mezzo al popolo a compiervi quell'opera missionaria, di cui le è sempre mancato non solo la vocazione, ma anche il linguaggio. In Italia il professionista della cultura parla e scrive per i professionisti della cultura, non per la gente. E istintivamente cerca ancora un Principe di cui mettersi al servizio.

Scomparsi quelli di una volta, il loro posto è stato preso dai depositari del potere, cioè dai partiti. E questo spiega la cosiddetta «organicità» dell'intellettuale italiano, sempre schierato dalla parte verso cui soffia il vento. Se è vero che l'ambizione di ogni intellettuale è di diventare il direttore della pubblica coscienza, l'intellettuale italiano la serve all'incontrario: mettendosene al rimorchio e facendo la mosca cocchiera di tutti i suoi eccessi e sbandate.

Ecco il motivo per cui ho deciso di rinunziare al seguito di questa Storia d'Italia (che del resto rischia di avvilirsi a cronaca giudiziaria). Ho smesso di credere all'utilità di una Storia scritta al di fuori di tutti i circuiti della politica e della cultura tradizionali. Anzi, ad essere sincero sino in fondo, ho smesso di credere all'Italia. Questo volume, che include la sceneggiata di piazza San Marco, include anche la convinzione di uno dei suoi due autori che in un'Italia come questa anche una sceneggiata può bastare a provocarne la decomposizione. Sangue non ce ne sarà: l'Italia è allergica al dramma, e per essa nessuno è più disposto a uccidere e tanto meno a morire. Dolcemente, in stato di anestesia, torneremo ad essere quella «terra di morti, abitata da un pulviscolo umano», che Montaigne aveva descritto tre secoli orsono.

O forse no: rimarremo quello che siamo: un conglomerato impegnato a discutere, con grandi parole, di grandi riforme a copertura di piccoli giochi di potere e d'interesse. L'Italia è finita. O forse, nata su dei plebisciti-burletta come quelli del 1860-'61, non è mai esistita che nella fantasia di pochi sognatori, ai quali abbiamo avuto la disgrazia di appartenere. Per me, non è più la Patria. È solo il rimpianto di una Patria.

CRONOLOGIA ESSENZIALE

1995

21 luglio – Scoppia il caso Ariosto.
24 luglio – Congresso della Lega a Mantova.
novembre – Erich Priebke estradato in Italia.
20 dicembre – Chiesto il rinvio a giudizio di Antonio Di Pietro.

1996

11 gennaio – Dimissioni del governo Dini.
24 gennaio – Vittime italiane a Sarajevo (1 morto e 6 feriti) per un'esplosione in una base delle forze di pace.
14 febbraio – Antonio Maccanico rinuncia a formare il governo.
15 febbraio – Il presidente Scalfaro scioglie le Camere.
18 febbraio – Vertice a Roma tra Bosnia, Serbia e Croazia per la salvaguardia della pace.
29 febbraio – Gianni Agnelli lascia la presidenza della Fiat e nomina presidente del Consiglio di amministrazione Cesare Romiti.
fine febbraio – Lamberto Dini fonda Rinnovamento italiano.
12 marzo – Ordine di arresto per il capo dei Gip romani Renato Squillante. Indagato Cesare Previti.
5 aprile – Si conclude con una condanna a dieci anni il processo Contrada.
21 aprile – Le elezioni politiche registrano una netta affermazione dell'Ulivo.
17 maggio – Presentazione del governo Prodi.
21 maggio – Arresto di Giovanni Brusca per l'assassinio di Falcone.
26 maggio – Elezioni in Albania.

9 giugno – Elezioni amministrative in 162 comuni.

16 giugno – Elezioni regionali in Sicilia (affermazione di Ccd e Cdu).

27 giugno – Il Consiglio dei Ministri approva il piano di politica economica per tre anni.

8 luglio – Nuove nomine alla Rai: Enzo Siciliano sostituisce Letizia Moratti alla presidenza.

agosto – Approvazione della Bicamerale.

13-15 settembre – Marcia leghista sul Po.

16 settembre – Riesplode Tangentopoli con gli arresti di Necci e Pacini Battaglia.

9 novembre – Manifestazione a Roma contro la finanziaria.

14 novembre – Antonio Di Pietro lascia la carica di ministro dei Lavori pubblici.

19 novembre – Viene introdotta la tassa straordinaria per l'Europa.

22 dicembre – Approvazione della Finanziaria.

1997

5 febbraio – Iniziano i lavori della Bicamerale.

14 febbraio – Congresso della Lega.

3 marzo – Insurrezione armata in Albania. Migliaia di profughi cercano rifugio in Italia.

22 marzo – Manifestazione sindacale a Roma per il lavoro e l'occupazione.

28 marzo – Incidente nell'Adriatico con i profughi albanesi.

27 aprile – Elezioni amministrative in 1138 comuni, tra cui Milano, Torino e Catania.

9 maggio – Un gruppo secessionista della Lega occupa il campanile di San Marco a Venezia.

11 maggio – Elezioni del sindaco in dieci città.

maggio – Viene varata la legge sull'emittenza televisiva.

maggio – Incidenti diplomatici a Tirana: sostituzione degli ambasciatori italiani.

25 maggio – Referendum dimostrativo della Lega.

6 giugno – Accuse di violenze in Somalia da parte di militari italiani partecipanti nel 1993 alla operazione «Restore Hope».

15 giugno – Vengono annullati i referendum per la bassa percentuale di votanti (30 per cento).

29 giugno – Nuove elezioni in Albania: sconfitto Berisha.

30 giugno – Si concludono i lavori della Bicamerale.

giugno – Inchiesta sullo scandalo della sanità.

luglio – Approvazione del «Documento di programmazione economica e finanziaria».

16 luglio – Di Pietro si candida per l'Ulivo nel collegio del Mugello.

22 luglio – Si conclude con la condanna a dodici anni il processo a Priebke.

3 agosto – Sandro Curzi annuncia la sua candidatura nel collegio del Mugello.

3 settembre – Richiesta l'autorizzazione per l'arresto di Cesare Previti.

15 settembre – Giuliano Ferrara si candida al Mugello per Forza Italia.

21 settembre – Incidenti durante una manifestazione leghista a Verona.

26 settembre – La prima di una serie di scosse di terremoto in Umbria e Marche provoca danni gravissimi alla popolazione e al patrimonio artistico.

9 ottobre – Dimissioni del governo Prodi.

9 ottobre – Il premio Nobel per la letteratura è assegnato a Dario Fo.

14 ottobre – Il Presidente della Repubblica Scalfaro rinvia il governo Prodi alle Camere.

16 ottobre – Voto di fiducia per il governo Prodi.

INDICE DEI NOMI

Abc, 73
Abete, Luigi, 11
Abramo, Sergio, 111
Acampora, Giovanni, 37
Acea (Azienda comunale per l'e-
    lettricità e l'acqua – Roma), 101
Africa, 206
Agensud, 247
Agnelli (famiglia), 94
Agnelli, Gianni, 19-21, 42, 233
Agnelli, Giovanni, 21
Agnelli, Umberto, 21
Agnes, Biagio, 102
Agrigento, 126
Alba, operazione, 188, 191, 193
Albania, 181, 183, 185-89, 191,
    193, 198
Albano, Antonio, 133
Albertini, Gabriele, 110-12
Algeria, 118
Alleanza Atlantica, 181
Alleanza nazionale (An), 13, 15,
    18, 23-25, 47, 67, 104, 132,
    137, 144, 150, 196, 214, 233
Alpi, Ilaria, 194
Amato, Giuliano, 57-58, 107
America (v. Stati Uniti)
An (v. Alleanza nazionale)
Ancona, 111
Andreatta, Beniamino, 52-53, 196
Andreotti, Giulio, 6, 8, 28, 44, 47,
    70, 130, 154, 158-69, 177-78,
    219
Angioni, Franco, 191
Annunziata, Lucia, 97, 99
Ansa (Agenzia Nazionale Stampa
    Associata), 210

Anselmi, Tina, 197
Arci, 101
Arcore, 171, 209
Are, Mario, 37
Argentina, 73, 75, 77, 83, 88
Ariosto, Carlo, 31
Ariosto, Stefania, 18, 29-36, 39-
    40, 236-37
Ariosto, caso, 29
Arlacchi, Pino, 177, 224
Artuso, Domenico, 158
Assisi, 246
Associazione delle comunità ebrai-
    che italiane, 197
Associazione magistrati, 34
Asti, 222
Atlanta, 242
Atm (Azienda trasporti municipa-
    li), 229
Australia, 191
Autuori, Giuseppe, 127, 129
Avola, Maurizio, 175
Ayala, Giuseppe, 40
Aznar, José Maria, 244

Badalamenti, Gaetano, 164, 167
Badoglio, Pietro, 75
Bagarella, Leoluca, 163
Baggio, Roberto, 226-27
Bandiera rossa, 86
Banca Nazionale del Lavoro (Bnl),
    242
Bankitalia, 230, 245
Banque de patrimonies privés
    (Bpg) (v. anche Karfinco), 118-
    19
Bari, 158

Bariloche (*v.* San Carlos de Bariloche)

Barison, Antonio, 204

Barre, Siad, 194

Bassanini, Franco, 24, 53

Battaglia, Adolfo, 120

Battista, Pierluigi, 96

Benevento, 129

Bentivegna, Rosario, 77, 86

Berisha, Sali, 186-88, 190, 192

Berlinguer, Enrico, 168

Berlinguer, Luigi, 53

Berlusconi, Paolo, 16-18, 34, 131

Berlusconi, Silvio, 5-8, 12-16, 18-19, 21-23, 26-28, 32-33, 36-39, 41-48, 51, 54-58, 66-67, 92-95, 97, 101, 105, 107-08, 112-13, 115, 125-26, 128-30, 132, 136, 141, 144, 146-47, 149, 153, 171-74, 207, 209, 212, 214, 217, 220-23, 225-26, 229-34, 237-38, 242, 245

Bernabè, Franco, 103

Bersani, Pierluigi, 53

Bertinotti, Fausto, 15, 42, 46-47, 51, 56, 60, 63-65, 103-04, 109, 112-13, 115, 128, 144, 154, 189, 213, 226-29, 240-47, 252

Bertoni, Raffaele, 143

Betti, Laura, 96

Biagi, Enzo, 13, 98, 165

Bianco, Gerardo, 41

Biella, 100

Bindi, Rosy, 53, 109

Biondi, Alfredo, 54, 234

Blair, Tony, 66

Bnl (*v.* Banca Nazionale del Lavoro)

Boato, Marco, 142-43, 152, 236

Bocca, Giorgio, 142

Boccassini, Ilda, 126, 219-20, 237

Bodega, Lorenzo, 111

Bodrato, Guido, 120

Boemi, Salvatore, 158-59

Bologna, 114-15

Bologna calcio, 227

Bompressi, Ovidio, 175

Bonfigli, Silvio, 17, 50, 129

Bongiorno, Mike, 45

Bonifaci, Domenico, 132

Bonsignore, Ezio, 184

Bontade, Stefano, 164, 167-68

Bordon, Willer, 40

Borghese, Il, 210

Borrelli, Francesco Saverio, 8, 30, 123, 126, 219-22, 234-36

Bosnia, 181, 183-85, 198

Bosnia-Erzegovina, 183-84

Bossi, Umberto, 6, 9-11, 13, 44-45, 47, 115, 144, 164, 201, 205, 207-14, 231, 245

Bozen, battaglione, 80

Bozzi, Aldo, 67

Br (*v.* Brigate rosse)

Brancoli, Rodolfo, 97

Brenta, banda del, 177

Brescia, 16-17, 50, 123, 125-27, 129-32, 216, 220, 222-23, 229, 233, 235

Brianza, 37

Brigate rosse (Br), 168, 206

Brusca, Emanuele, 163-64, 166

Brusca, Enzo, 162-64, 166

Brusca, Giovanni, 162-64, 166

Bruxelles, 38, 59, 208

Buenos Aires, 73, 75-76

Buridan, Jean (Buridano), 39

Burlando, Claudio, 53

Buscetta, Tommaso, 159, 161, 166-68, 176-77

Buson, Gilberto, 204

Buttiglione, Rocco, 48, 108, 212

Cacciari, Massimo, 204, 207

Calabresi, Luigi, 166, 175

Calabria, 156-57

Calò, Pippo, 168

Caltagirone, Fancesco Gaetano, 132, 134

Calvaruso, Toni, 163

Camorra, 178

Campanato, Graziano, 204

Candido, 157
Cantone, Luigi, 185
Capaci, 156, 163
Capone, Al, 173
Caponnetto, Antonio, 222
Capponi, Carla, 86
Carbone, Sergio, 103
Cardella, Fausto, 167
Cardi, Enzo, 103
Cardino, Alberto, 116, 119, 125-26, 129
Carminati, Massimo, 167
Carnevale, Corrado, 179
Casavola, Francesco Paolo, 94-95
Caselli, Giancarlo, 70, 160, 165
Casini, Carlo, 85
Casini, Pier Ferdinando, 48
Casoli, Giorgio, 30-31
Cassa del Mezzogiorno, 247
Castellani, Valentino, 110-12
Castellanza, 130, 145-46, 154, 222
Castellari, Sergio, 133
Catania, 173
Catanzaro, 111, 158
Cavani, Liliana, 94
Ccd (*v.* Centro Cristiano Democratico)
Cdu (*v.* Centro Democratico Unitario)
Cecchi Gori Communications, 102
Cecchi Gori, Vittorio, 97, 99, 228
Centro Cristiano Democratico (Ccd), 47-48, 67, 231
Centro Democratico Unitario (Cdu), 47-48, 67, 231
Cgil (Confederazione Generale Italiana del Lavoro), 64, 107, 245
Chiapas, 202
Chiesa, Mario, 125
Chionna, Alessandro, 100
Ciampi, Carlo Azeglio, 52, 57, 59-60, 65, 105-07, 109
Ciano, Galeazzo, 75-76
Ciaurro, Gianfranco, 111

Cimoli, Giancarlo, 102
Cina, Gaetano, 170-71
Cirio, 114
Cisl (Confederazione Italiana Sindacati Lavoratori), 64, 107
Civitavecchia, 133
Clemenceau, Georges, 251
Cobas (*v.* Comitati di Base)
Cofferati, Sergio, 240 ,245
Coiro, Michele, 34, 220
Colbert, Jean Baptiste, 251
Colombo, Gherardo, 180, 237
Comitati di Base (Cobas), 60
Compostela, 42
Comunismo, 41, 44, 87, 90, 98
Confalonieri, Fedele, 101
Confindustria, 11, 240, 247
Consiglio Superiore della Magistratura (Csm), 8, 34, 53, 68-69, 82, 142, 160, 251
Conso, Giovanni, 54
Contin, Christian, 204
Contin, Flavio, 204
Continue Hope, operazione, 194
Contrada, Bruno, 159-61
Coppi, Fausto, 154
Cordova, Agostino, 157
Correnti, Giovanni, 111
Corriere della Sera, 6-7, 76, 81, 90, 101, 106, 152, 248, 250
Cosa 2, 115, 230
Cosa nostra, 159, 164, 166, 168, 171-73
Cosenza, 156, 158
Cossiga, Francesco, 13, 51, 136-37, 146, 226
Cossutta, Armando, 42, 240-41, 244-46
Costa, Paolo, 129
Costa, Raffaele, 110-12
Costanzo, Maurizio, 93
Craxi, Bettino, 35, 97, 130-31, 143, 148, 154, 156-57, 209, 221, 230
Croazia, 64, 183
Croce Rossa, 75

Crotone, 111
Crouch, William, 184
Csm (v. Consiglio Superiore della Magistratura)
Cuccia, Enrico, 21, 26
Cuneo, 168
Curcio, Renato, 30
Curno, 130
Curzi, Sandro, 97-98, 227-30, 234
Cusani, Sergio, 130

D'adamo, Antonio, 124-26, 130, 216-17, 220-24, 233-34
D'alema, Massimo, 13-15, 23, 27, 39, 42, 44, 51-52, 59, 67-68, 106, 108-09, 112, 114-15, 132, 136-37, 139-46, 149, 152-53, 201, 209, 212-13, 224, 226-30, 242
Dalla Chiesa, Carlo Alberto, 167, 217
Danesi, Emo, 116
Davigo, Piercamillo, 11, 146, 180
Dayton, accordi di, 184-85
Dc (v. Democrazia Cristiana)
De Benedetti, Carlo, 20, 38, 101
Dell'Utri, Marcello, 170-75, 238
De Macis, Sabatino, 81-82
De Michelis, Gianni, 120
De Mita, Ciriaco, 14, 44, 47, 226
Democrazia Cristiana (Dc), 16, 18, 92, 116, 118, 161, 168-69, 221, 231, 241
De prima republica (Andreotti), 28
Dia (Direzione Investigativa Antimafia), 133
Di Blasi, Giovanni, 77
Digos (Divisione Investigazioni Generali Operazioni Speciali), 201
Diliberto, Oliviero, 243
Di Maggio, Balduccio, 161-64, 166, 177, 219
Di Martino, Anna, 50
Di Matteo, Santino, 162
Dinacci, Ugo, 17
Dini, Lamberto, 5-9, 12-13, 16, 18, 23, 28-29, 39, 41, 43, 52-53, 55, 58-59, 65, 105-07, 109, 134, 144, 154, 190-91, 207, 213-14, 226
Di Persia, Felice, 178
Di Pietro, Antonio, 16-19, 28, 34, 49-51, 54, 70, 116, 119, 122-32, 143, 145-46, 154, 216-17, 219-35, 246-47
Di Pietro, Lucio, 178
Di Rezze, Velio, 83-84
Dobbrick, Hellmuth, 80
Donaldson, Sam, 73-75
D'onofrio, Francesco, 144, 152
Dossetti, Giuseppe, 41
Dotti, Vittorio, 18, 30-33, 38-39
Dpef (Documento di programmazione economica e finanziaria), 239

Economist, 107
Edilgest, 125
Edilnord, 125
Einaudi, Giulio, 142
Elena di Savoia, 138
Emilia-Romagna, 53
Enel (Ente Nazionale per l'Energia Elettrica), 95, 101
Eni (Ente Nazionale Idrocarburi), 103, 118, 122
Enichem, 120
Enimont, 103, 120, 132-33
Ercolano, 175
Ercole, Valerio, 198
Erode I Il Grande, 153
Espresso, L', 38
Eta (Euzkadi Ta Azkatasuna), 206
Europa, 59, 65-66, 73, 106-07, 121, 181, 183, 206, 239, 241, 247

Fabiani, Fabiano, 102-03
Faccia, Fausto, 204
Falcone, Giovanni, 176
Fantozzi, Augusto, 53, 133-34
Fascismo, 41, 65, 87
Fassino, Piero, 190

Feltri, Vittorio, 129
Ferone, Giuseppe, 175
Ferrara, Giuliano, 98, 129, 193, 229-30
Ferrua, Aldo, 222
Fi (v. Forza Italia)
Fiat, 19-22, 173, 232
Fime, 247
Fini, Gianfranco, 12-15, 25-28, 41-42, 47, 51, 129, 141, 146, 149-50, 153, 226, 231, 242
Fininvest (v. anche Mediaset), 16, 18, 20, 40, 93, 170, 173-74
Finmeccanica, 102-03
Fino, Bashkom, 188
Finocchiaro, Anna, 54
Fiore, Carmine, 194, 196-98
Firenze, 117, 121, 125, 127, 129, 224
Fisichella, Domenico, 24-26, 150
Fiuggi, 119
Fiume, 88
Flamini, Luigi Maria, 85
Flick, Giovanni Maria, 34, 53-54, 82-84, 220
Flores D'Arcais, Paolo, 68, 142
Fo, Dario, 245
Foa, Vittorio, 142
Foglio, Il, 129, 229
Foibe, 88
Folena, Pietro, 142
Folgore, 185, 194, 196, 198
Fondo monetario internazionale, 59, 105
Foresti, Paolo, 190-91
Forlani, Arnaldo, 56, 130-31, 154
Forlani, Luciano, 188
Formentini, Marco, 111, 209
Forza Italia (Fi), 13, 15-16, 18, 24, 33, 39, 43-44, 47-48, 67-68, 130, 141, 144, 171, 196, 212, 214, 218, 220, 225, 229, 236, 238
Fosse Ardeatine, 73-75, 77-80, 83-85, 88, 90
Fracanzani, Carlo, 120
Franceschini, Ennio, 30

Franchi, Paolo, 247
Francia, 56-57, 71, 140, 181, 193, 246, 251
Franco Bahamonde, Francisco, 26
Franz, Silvio, 116, 119, 125-26, 129
Freda, Franco, 158
Fumagalli, Aldo, 110-12
Funari, Gianfranco, 23

Gable, Clark, 37
Gaibisso, Gerardo, 85
Galeazzi, Renato, 111
Galli della Loggia, Ernesto, 90
Gallo, Ettore, 197-99
Ganci, Vito, 164
Gargonza, 109
Garibaldi, brigata, 185
Gelli, Licio, 143, 164, 166, 197
Genova, 53, 75, 217, 220
Germania, 56-57, 71, 74-75, 82-83, 101, 114, 193, 230
Gerstenfeld, Manfred, 120
Ghitti, Italo, 117
Giacca, Capitano (v. Toffanin, Mario)
Giannini, Massimo Severo, 119
Giappone, 19
Gico (Gruppo Investigativo sulla Criminalità Organizzata), 117, 121, 124-27, 129
Gierek, Edward, 186
Ginzburg, Natalia, 96
Giorgianni, Angelo, 37
Giornale, il, 129
Giovanni Paolo II (Karol Wojtyla), papa, 211
Giovanni XXIII (Angelo Giuseppe Roncalli), papa, 211
Giuliano, Boris, 159
Giuliano, Salvatore, 188
Goldoni, Carlo, 207
González, Felipe, 244
Gorrini, Giancarlo, 17, 123-25, 221, 223

Gran Bretagna, 65-66, 199, 230
Grecia, 244
Grapo (Grupo Revolucionario Antifascista Primero de Octubre), 206
Greco, Francesco, 126
Greco, Michele, 164
Gros Pietro, Gian Maria, 103
Grosz, George, 41
Gruppo Investigativo sulla Criminalità Organizzata (*v.* Gico)
Guareschi, Giovannino, 227
Guarguaglini, Pierfrancesco, 116
Guglielmi, Angelo, 96
Guinea, 31

Hass, Karl, 77, 80, 84-85
Hitler, Adolf, 75, 85-86
Honecker, Erich, 186
Hoxha, Enver, 186

Iamonte, Giuseppe, 158
Iamonte, Natale, 157-58
Iannini, Augusta, 33
Ibis (*v.* anche Restore Hope, operazione), 193
Ifor (Implementation Force), operazione, 184
Illy, Riccardo, 110-11
Imi (Istituto Mobiliare Italiano), 37-38
Incisa di Camerana, Manfredo, 191
Indipendent, 190
Incargiola, Francesco, 159
Ingrao, Pietro, 226
Inps (Istituto Nazionale della Previdenza Sociale), 88
Insud, 247
Intelisano, Antonino, 77, 79-82, 84-85, 195-96
Inter, 227
Inzerillo, Salvatore, 164, 168
Ior (Istituto per le Opere di Religione), 211
Ippolito, Felice, 101

Ira (Irish Republican Army), 206
Iri (Istituto per la Ricostruzione Industriale), 50, 102-03, 114, 241, 243-44
Irlanda, 206
Israele, 139
Istanbul, 127
Istituto Mobiliare Italiano (*v.* Imi)
Istituto Nazionale della Previdenza Sociale (*v.* Inps)
Istituto per la Ricostruzione Industriale (*v.* Iri)
Istituto per le Opere di Religione (*v.* Ior)
Italcasse, 169
Italia, 6, 12, 14, 17, 19-22, 28, 30, 41-42, 45, 50, 54, 56-59, 64-66, 71, 75-80, 91-92, 102, 104-06, 109, 116, 136-37, 139, 144-45, 161, 166, 174, 181-82, 184, 186, 189, 192-96, 200, 202, 205-06, 211, 214, 227, 231-32, 237, 241, 245, 247-49, 252-54
Italia della disfatta, L', 249
Italia Di Berlusconi, L', 5, 9, 159
Izetbegovic, Alija, 185

Johar, 194
Jospin, Lionel, 246
Jugoslavia, 79, 89, 183-84
Juventus, 20

Kadar, Janos, 186
Kappler, Herbert, 73, 75-77, 79-80, 85
Karfinco (*v.* anche Banque de patrimonies privés), 118-19
Katyn, 90
Kissinger, Henry, 127
Kohl, Helmut, 114
Kops, Reinhardt, 73
Krajisnik, Momcilo, 185

La Barbera, Michelangelo, 167
Lama, Luciano, 20
La Malfa, Giorgio, 120

La Pira, Giorgio, 41
Lasorella, Carmen, 194
La Spezia, 116-17, 119, 121, 124-26, 129-30
Lattanzi, Aldo, 63
Lecco, 111
Lega Nord, 6-7, 9, 11, 23, 43, 45, 47, 99, 107, 109, 111, 135-37, 144-45, 150, 152, 164, 192, 201, 207-09, 212-15
Leka, 191
Lerner, Gad, 88, 98
Letta, Gianni, 149
Levi, Riccardo Franco, 114
Libano, 183
Liberi Imprenditori Federalisti Europei (Life), 206
Libia, 224
Life (v. Liberi Imprenditori Federalisti Europei)
Liga veneta, 207
Ligato, Ludovico, 121, 158
Liguori, Paolo, 98
Lima, Salvo, 161, 164
Lina, Alberto, 103
Little Tony (Antonio Ciacci), 150
Llera, Carmen, 96
Lodi, 101
Lo Forte, Guido 160, 169,
Loi, Bruno, 194, 196-98
Lombardi, Riccardo, 245
Londra, 38
Lotta continua, 98, 142-43, 175
Lucciola, La, 101
Lucibello, Giuseppe (Geppino), 122-25, 130, 221

Maa Assicurazioni, 125
Maastricht, 12, 56-57, 105-06, 241
Macaluso, Emanuele, 68
Maccanico, Antonio, 26-28, 44, 54, 99, 116, 120-21, 139
Macchia, Angelo, 88
Maddala, 131
Maddalena, Marcello, 180

Mafia, 70, 72, 126, 156, 160-61, 165-67, 170, 172, 174-76, 178-80
Magiar, Victor, 86-87
Magistratura democratica, 34
Magliana, banda della, 166-67
Maiella, 193
Maiolo, Tiziana, 130
Mancini (famiglia), 157
Mancini, caso, 156
Mancini, Giacomo, 156-59, 161
Mancini, Pietro, 157
Mancino, Nicola, 51, 94, 138, 208
Manconi, Luigi, 226
Mancuso, Filippo, 8-11, 53, 213
Mangano, Vittorio, 171-72
Mani pulite, 8, 16-18, 29, 32-33, 36, 50, 54, 63, 67, 116, 118-19, 122-23, 126, 128, 130, 132, 156, 209, 218, 220-22, 227, 230, 232, 234-37
Maniero, Felice, 177, 205
manifesto, il, 109
Mannoia, Francesco Marino, 161
Mantova, 10, 208
Maraini, Dacia, 96
Marchais, Georges, 42
Marcinkus, Paul, 211
Margheritis, Mario, 30
Marini, Franco, 149, 153, 226
Marino, Leonardo, 175
Maroni, Roberto, 52, 205, 209, 212
Martelli, Claudio, 164
Martino, Antonio, 240
Martirano, Dino, 81
Marxismo, 41
Massoneria, 204
Mastella, Clemente, 48, 240
Matika, Ivan, 88
Mattioli, Francesco Paolo, 20-21
Mauro, Ezio, 43, 94
Mazzoleni, Susanna, 125
Mediaset (v. anche Fininvest), 16, 93, 97-99
Mediobanca, 21, 26
Mejdani, Rexhep, 192

Melara, Oto, 116
Melluso, Gianni, 178
Melpignano, Sergio, 132-34
Menini, Moreno, 204
Merlo, Francesco, 101
Messina, 175
Messina, Leonardo, 164
Mestre, 203
Mezzaroma, Pietro, 133
MicroMega, 68, 142
Midas, Congresso del, 157
Mieli, Paolo, 7
Miglio, Gianfranco, 202
Milan, 129, 214
Milano, 8, 11, 17, 29-33, 38-39,
    67, 110-12, 123-26, 171-72,
    180, 209, 219-21, 235-38
Mimun, Clemente, 97
Minemi, Enrico, 122
Mirafiori, 20
Misasi, Riccardo, 120
Misiani, Francesco, 34, 133, 220
Missiroli, Mario, 231
Mitterrand, François, 42, 46
Modena, 197
Modigliani, Amedeo, 95
Mogadiscio, 194-95
Molise, 220
Mondadori, 38
Moneta Caglio, Annamaria, 32
Monetti, Vito, 220
Montaigne, Michel Eyquem de,
    254
Montenero di Bisaccia, 124, 130
Montesi, caso, 32
Morante, Elsa, 96
Moratti, Letizia, 93-95
Moravia, Alberto, 96-97
Morello, Giuseppe, 94
Moro, Aldo, 90, 168
Moro, caso, 167
Movimento Sociale Italiano (Msi),
    15
Mozambico, 183
Msi (*v.* Movimento Sociale Italia-
    no)

Mugello, 224-25, 227-29, 232
Mursia, Fiorenza, 94-95
Mursla, Giancarla, 95
Mussolini, Alessandra, 15
Mussolini, Benito, 108, 157, 182,
    250
Mussolini, Edda, 75
Mutolo, Gaspare, 159, 172

Nano, Fatos, 186, 191-92
Napoli, 133
Napolitano, Giorgio, 52, 177,
    192, 203, 205
Napolitano, Roberto, 116, 122,
    132
Nato (North Atlantic Treaty Or-
    ganization), 184
Natoli, Gioacchino, 169
Natta, Alessandro, 226
Nazioni Unite (*v.* Onu)
Nazismo, 73, 75, 86-87, 90
'ndrangheta, 121, 156-58, 178
Necci, Alessandra, 122
Necci, Giulio, 120
Necci, Lorenzo, 27, 102, 114,
    116, 119, 121-22
Negri, Guglielmo, 7
Negri, Toni, 205
Negri, caso, 205
Nesi, Nerio, 101, 103-04, 242-43,
    247
Neuchâtel, 118
New York, 35-36
Niaf (National Italian American
    Foundation), 35
Nicotera, Pietro, 83
Nomisma, 114
Norimberga, 197
Novara, 111
Nuovi Argomenti, 96

Occhetto, Achille, 48, 137, 146,
    150, 154, 226
Oggi, 145
Olivares, Federica, 94
Olocausto, 78, 87, 89-90

Oman, 118
Omega, testimone (v. Ariosto Stefania)
Onu (Organizzazione delle Nazioni Unite), 104, 184, 188, 194, 210, 224
OP, Osservatorio Politico, 166-69
Organizzazione delle Nazioni Unite (v. Onu)
Osce (Organizzazione per la sicurezza e la cooperazione in Europa), 188, 190
Osoppo, brigata, 88

P2 (Propaganda due), 143, 197
Pacciardi, Randolfo, 135
Pacifico, Attilio, 30, 33, 35-37
Pacini Battaglia, Pierfrancesco, 18, 116-19, 121-26, 130, 216, 221, 223-24, 233
Pacini Battaglia, caso, 126
Pacioni, Maurizio, 86
Padania, 39, 205, 207-08, 214
Padule di Bientina, 118
Pagliarini, Giancarlo, 208
Palermo, 61, 67, 158-64, 166, 169-71, 173-74, 179-80, 222, 236, 238
Palmi, 157-58
Palmisano, Marcello, 194
Panebianco, Angelo, 6-7
Pannella, Marco, 147, 149, 205
Panorama, 38, 129, 193-97, 197-98, 229
Parenti, Tiziana, 130, 218-20
Parigi, 205
Partito Comunista albanese, 186
Partito Comunista Francese (Pcf), 46
Partito Comunista Italiano (Pci), 18, 68, 92, 98, 101, 228, 230
Partito Democratico albanese, 186
Partito Democratico della Sinistra (Pds), 16, 24, 47-48, 52-54, 68,

90, 112, 136-37, 142, 180, 190, 224, 226-28, 235, 246
Partito Popolare Italiano (Ppi), 14, 16, 27, 53, 64, 67, 226
Partito Repubblicano Italiano (Pri), 120
Partito Socialista Italiano (Psi), 18, 92, 118, 156-57
Pascale, Ernesto, 102
Pasini, Alfredo, 111
Pasolini, Pier Paolo, 96
Patruno, Michele, 194-96, 198
Pcf (v. Partito Comunista Francese)
Pci (v. Partito Comunista Italiano)
Pds (v. Partito Democratico della Sinistra)
Pecorelia, 167
Pecorelli, Mino, 166-67, 169
Pellegrino, Giovanni, 68
Pensieroso, Eliana, 116
Peretti, Felice (v. Sisto V)
Perón, Juan Domingo, 75
Peroni, Luca, 204
Pertini, Sandro, 26, 88
Perugia, 31, 125-26, 133, 160, 164, 166-67, 169
Petrelli, Marcello, 122
Petruccioli, Claudio, 226
Piaggio, 21
Pierri, Enrico, 30
Pietrostefani, Giorgio, 175
Piga, Franco, 120
Pillitteri, Paolo, 221
Pinto, Michele, 53
Piromalli, Peppino, 157
Pisa, 117
Pisanò, Giorgio, 157
Pisapia, Giuliano, 83
Piskulic, Oskar, 88
Pititto, Giuseppe, 88
Pivetti, Irene, 93, 208, 212
Pol Pot (Saloth Sar), 89
Polo delle Libertà, 13, 15, 23, 25, 27-29, 39, 41, 44-49, 51, 56, 67, 93, 99, 102, 107-13, 136-37,

139, 141-45, 147, 149, 189, 214, 225, 229-30, 237, 240, 242, 245

Pontida, 209, 211

Popolari (*v.* Partito Popolare Italiano)

Pordenone, 111

Ppi (*v.* Partito Popolare Italiano)

Prada, Maurizio, 221

Prc (*v.* Rifondazione Comunista)

Previti, Cesare, 17-18, 31, 33-39, 126, 130-31, 221, 236-238

Pri (*v.* Partito Repubblicano Italiano)

Priebke, Erich, 72-86, 89-91, 166, 196

Priebke, caso, 78, 86

Prodi, Romano, 9, 12-16, 25-27, 35, 39, 41-42, 45-47, 49-57, 59-60, 63, 66, 71, 92, 101-02, 104-15, 127-28, 134, 137, 165-66, 188, 190-92, 196, 207, 230, 239-48

Promontorio, 133

Psi (*v.* Partito Socialista Italiano)

Publitalia, 170

Puglia, 195

Quercia (*v.* Partito Democratico della Sinistra)

Quistelli, Agostino, 81-82, 85

Radaelli, Sergio, 229

Raggruppamento operativo speciale dei carabinieri (Ros), 217

Rai (Radiotelevisione Italiana), 38, 92-99, 202, 208, 227-28

Rapallo, 75

Rauti, Pino, 47

Rea, Eleuterio, 17, 124-25, 221, 229

Reggio Calabria, 157-58

Reinventare L'italia, 120

Repubblica, la, 38, 43, 191

Restore Hope, operazione, 193-94

Rete, 136

Reviglio, Franco, 120

Riccio, Michele, 217-19

Riccio, caso, 218

Rifondazione Comunista (Prc), 14-15, 41-44, 46, 54, 57, 59-60, 67, 83, 102, 107, 111-13, 136, 147, 150, 196, 226-30, 239-48

Riina, Totò, 95, 161-64

Rinnovamento italiano, 28-29, 39, 53, 134, 152

Ripa di Meana, Carlo, 128

Rivalutare l'Italia, 120

Rivera, Gianni, 54

Rocchi, Bruno, 81-82

Rodotà, Stefano, 88-89

Roma, 27, 29-31, 33-34, 36, 73-74, 76-77, 82, 86-87, 90, 101, 108, 112, 119, 126, 133, 156, 161, 164, 166-67, 175, 190, 202, 206, 208, 210, 213, 246

Roma calcio, 133

Romano, Sergio, 212

Romita, Giuseppe, 52

Romiti, Cesare, 19-22, 233

Ronaldo, Luis Nazario, 129, 226-27

Roncalli, Angelo Giuseppe (*v.* Giovanni XXIII)

Ronchi, Edo, 54, 109

Ros (*v.* Raggruppamento operativo speciale dei carabinieri)

Roselli, Vincenzo, 86

Rossella, Carlo, 94

Rossi, Giampiero, 194

Rossi, Guido, 102

Rovelli, Felice, 237

Rovelli, Nino, 37-38, 169, 236

Rumor, Mariano, 56

Russia, 186

Rutelli, Francesco, 82, 87, 101

Sabani, Gigi, 100

Sacra Corona Unita, 158

Sacrofano, 133

Salamone, Fabio, 16-17, 50, 123, 126, 129

Salamone, Filippo, 17

Salò, 52
Salvato, Ersilia, 240
Salvi, Cesare, 24, 142
Salvo, Ignazio, 161, 169
Salvo, Nino, 169
Salvo, cugini, 164, 167, 169-70
Samarcanda, 228
San Carlos de Bariloche, 73-74, 76, 85
San Giuseppe Jato, 162
Sangiorgi, Gaetano, 169-70
Santaniello, Giuseppe, 95
Santapaola, Nitto, 175
Santoro, Michele, 97-98, 228
Saragat, Giuseppe, 93
Sarajevo, 185
Sardegna, 37
Sartori, Giovanni, 141, 153
Savia, Orazio, 116, 122, 132-33
Saviane, Sergio, 96
Savona, 218
Savtchenko, Olga, 39
Scalfari, Eugenio, 43, 232
Scalfaro, Oscar Luigi, 8, 10, 13, 23-24, 26-28, 49, 84, 138, 153, 196, 211, 216, 231, 240-41, 245, 247
Scognamiglio, Carlo, 93
Scudiero, Michele, 94
Segni, Mario, 135-36, 148, 154
Segrate, 38
Senatore, Pasquale, 111
Serbia, 183
Servizio Informazioni per la Sicurezza Democratica (*v.* Sisde)
Settimo giorno, 96
Seul, 19
Sfor (Stabilisation Force), operazione, 184
Shehu, Tristan, 190
Sicilia, 48, 65, 156, 160, 162, 238
Siciliano, Enzo, 94-97, 101
Simitis, Costa, 244
Sir (Societa Italiana Resine), 169
Sisde (Servizio Informazioni per la Sicurezza Democratica), 159

Sisde, affare, 216
Sisto V (Felice Peretti), papa, 114
Slovenia, 88, 183
Sofri, Adriano, 175, 193
Sofri, caso, 205
Somalia, 183, 193-95, 198-200
Sorgi, Marcello, 97
Spadolini, Giovanni, 120
Spagna, 56-57, 203, 206, 244
Spatafora, Marcello, 191
Squlllante, caso, 29
Squillante, Fabio, 38-39
Squillante, Mariano, 38-39
Squillante, Renato, 18, 29-30, 33-36, 38, 116, 133, 220
Sri Lanka, 206
Ss (Schutz Staffel), 73-75, 80-81, 85
Stalin (Iosif Vissarionovič Džugašvili), 41, 89, 227
Stampa, La, 38, 94, 96
Standa, 173
Stati Uniti, 65, 87, 89, 140, 167, 174, 181, 186, 194, 199, 237
Stet (*v.* anche Telecom Italia), 102
Storace, Francesco, 23
Studio Aperto, 98
Südtiroler Volkspartei (Svp), 46
Svizzera, 236
Svolta, La, (Vespa), 36
Svp (*v.* Südtiroler Volkspartei)

Tambuzzo, Antonino, 197
Tamil, 206
Tangentopoli, 19-22, 28, 33, 54, 58-59, 67, 70, 117, 119, 124-26, 135, 180, 220, 232, 234, 236
Tangentopoli 2, 116
Taormina, Carlo, 84
Tatò, Franco, 101-02
Tedeschi, Michele, 102-03
Telecom Italia (*v.* anche Stet), 102
Tempo, Il, 75, 132, 134
Terni, 111
Testa, Chicco, 95, 101
Tg1, 94, 97, 102
Tg2, 97

273

Tg3, 97, 194, 228
Tg5, 127
Tirana, 188-92
Tito (Josip Broz), 26, 87-88
Toaff, Elio, 78
Tocqueville, Charles Alexis Henri
    Maurice Clrel de, 214
Toffanin, Mario (Capitan Giacca),
    88
Togliatti, Palmiro, 230
Tommasi, Tomaso, 102
Torino, 20-21, 110-12, 170, 180,
    230, 232
Torquemada, Tomas de, 147
Tortora, Enzo, 178
Tortora, caso, 178
Tremaglia, Mirko, 129, 226
Treu, Tiziano, 53
Trieste, 90, 110-11
Tuccio, 175
Turco, Livia, 54

Uds, 40
Ue (v. Unione Europea)
Ugolini, Rita, 203
Ugonotti, 87
Uil (Unione Italiana del Lavoro),
    64, 107
Ulivo, 12-16, 23, 27, 29, 41-43,
    46-47, 49, 51, 54, 56, 60, 63,
    67, 92-93, 106-07, 109-13, 134,
    137, 139, 141-45, 147, 149,
    153, 213-14, 224-27, 230-32,
    240-42, 244-47
Unione Democratica (di centro),
    54
Unione Europea (Ue), 12, 208,
    244
Unione magistrati, 53
Unione Sovietica, 252
Unita, l', 98, 227, 240
Urbani, Giuliano, 24
Usa (v. Stati Uniti)

Vacca, Roberto, 87
Valencia, 12
Valle d'Aosta, 150
Valletta, Vittorio, 20
Vallo della Lucania, 124
Valona, 32, 188-89
Vannucchi, Gianfranco, 197
Vassalli, Giuliano, 82
Veltri, Elio, 143
Veltroni, Walter, 13, 52, 144
Veneto, 204-05, 207
Venezia, 203-07, 209, 214
Verdi, 54, 121, 128, 136, 142,
    196, 226
Verdicchio, Giovanni, 133
Veronese, Angelo, 217-20
Vespa, Bruno, 34, 36, 98
Villaggio, Paolo, 134
Vimercati, Daniele, 210-11
Vinci, Antonino, 133
Violante, Luciano, 52, 90, 94, 164
Vipiteno, 75
Virga, Vittorio, 34
Viscinski, Andrei, 147
Visco, Vincenzo, 53, 63, 106
Vitale, Cesare, 197
Vitalone, Claudio, 167
Vittorio Emanuele III, 138
Viviani, Andrea, 204
Volcic, Demetrio, 94
Vranitzky, Franz, 190

Wehrmacht, 73, 77, 80
Wojtyla, Karol (v. Giovanni Paolo
    II)

Yehia, Omar, 118

Zavoli, Sergio, 98
Zevi, Luca, 87
Zevi, Tullia, 197
Zog, re d'Albania, 191
Zubak, Kresimir, 185

INDICE DELLE ILLUSTRAZIONI
AI CAPITOLI

  5   Lamberto Dini
 23   Stefania Ariosto
 41   Romano Prodi
 56   Giovanni Maria Flick
 73   Erich Priebke
 92   Carlo Azeglio Ciampi
116   Antonio Di Pietro
135   Massimo D'Alema
156   Giulio Andreotti
181   Oscar Luigi Scalfaro
201   Umberto Bossi
216   Giuliano Ferrara
239   Fausto Bertinotti

INDICE GENERALE

CAPITOLO PRIMO
5 La metamorfosi dei tecnici
CAPITOLO SECONDO
23 Il ciclone Omega
CAPITOLO TERZO
41 Il giorno dell'Ulivo
CAPITOLO QUARTO
56 Navigazione a vista
CAPITOLO QUINTO
73 Questi fantasmi
CAPITOLO SESTO
92 Come Sisto V
CAPITOLO SETTIMO
116 Scambi ferroviari
CAPITOLO OTTAVO
135 «A Castellanza, a Castellanza»
CAPITOLO NONO
156 I padrini
CAPITOLO DECIMO
181 Colpiti dalla Folgore
CAPITOLO UNDICESIMO
201 Veneto Tank Distruttore
CAPITOLO DODICESIMO
216 Forestieri nel Mugello
CAPITOLO TREDICESIMO
239 Morte e resurrezione

249 POSCRITTO *di Indro Montanelli*

255 *Cronologia essenziale*
261 *Indice dei nomi*
275 *Indice delle illustrazioni ai capitoli*

BUR
Periodico settimanale: 12 settembre 2001
Direttore responsabile: Evaldo Violo
Registr. Trib. di Milano n. 68 del 1°-3-74
Spedizione in abbonamento postale TR edit.
Aut. N. 51804 del 30-7-46 della Direzione PP.TT. di Milano
Finito di stampare nel mese di agosto 2001 presso
Grafica Veneta Via Padova, 2 - Trebaseleghe (PD)
Printed in Italy

ISBN 88-17-12675-6